才斋讲堂系列

北大公开课

北大才斋讲堂精华集

王 博 ◎主编

北京大学出版社
PEKING UNIVERSITY PRESS

图书在版编目（CIP）数据

北大公开课：北大才斋讲堂精华集/王博主编. —北京：北京大学出版社，2023.4
（才斋讲堂系列）
ISBN 978-7-301-33825-4

Ⅰ.①北⋯　Ⅱ.①王⋯　Ⅲ.①社会科学－文集②自然科学－文集　Ⅳ.①Z427

中国国家版本馆CIP数据核字（2023）第041862号

书　　　名	北大公开课：北大才斋讲堂精华集 BEIDA GONGKAIKE：BEIDA CAIZHAI JIANGTANG JINGHUAJI
著作责任者	王　博　主编
责任编辑	桂　春　李　晨
标准书号	ISBN 978-7-301-33825-4
出版发行	北京大学出版社
地　　　址	北京市海淀区成府路205号　100871
网　　　址	http://www.pup.cn　新浪微博：@北京大学出版社
电子邮箱	编辑部 zyjy@pup.cn　总编室 zpup@pup.cn
电　　　话	邮购部 010-62752015　发行部 010-62750672　编辑部 010-62704142
印　刷　者	北京九天鸿程印刷有限责任公司
经　销　者	新华书店
	720毫米×1020毫米　16开本　20印张　275千字 2023年4月第1版　2023年11月第2次印刷
定　　　价	98.00元

未经许可，不得以任何方式复制或抄袭本书之部分或全部内容。
版权所有，侵权必究
举报电话：010-62752024　电子邮箱：fd@pup.cn
图书如有印装质量问题，请与出版部联系，电话：010-62756370

编委会

编委会主任：郝　平　龚旗煌
编委会副主任：王　博　姜国华
编委会委员：周其凤　王恩哥　林建华　高　松
　　　　　　王仰麟　陈十一　严纯华　段丽萍
　　　　　　张东晓　高　岱　陈　鹏　王天兵
　　　　　　杨立华　徐　明　肖云峰　夏红卫
　　　　　　马建钧　汲传波　任羽中　陈建龙
　　　　　　胡晓阳　何　峰　黄宗英　蔡　晖
　　　　　　向　妮　崔　爽　瞿毅臻

主　　编：王　博
副 主 编：姜国华
执 行 主 编：胡晓阳
执行副主编：瞿毅臻
参 编 人 员：常　铖　李　爽　董　新　陆爱红
　　　　　　钱　岷　刘　柯　李　萌

序

  党的十八大以来,以习近平同志为核心的党中央把创新摆在国家发展全局的核心位置,提出一系列新思想、新论断、新要求,为我们做好创新教育提供了根本遵循和科学指引。党的二十大报告首次将教育、科技、人才进行统筹部署、整体谋划,凸显了教育、科技、人才在现代化建设全局中的战略定位,进一步彰显了党中央对于教育、科技、人才的高度重视。当前,随着新一轮科技革命与产业变革的深入发展,科技创新已经成为国际战略博弈的关键领域,不少重大原创性科研成果的产生、新知识的创造及科学前沿的重大突破,都是学科交叉融合的结果。高校作为多学科交叉融合的重要阵地,要主动瞄准国家需求,大力培养创新型复合型拔尖人才。

  近年来,北京大学不断深化研究生教育改革,坚持以高质量发展为主线,强化培养全过程管理,集中全校优势资源构建了系统性、全方位的研究生综合培养体系。特别是面向全校研究生开设的"才斋讲堂"通选课,打破了以往教学体系中以学科为基本单元的格局,以跨学科、通识性为主要特色,着力培养研究生的科学精神和人文素养,在跨学科教学模式创新、研究生课程育人和交叉学科创新人才培养的探索和实践中发挥了重要作用,取得了显著成效。

  "才斋讲堂"自 2010 年秋季开课以来,先后邀请 240 余名全校各专业的教师走上讲台,其中既有人文社科领域的学界泰斗、知名学者,也有理工农医领域的"两院"院士、杰出科学家,他们结合学科的前沿进展与自身研究经历，向研究生们分享研究成果、方法和心得，让不同学科的精髓与魅力在"才斋讲堂"呈现、碰撞与交融。十余年来，"才斋讲堂"课程从"跨学科、融思政、聚热点、铸成果"四个方面聚焦并持续发力，切实推动研究生学术视野的拓展和综合素养的提升，在拔尖创新人才培养方面发挥了重要作用，已经成为北大研究生教育的一张闪亮名片。同时，其建设理念也产生了积极的示范引领作用和辐射带动效应，一大批院系开设了类似的课程，形成了覆盖全校的课程群，为研究生多领域、跨学科课程体系建设打下了坚实基础。

今年是北京大学建校 125 周年，为持续发挥好"才斋讲堂"记录北大学人、讲述北大学术的重要载体作用，将北大探索跨学科拔尖创新人才培养模式的成果呈现给全校师生、教育战线同仁及各行各业读者，研究生院与北大出版社合作，在已经出版的《北大才斋讲堂》系列丛书的基础上，精选出 10 位主讲人的学术演讲内容作为合集出版。合集内容既有中国文化的精神、美学的基本理论、中国哲学的生活之道、理想的文学教育等人文学科方面的思考，也有中国经济运行的主要问题、改革转型过程中的社会建设、医疗体系与医患关系的现状与发展等社会科学方面的深入探讨，还有磁性分子的奥秘、植物多样性与人类可持续发展等科学技术方面的前沿进展，是"才斋讲堂"的精华和缩影。

我们期望这本书不仅能让广大青年学子丰富学识、增长见识，还能展先生之风采，赏先生之学识，感先生之态度，悟先生之智慧。在此，也祝愿北大"才斋讲堂"越办越好，与大师同行，助学子成长，促学术繁荣，兴北大发展。

龚旗煌

北京大学校长

2023 年 3 月 31 日

目　录

第一讲　中国文化的精神 / 楼宇烈 001

　　反顾 20 世纪中国文化的处境，主要有两个不平衡：一是人文文化与科学文化的不平衡，二是传统与西学之间的不平衡。这两大不平衡造成了中国社会的诸多问题和国人的心灵困境。环顾现今世界文化，其发展呈现出两大动向：一是向传统的回归，二是对东方愈来愈关注。在此大背景下，中国传统文化值得我们重新审视。首先需要我们思考的是，关注和学习传统是否要求我们盲从？其次，西方世界在历史上及当今是如何看待中国文化的？在世界文明之林中，中国文化的特点和根本精神是什么？传统文化的三大支柱——儒、释、道又有怎样的内涵？

第二讲　中国经济运行的几个问题 / 厉以宁 027

　　在全球经济形势复杂多变的今天，中国经济运行中仍然存在着哪些重要的问题？中国经济和世界经济未来会是怎样的？著名经济学家厉以宁教授从通货膨胀、就业问题等社会生活中的经济现象阐释当前经济政策研究的重点，从结构调整、自主创新、城乡一体化、中国经济增长的动力等方面，探讨中国经济运行的体制和机制问题，强调中国经济中的许多问题只能在改革中解决，在发展中解决。

第三讲　美学的基本理论与北大的美学传统 / 叶　朗 055

　　中国美学有自己特殊的品格。北京大学的朱光潜教授和宗白华教授是对中国现代美学贡献最大的两位美学家。20 世纪 50 年代的美学大讨论背离了美学发展的主航道。要突破 20 世纪 50 年代美学大讨论的局限，必须从朱光潜"接着讲"。提出"美在意象"的理论框架是对"接着讲"的一种尝试。这个理论框架由意象、感兴、人生境界这三个概念构成一个理论核心,这个理论核心最大的特点是重视心灵的作用,重视精神的价值。这是对北大美学传统和中国美学传统的继承,所以它具有中国的色彩和北大的色彩,同时它也是对时代要求的一种回应。

第四讲　科学研究贵在不断探索与创新
——以语言研究为例 / 陆俭明 083

"继往开来,周而复始",这是科学发展的轨迹。科学研究的本质就是以"已知"求"未知",因此,科学研究贵在不断探索与创新。这一讲将以语言研究为例,对下列一系列问题进行说明:怎么探索与创新?为什么要在科研上进行探索与创新就必须做好善于发现问题、努力挖掘事实与加强理论思考这三件事?怎样能发现问题?怎么去挖掘事实?理论思考得思考什么?为什么在理论方法上必须坚持多元论?为什么在科学研究中要善于运用假设?读书该达到什么目的?最后陆俭明教授指出,"继承、借鉴、怀疑、假设、探索、求证、循环往复、螺旋式上升"是各个学科领域科学研究的必由之路。

第五讲　"文学"如何"教育"——关于"文学课堂"的追怀、
重构与阐释 / 陈平原 115

从学术史角度探究现代中国大学里的"文学教育",着眼点往往是"学科建构""课程设计"与"专业著述",陈平原教授则从师生共同建构起来的"文学课堂"谈起。20世纪中国的"大历史"、此时此地的"小环境",加上讲授者个人的学识与才情,共同造就了诸多充满灵气、变化莫测、让后世读者追怀不已的"文学课堂"。陈平原教授将对学科化之前的"文学"、课堂内外的"笑声"、"新文学"如何学院化、"创作"能不能教,以及师生怎样"对话"等片段略加铺陈,在"重构"中隐含"阐释",探讨何为"理想的文学教育"。

第六讲　走进分子世界——从分子磁性谈起 / 高　松 181

化学是在分子层次研究物质的组成、结构、性质、转化的科学,是与材料、生命、信息、环境、能源、地球、空间和核科学等密切交叉和相互渗透的中心科学，是发现和创造新物质的主要手段。化学作为一门具有创造性的科学，为人类认识物质世界和人类的文明进步做出了巨大的贡献。在这一讲，高松教授会从磁性分子的角度与我们探讨分子世界的奥秘、化学学科的发展与前沿领域，以及化学的核心内容。

第七讲　思辨与生命——以孔子和庄子为例 / 王　博 201

哲学是一门关于心灵的学问。汉字中的"哲"原本就是从心的。这并不是一个抽象而空洞的心灵。孟子说："心之官则思。"哲学通过"思"把生命和世界联系在一起。离开思的哲学是无法想象的，而离开生命和世界的哲学是苍白的。东西方的哲学或有不同，但哲学家们都通过"思之探索"创造着生命及世界的意义。本讲以孔子和庄子为例，讨论不同的"天人之思"如何成为不同生命姿态的基础和根据，并奠定了中国哲学作为生活之道的特色。

第八讲　植物和人类——植物科学的今天和明天 / 许智宏 231

植物及其多样性为人类生存提供了基本的物质基础，丰富了人类的生活。当前全球面临的很多重要问题，包括粮食安全、食品结构和营养、人类健康和新药开发、新能源开发和利用、环境保护等，都与植物有关。随着人们在分子和细胞水平上对植物生长发育和形态建成、光合作用、生物固氮、代谢和养分利用、植物抗病虫害和抗逆境等过程及其调控的研究愈发深入，根据人类的需求定向进行"植物设计"将成为现实。植物科学家应与农学家、生态学家和环境专家共同应对全球气候变化、农业可持续发展、能源和环境方面的问题，为发展低碳农业、开发新型能源植物和工业原料、提供健康食品、开发药物、合理利用土地和水资源、改善环境提供思路和新的技术，为地球和人类的可持续发展做出贡献。

第九讲　我所理解的医疗体制与医患关系 / 柯　杨 261

今天的医疗模式是千百年来随着人类文明与科技进步发展而来的。看病之难与看病之贵已成公众热点话题。在医疗体制改革方面，柯杨教授积极参与并组织专家分析和总结国内医院的发展状况，提出了独到的见解。本讲柯杨教授将从医疗体系、法律政策、医学教育等角度探讨医患关系，分析如何进一步形成既符合医疗规律又满足群众需要的有效、高效的医疗体制与运行机制。

第十讲　转型经济发展与法治政府 / 吴志攀 289

改革开放以来，中国取得了很大的成就，中国的快速发展也对整个世界的格局产生了深远的影响。面对社会转型期的经济发展和法治建设问题，吴志攀教授引领我们探讨政治体制改革、经济体制改革方面的宏观调控法、市场规制法、跨领域研究等一系列制度和理论问题，提出从人治的政府转向法治政府、建成完善的法治政府是中国政治体制改革的关键等。

第一讲
中国文化的精神

楼宇烈

作者简介

楼宇烈，北京大学哲学系（宗教学系）教授、博士生导师，北京大学宗教文化研究院名誉院长、北京大学国学研究院导师，曾任国务院学位委员会学科评议组成员、全国古籍整理出版规划领导小组成员、全国高等院校古籍整理研究工作委员会委员、教育部社会科学委员会委员、北京大学学术委员会委员，中国宗教协会副会长、国际儒学联合会顾问，兼任校内外几十家中国文化社团的顾问和指导，积极弘扬中华优秀传统文化。长期从事中国哲学史、中国佛教史、东方哲学和宗教学等方面的教学研究工作，主要作品包括《王弼集校释》《荀子新注》《温故知新——中国哲学研究论文集》《中国佛教与人文精神》《中国的品格》《宗教研究方法讲记》《中国佛教思想资料选编》等。

内容介绍

反顾20世纪中国文化的处境，主要有两个不平衡：一是人文文化与科学文化的不平衡，二是传统与西学之间的不平衡。这两大不平衡造成了中国社会的诸多问题和国人的心灵困境。环顾现今世界文化，其发展呈现出两大动向：一是向传统的回归，二是对东方愈来愈关注。在此大背景下，中国传统文化值得我们重新审视。首先需要我们思考的是，关注和学习传统是否要求我们盲从？其次，西方世界在历史上及当今是如何看待中国文化的？在世界文明之林中，中国文化的特点和根本精神是什么？传统文化的三大支柱——儒、释、道又有怎样的内涵？

视 频 节 选

第一讲　中国文化的精神

各位老师、各位同学，大家好！我今天非常地激动，感到非常荣幸，能够为我们学校研究生院开设的"才斋讲堂"第一讲做讲座。此时此刻，我想起了五十五年前我来到北大时的情景，当时我进入了哲学系，因为哲学系强调多学科的结合，我选择学哲学，也是因为既放不下对人文的兴趣，又放不下对科学的探索。我看到招生简章里有一句话——哲学是自然科学和人文科学的总结，就选择了哲学系。到了北大以后，哲学系没有让我失望，上一年级时，我们每周都有一堂自然科学的讲座，讲授天文、地理、历法、物理、化学、地质、数学等各个学科的前沿问题，到现在我还是印象非常深刻。我当时是坐在底下听讲的，教室就是现在的外文楼113，我不知道现在还叫不叫113，这是五十五年前的情景。我觉得北大确实是一所有多学科优势的大学，能够到北大来，能够听到各个领域的学者们做学科发展方面的最前沿的讲座，这是非常难得的，也非常幸福。

我最近也经常到外地的大学去做讲座，外地的大学一听到北大这样的情况都非常羡慕，所以我们要珍惜北大的学习环境。

我今天要讲的题目是"中国文化的精神"，其实当时我是要讲"中国传统文化的精神"的，后来"传统"两个字我大概是说漏了，所以就变成"中国文化的精神"，这个题目就比较大了。中国现在的文化是不是也是中国文化啊？当然也是。我讲的内容以传统文化为主，但是并不跟现代文化冲突，传统跟现代是分不开的，是紧密联系在一起的。

在我们现在的文化中，有很多传统文化的基因是去不掉的。我就举一个最简单的例子，我想我们的同学平时经常会讲这么一句话，叫"血浓于水"，这句话看起来很普通，也很平常，其实这句话有很深的中国传统文化的因素在里面。为什么这样讲？因为在西方文化里大概是不会有这句话的，只有中国的文化才会强调这句话。为什么呢？因为中国人非常重视血缘的关系，生命就是血缘的联系，父母、子女之间生命的联系是一种血缘的联系。西方文化重视的不是父母、子女之间血缘的关系，他们强调父母、子女之间的平等，因为大家都是上帝的子女，生命都来源于上帝。中国人的生命观念则是每个人的生命都来源于他的父母，父母的生命又来源于他们的父母，最后追到了祖宗，一直到了祖先。那么再扩大一点呢，就是万物。不管人类也好，兽类也好，禽类也好，有一个共同的祖先，就是天地，天地就是万物共同的祖先。这种血缘的连续非常深刻地种在了中国人的生命当中，所以中国人一张嘴就是血缘的思想。中国还有一句话，叫"父债子还"，看起来是很普通的一句话，现在我们很多年轻人不太能接受这句话，认为父债为什么要子还，这在西方确实是没有的，就是因为刚刚讲过的生命观念的不同，他们没有这个观念。在中国，由于有血缘关系，子女的生命是父母的延续，甚至子女的身体发肤都是来源于父母的，那么父母没有完成的事情，子女是有责任去继续完成的。也正因为这样，中国人又有了一个相应的思想——"父财子用"，西方就没有哪个人要求去世后子女一定要继承自己的遗产，这个都跟生命观念有关系。生命观念形成了中国的这些观念，即使在新文化运动时期也是如此。新文化运动时期被批判得最集中的就是宗法血缘观念和宗法血缘制度，因为当时的一批思想家认为，中国封建社会延续几千年，而且又是封建专制主义，我们的制度是嫡长子制，所谓嫡长子继承，就是血缘宗法制。五四运动以后，人们开始激烈批判以儒家为代表的思想和血缘制度。当时有个非常著名的人物吴虞写了很多文章来批判宗法血缘的观念和制度，以至于胡适称赞吴虞为"只手打孔家店的老英雄"。你看即使那样批判，今天我们的思想中还是不能完全抹去"血浓于水"这样的观念，这说明想要完全抛弃掉传统是不可能的，反过来，想把它原封不动搬到今天，这也是不可能的，所以我们千万不要把传统和现实对立起来。

如果我们今天能够很好地继承中国的传统，那么就可以很好地构建我们家庭的和谐。在中国，家庭是社会的细胞，家和则万事兴，如果家庭里面有了很多的问题和矛盾，那就会给社会带来许多问题。现在这个问题已经成了社会非常关注的问题，因为现在已经到了"80后"的年轻人成家的时候了，现在社会出现的一个比较大的问题，就是"80后"青年的闪婚和闪离。闪婚、闪离会造成许多单亲家庭，单亲家庭可能会对子女造成负面影响。传统社会的观念如果能够得到很好的应用，会对现代社会有很大的帮助。今天的讲座就笼统地讲中国文化的几个成果，重点讲传统文化，因为我想大家对中国的传统文化了解得相对少一些。

20世纪中国文化的发展，我们可以看到两个显著的不平衡。第一个不平衡就是传统和现代，或者说传统和西方，或者说中学和西学的不平衡，因为中国进入20世纪以来，都是把西方、西学看作现代的。从20世纪整个的文化发展来看，从我们的基础教育一直到我们社会的文化氛围，我们看到的都是西方的东西，从比例上讲大大超过了我们传统的东西，以至于很多年轻人说起西方文化来头头是道，甚至对西方传统文化都相对比较熟悉，而对于中国自己本土的传统文化，很多人并不了解。我们很多的传统经典，有些人根本就没有听说过，这种现象相当严重，导致的结果是我们文化主体意识的缺失。从20世纪30年代开始，人们对这个问题的讨论就非常激烈，社会上有一批人明确提出"全盘西化"。当时国立中央大学的陈序经教授就提出了"全盘西化"，也就是说我们在衣食住行各个方面都应该西化。当然，同时也有很多人提出了要以中国传统文化为本位的观念。尽管在文化领域和学术领域，大家讨论得很激烈，但是在整个社会实践层面，毋庸讳言，是西化占了主角。这是有历史原因的，当时中国处于贫穷、落后甚至面临被殖民、亡国的环境下，大家要发愤图强、救亡图存，所以要积极在物质文明方面赶上西方，但同时我们也能感受到中国传统的精神文明在向西方精神文明学习过程中的矛盾。从历史的角度来讲，这是具有必然性的。问题是，经过了一百多年，我们是不是要对这个问题进行反思？

在20世纪末，我曾经写过一篇题为《对于21世纪中国文化发展的展望》的文章，其中就讲到了文化的不平衡，我希望21世纪的中国文化在发展上、在中西文化的不平衡上能够有所改善。中西文化能否取得相对的平衡？在教育方面能否使中国传统文化内容与西学的内容有一个比较相等的分量和地位？更理想一点，能否使中国传统文化的比重适当高于西方文化？在西方，他们也非常注重自己传统文化的传承，西方大学的通识课教育最看重的就是传统经典的学习。我们在这方面却缺失了很多，所以很多人分不清自己的文化主体究竟是什么，因此，这些年来我们经常可以在报纸上看到许多这样的报道。在2006年8月11日的《参考消息》上，可以看到一位新华社驻美记者写的文章——《走向世界，中国人不能迷失自我》。他在美国考察时问几个留学生来美国学什么，他们说他们来美国学汉语，这让他大吃一惊。难道中国人连汉语都说不好了吗？还要到美国来学。除此之外，他还接触了很多在美国的老华侨，包括中国台湾地区过去的老华侨，这些老华侨都有一个感受，就是现在来的年轻人都不知道自己的根在哪里，认为一切都要向西方学习。特别是他跟美国的一个新闻片的制作人交谈的时候，对方希望能得到一些中国的新闻片到美国来播放，制片人说感觉我们中国的很多东西都是想办法去迎合西方的观众，而没有我们自己的特色。这个制片人最后提到这样一句话——"民族的才是世界的"。他不希望播跟美国口味一样的东西，他希望有地地道道中国口味的东西，所以才提出了"民族的才是世界的"。2010 年 3 月 28 日，《参考消息》上刊登了一篇美国记者的文章，这篇文章的标题也非常让人警惕，文章的标题是《崛起的中国面临身份的危机》。我们为什么会面临身份的危机呢？我们一切都在向西方学习，我们在身份的认同上出现了问题，还有很多这样的报道。我们在世界各地开设孔子学院，这是一个很好的在世界各地传播中国文化的阵地，我们要向世界各地推广我们的文化，但中国人自己要先认同，所以《环球时报》有篇文章的题目是《孔子"回归中国"才能走向世界》。这些问题都是百年来我们的社会在文化上存在的不平衡所造成的。

在 20 世纪，还有一个文化发展的不平衡，就是人文文化和科学文化之间的不平衡，我们重视科学文化，轻视人文的东西。在 20 世纪，这种失衡并不只是在中国一个国家发生，全世界都感受到了科学发展带来的物质的丰富、生活的变化，因此对人文的关注普遍有所减弱。在教育层面，人文文化占的比例很小，而且很多人视其为软性的，认为科学才是硬性的。而人文文化的缺失会让我们失去灵魂，失去精神的支柱，甚至会忘记回答"我们究竟为什么活着"这个问题。这个问题科学是无法回答的，回答这个问题只能靠人文。这个问题是人生最根本的问题，也是人类存在的一个最根本的问题，如果我们对人类为什么存在都茫然了，连人类与动物的区别都分不清了，那科技再发达又有什么用呢？所以到了 20 世纪，这个问题不仅存在于中国，它还具有一种世界性与普遍性。正因为如此，20世纪两次世界大战以后，许多西方的政治家、哲学家都在反思西方的文化是不是存在某些片面性，从而导致了两次世界大战。他们反思的问题都是人类人文精神的缺失，或者人本精神的缺失。所以在第一次世界大战和第二次世界大战以后，西方都提出要重建新的人文精神，而且几乎一致认为，要建立、发展这种人文精神，要到东方、到中国去寻找。西方为什么会有这样一个想法呢？就是因为西方在走向近代的过程中，从东方、从中国的文化中得到了极大的恩惠，尤其是在东方、在中国的文化中得到了人本的精神，他们用人本的精神与西方中世纪神本的观念作斗争。用人本的精神破除了西方中世纪以神为本的观念，才有了近代理性智慧的产生与发展。

欧洲从中世纪走向近代经过了三个阶段。第一个阶段是文艺复兴，我们现在一般认为文艺复兴是从14世纪开始的，其实西方在11世纪就逐步开始做文艺复兴的工作。为什么呢？基督教在西方确立以后，人的独立精神和理性思维被排挤，人们要绝对服从上帝的意志。从1世纪到10世纪，西方的整个文化其实是落后的。到11世纪以后，西方开始发现这个问题，开始觉醒了，很多学者想要找回西方的文化。从哪找呢？希腊和罗马。可是当时在西方，希腊、罗马的文化已经中断了。这些文化在哪里留着呢？在阿拉伯世界。所以当时西方的许多思想家从11世纪开始翻译古希腊、古罗马的经典。这些经典到哪里去找呢？到阿拉伯世界的文献里面去找。关于这个问题，我推荐大家看一本书，这本书叫作《东学西渐与西方文化的复兴》，是徐善伟先生写的。在这本书里，他就讲了这样一个过程，就是从11世纪开始，西方怎样从衰落走向进步，甚至后来超过了东方，在这个过程中，他们受惠于东方的文化。直到15世纪、16世纪，西方才通过文艺复兴运动找回这种理性的、人本的精神。

第二个阶段是宗教改革。西方的宗教改革冲破了天主教那种保守的观念，宗教改革推动了新教在欧洲的出现。新教就是我们现在说的基督教，旧教就是我们现在说的天主教。宗教改革后出现的新教，对近代，尤其是资本主义社会的发展起到了推动作用。新教强调敬业，强调节俭。西方有位著名的社会学家马克斯·韦伯说，新教的这种伦理对近代资本主义社会的发展起到了观念上的推动作用。当然，我们也不一定要赞同这个观点，但是新教的出现至少在宗教内部打开了一个开放的门户。宗教改革以后，新教的势力迅速扩张，以至于许多传统的天主教教会、传教士在欧洲无法立足，于是一大批天主教的传教士来到了东方寻找新的传教地，其中最著名的一位叫利玛窦。到现在利玛窦的墓还在北京，有兴趣的同学可以去看看，就在现在的北京市委党校院内。这批传教士来到中国以后，很快发现中国的文化与西方的文化有相当大的不同。西方文化强调人对上帝的一种绝对的服从，人的理性得不到自由的发展。当时在欧洲，人一旦强调自己的理性的发展，一定会被视为异端，要被彻底地排除、消灭，很多中世纪自由思想家、科学家都被处死了。可是传教士来到中国，看到中国的社会依靠道德的理性自觉来维系，他们就把这些信息、这些中国的观念传回欧洲，这是在16世纪到17世纪发生的。

这个时候欧洲又开始进入第三个阶段，就是启蒙运动。启蒙运动的思想家看到传教士传回的东方文明、中国文明中的以人为本、人的道德和理性的自觉时，可以说是欣喜若狂，他们找到了一个可以攻破长期以来以神为本、以上帝为绝对意志的武器。当时多位启蒙思想家高度称赞中国文化，把中国称为一个理想的天国，所以中国文化迅速在欧洲传播，而且被视为一种非常高尚的文化。很多国家都出现了学习中国文化的热潮，尤其是法国。法国有一个时代，人们从衣食住行到艺术都是模仿中国的。所以中国的、东方的人本精神在欧洲从中世纪走向近代这个过程中起到了推动作用，至少是被欧洲借鉴过的。在欧洲的近代历程中，传统、现代和外来的思想有一个结合的过程，他们并没有因为接受了外来的东西就把自己的东西丢弃。中国的人文文化是很发达的，20世纪文化不平衡的出现是一个很大的问题，所以我希望21世纪能实现人文文化和科学文化的平衡，更理想的是人文文化的比重可以高于科学文化。这是对社会大局来说的，并不是具体到个人，某个个人可能主要从事人文的研究或者是科学的研究，但整个社会文化的氛围应该作这样的调整。

现在我们已经进入了21世纪，21世纪也已经过去了十年，还看不出来这个平衡的调整。但是从当今世界文化的发展来看，已经出现了向传统回归的苗头。这个苗头的出现是因为现代科技高度发展给我们带来了严重的环境问题，甚至危及人类的生存状况。人们不断反思：这样走下去将会走到哪里？传统到底有没有合理的地方？我们能从各个方面看到，近百年来人们都在强调征服自然、改造自然，充分发挥人的作用，结果给人类带来了生存的问题。传统文化则强调尊重自然、顺应自然。当然，我们可以说那是因为当时人类缺乏把握自然的力量。我们过去有这样的说法，包括马克思主义也说，我们的任务不是解释世界，而是改造世界，这个说法现在也要再想一想了。我们知识界是不是已经能够把自然界的现象都解释清楚了？如果我们已经解释清楚了，那为什么还有那么多解释不清的事情？既然还有那么多没有解释清楚的东西，那凭什么说靠我们自己的力量就可以把自然改造了呢？我们当然可以说过去人类没有这样的力量，只能匍匐在大自然的脚下，依据这种理解，人类感觉自己的力量无法与大自然抗衡，因此没有造成很多错误，包括根本的错误。现在人类有力量去改造、控制自然，结果造成了破坏，所以现在很多科学家提出我们应该回归尊重自然、顺应自然的传统。这当然不是指纯粹地回到过去，这种观点是在我们用人类的力量征服自然以后提出的，用哲学辩证法的话语就是经过了否定之否定的高层次的尊重，这应该没有问题。

西方这几年流行回归自然，我们的生活也要回归自然，但这并不是表面上所说的回归自然，比如到沙滩上去啊、到森林里面去啊、晒阳光浴等，并不是简单地这样回归自然，而是整个生活都应该回归自然。这几年有个明确的信号，世界卫生组织明确表示传统医学的确有合理性，其合理性在于，不管是中国的传统医学还是西方的传统医学，强调的一个共同的理念就是要顺其自然，人或者其他生物都有自我修复和自我痊愈的能力，而不是都要依靠外在力量。这种观点的出现是因为人们看到现代医学过分依靠仪器和药物。现在的西方医学可以说已经被仪器和药物牵着鼻子走了，失去了医学理论本身的创造性，创造性都放在仪器的创造、药物的创造上。为什么美国总统一上任就要进行医疗改革？因为现在的模式无法承受巨大的医疗费用。我们现在的医学也是把精力都放在高级精密仪器的发展上面，然后让人们来做检查，这样检查费用就高了；再就是让人们用昂贵的新药，以至于出现了超级细胞，再吃这些药也不管用了。去年超级细胞就在台湾地区出现了，抗生素吃多了，再吃抗生素就不管用了。所以，怎样调动人们的自身修复能力，这是传统医学研究的共同问题，不管是中医还是西医。我常说，中医并不是单纯的疾病医学，而是生命之学，把人看作一个整体的生命，不只有肉体，还有精神，肉体和精神相互关联、相互影响。中医对人的治疗是全面的治疗，包括生理、心理和精神状态，也可以说是生理、心理、哲理相结合的治疗，结合的目的是让人们自我调节与自我调整，并不是"杀敌务尽"。西医专门针对外敌，因此遇到外敌一定要把它彻底消灭，不能留下一点祸根；而中医的眼光是向内的，注重内乱，内乱如果能够平息，身体自然就健康了。这种思维方式其实归根结底也是东西方文化思维方式的差异。

我们不要觉得这种传统跟今天没有关系，我看到一本英译的《孙子兵法》，前面有一个利德尔·哈特写的序，他是英国著名的军事学家。他在这篇文章里把《孙子兵法》与西方的"兵圣"克劳塞维茨的思维方式作了比较，这个比较很有意思，我觉得他看得非常准。为什么他会作这个比较呢？他说："在第二次世界大战期间，我对中国驻美大使馆的武官进行过几次访问，该武官是蒋介石黄埔军校的学生。他对我说，我的书和富勒将军的书是中国军校的基础教材。我问他对《孙子兵法》怎么看，他回答说，《孙子兵法》固然是经典，但大多数年轻军官都认为它已经过时了，因此在机械化时代已经不值得研究了。我当时就告诉他，是他们回归孙子的时候了，《孙子兵法》所描述的战略和战术的基本原则比我写 20 本书所涵盖的内容都要丰富。"他认为克劳塞维茨的《战争论》是一个里程碑式的著作，塑造了一战前欧洲的军事思想。同时，他认为当时的欧洲军人如果能把《战争论》与《孙子兵法》适当融合的话，20 世纪人类战争中人类文明所受到的许多伤害就可以避免。《孙子兵法》的现实主义和中庸思想与克劳塞维茨强调的理想主义和绝对观念的思想形成了鲜明对比，克劳塞维茨把理想主义和绝对观念的思想发挥到了极致。克劳塞维茨有一句格言："将适度原则引入战争哲学是荒谬的。战争是最大限度使用武力的行为。"克劳塞维茨最后的结论是：追求的目的使得使用的手段无足轻重。利德尔·哈特认为，人们对克劳塞维茨观点的理解是有问题的，人们往往抓住了克劳塞维茨生动的语言，但却丢掉了其深刻的思想，克劳塞维茨与孙子之间的分歧并不像表面上看起来那么大。《孙子兵法》其实有很多合理的东西，特别是孙子一直强调的出其不意和追求非直接攻击的思想。这使我们认识到，即使在战术层面上，孙子的许多思想也是超越时代的。所以，中西方思想没有绝对的对立，传统和现代也没有绝对的隔阂，这位美国学者在对比了《孙子兵法》与克劳塞维茨的思想后认为，一个是现实主义的中庸思想，一个是理想主义的绝对观念。我想，这相当典型地代表了两种文化在思想方法上的差异。

关于这种回归传统的思想，我想给大家念几段西方思想者的话。不知道大家是否注意到一本在网上流传的书，其实它在20世纪末就出版了，这本书是肯·威尔伯的《事事本无碍》(*No Boundary*)，也有人翻译成《没有疆界》。在这本书里，作者把西方的社会发展、科学发展和思维模式作了全面的检讨。他认为，西方思想在现代科学之前基本上属于二元思维方式，正是这种思维方式造成了人类的灾难和痛苦。他指出，愈来愈多的科学家开始同意物理学家卡普拉的看法，即现代物理的两个基本论点，这反映出东方人的世界观。这两个论点就是钱学森先生经常提到的系统论和整体论。前几年很多人觉得中医不科学，钱学森先生回应说，中医讲的是整体论和系统论，而整体论和系统论正是现代物理学的根本理念。现在研究科学哲学的学者们把爱因斯坦、量子科学之后的科学称为复杂性科学，而把这之前的科学称为简单性科学。现代科学确实是全面的、系统的，而不是孤立的。现代科学最主要的特点是使用了许多人文科学中的概念，近代人文科学和社会科学同样也借用了许多现代科学的概念，如定量及定性分析、反复实验、线性等。相对论出现以后，现代科学运用了大量人文科学的东西，比如系统论、整体论、混沌论、随机性、模糊观念等，这些原来都是人文科学的东西，现在都用到现代科学中去了。

回到书中引述的卡普拉的观点：量子力学的理论推翻了视一切为独立个体的观念，开始提倡以参与和融入的心态取代旁观的心态，宇宙是一个互相联系的生命体，我们只能透过部分与整体的联系来界定每一部分。肯·威尔伯通过卡普拉的观点告诉我们：现实世界原非一堆界限及独立个体而已，它是不可分割的形态。他借用了佛教中的一句话，即"一即一切，一切即一"，这是《华严经》中的话，也是中国华严宗强调的观点。这个"即"现在往往被理解为"等于"，其实"即"是"不离"的意思，指的是相互关联、分不开。我们常说"不即不离"，"不即"就是"离"，"不离"就是"即"。"一即一切，一切即一"的观点就是强调部分离不开整体。理是一个个体，可是它体现在每个部分的时候，每个部分会体现出一个完整的理。中国佛教就用"月映万川"来作比喻，天上的一个月亮映现在万条江河之中，万条江河中的每个月亮都是天上月亮整体的显现，而不会黄河月显现月亮的北边，长江月显现月亮的南边，正所谓"一月普现一切水，一切水月一月摄"。于是，华严宗提出"理事无碍""事事无碍"，事物与事物之间都是相互关联的，你中有我，我中有你，大家相聚在一起，结合成一个整体，每个事物都是整体的一部分，而不再是一个孤立的个体或部分了。华严宗的祖师法藏曾给武则天讲了这个道理，武则天听了半天也不明白，于是法藏就给她举了个例子。他说：你看殿前有个金狮子，它有眼睛，有耳朵，有鼻子，有嘴巴，还有很多毛，这些都是金狮子身上的各个部分，但是各个部分里面都有一个完整的金狮子。后来我们看《西游记》就明白了，孙悟空一着急，拔一撮毛，一吹，就出现一群小孙悟空，每根毛里都有一个完整的孙悟空。现在有一个学科叫全息学，全息思想在中国古代非常发达，全息就是指部分里面有全部的信息。中医里面为什么会有手诊、脚疗和耳针？因为身体的每个部分都会体现全身的信息。现在全息技术已经应用到照相技术上了，全息技术照出来的相片，不管你撕得多碎，只要还有一个点在，人们都可以把这个照片的整体全部恢复出来，这个问题是值得我们关注的。

肯·威尔伯说道："西方科学一路颠颠扑扑所挣来的知识，东方人早知道了。这是因为东方人从来不曾对那些界限认真过，界限并未根深蒂固地种在他们的脑袋里，自然与理智便分道扬镳。东方人只有一个途径，就是道，就是法。它在人为的界限下指出一个整体的现实来。"①他这句话表达出一种观点，即现实是一个整体，只不过我们人为地把它划分为部分。他说："东方一向视现实为'不二'，事物的界限不过是人类的错觉而已。"他认为东方文化有跟现代科学相符合的地方。

当代著名化学家、1977年诺贝尔化学奖获得者伊利亚·普里戈金在其著作《从混沌到有序》(*Order Out of Chaos*)中译本的序言中写道："中国的思想对于那些想扩大西方科学的范围和意义的哲学家和科学家来说，始终是个启迪的源泉。我们特别感兴趣的有两个例子。当作为胚胎学家的李约瑟由于在西方科学的机械论理想（以服从普适定律的惯性物质的思想为中心）中无法找到适合于认识胚胎发育的概念而感到失望时，他先是转向唯物辩证法，然后也转向了中国思想。从那以后，李约瑟便倾其毕生精力去研究中国的科学和文明。他的著作是我们了解中国的独一无二的资料，并且是反映我们自己科学传统的文化特色与不足之处的宝贵资料。第二个例子是尼尔斯·玻尔，他对他的互补性概念和中国的阴阳概念间的接近深有体会，以致他把阴阳作为他的标记。这个接近也是有其深刻根源的。和胚胎学一样，量子力学也使我们直接面对'自然规律'的含义问题。"②

---

① 肯·威尔伯：《事事本无碍》，若水译，光启文化事业出版社，2002，第58页。
② 伊利亚·普里戈金、伊莎贝尔·斯唐热：《从混沌到有序》，曾庆宏、沈小峰译，上海译文出版社，2005，第1—2页。

我为什么要讲这些呢？刚刚开头讲到的欧洲近代化的进程，又讲了那么多西方学者介绍中国的思维方式对西方科学发展的启迪，然而我们长期以来认为中国没有民主和科学，在五四运动时期或者在新文化运动中提出了这样的概念。当时中国面临救亡图存的紧急关头，我们没有细细梳理中国的传统文化，而是赶紧向西方学习，先生存下来再说。但是现在一百多年过去了，经过三十余年的改革开放，我们在经济上也成长了，到了我们重新审视传统文化的时候了。这个问题在当时也不是孤立的，20世纪接受了西方思想后，"中国有没有哲学"在当时也是一个人们重点讨论的问题，以至于到21世纪初，中国哲学界还在讨论中国哲学存在的意义、价值。宗教也一样，20世纪我们接受了欧洲宗教的概念，人们在对比后发现中国没有宗教，所以我们看到，20世纪的一些中国人认为中国没有民主、没有科学、没有宗教、没有哲学，什么也没有。事实上是否如此呢？中国有没有哲学？有，只是它不是一种与西方哲学具有相同模式的哲学。所以我说，20世纪的人还没有16世纪的人聪明，因为16世纪西方传教士来到中国，把中世纪哲学都带到中国来了，当时像李之藻这样的著名学者早就接触到了西方哲学。李之藻翻译了西方中世纪基督教会所使用的教材——《亚里士多德辩证法概论》，译名叫《名理探》。他在序言中说，西方有一种学问叫"菲洛索菲亚"，即哲学一词的音译，直接翻译过来就是"爱智慧"，这种学问相当于中国的理学。那个时候的人很清楚，知道这个概念在中国指什么，在西方指什么。到了近代，尤其是20世纪初，按照西方18世纪以来的哲学，特别是康德强调的纯理性哲学，中国似乎没有哲学，因为中国强调的不是纯理性，强调的更多是实践。所以，有的人讲中国只有具体哲学，有历史哲学、政治哲学，就是没有抽象意义上的哲学，没有纯理性哲学。

同样是宗教，拿西方的宗教观念一衡量，中国文化中就没有这种特色的东西。什么特色呢？西方的宗教中有一个至高无上的神，神与人是不同的，人永远成不了神，这个至高无上的神全知全能，人要对神绝对服从，人的理性不能够自由地发展。因此，很多科学的发现一旦违背了上帝的说法，违背了《圣经》的说法，就被认为是邪说。可能现在一提到宗教，很多人就想到了这些特点。中国传统文化中没有一个至高无上的神，都是多神信仰，而且这些神没有绝对的权威，神要看人的眼色来做事。《尚书》说道："天视自我民视，天听自我民听。"《左传》中也说："神，聪明正直而壹者也，依人而行。""夫民，神之主也。"可见神不像基督教的上帝那样具有绝对权威。《尚书》里面还讲到中国文化的根本特征是"皇天无亲，惟德是辅"，皇天、上帝即是祖先。他们不看你是否和我有亲戚关系，而是看你是否有德，有德的才能得到帮助，没有德的就要"革命"了，让人家来革你的命。这样的文化强调人的道德的完美，然后才能得到神的帮助。中国有句话叫"福善祸淫"，我们通过这句话可以清楚地看到，"福"是给"善"的，"祸"是给"淫"的，"淫"就是恶的。因此，个人道德的提升是前提，有了这个前提，众神才能来帮助你。中国的神明很多，山有山神，河有河神，门有门神，灶有灶神，哪里都有神，这个房间的四个角都有神，都是根据你的道德来决定是否保佑你。

拿西方宗教的标准来衡量，认为中国没有宗教，就会导致一个很严重的社会文化问题。当时人们对于中国有没有宗教讨论得很激烈，绝大部分人都说没有，也有人说有。还有一个问题，现在我们需要宗教吗？这个问题很尖锐，绝大多数人认为不需要，科学的时代要什么宗教？他们脑中的宗教就是绝对地服从上帝。也有人认为需要宗教，但我们的宗教和西方的宗教不一样，最典型的代表就是康有为。康有为是承认中国有宗教的，但是中国的宗教和西方的宗教是不一样的，西方的宗教是一种神道的宗教，中国的宗教是一种人道的宗教。正因为如此，他提倡以儒教为国教，这在那个时候是完全逆潮流而动的，他的这一观点受到了全社会的批评。后来又来了一个人——章太炎，章太炎说，我们现在有宗教啊。为什么这两个杰出的人都认为中国有宗教？因为他们考察过西方，认为西方之所以强大，不只是因为物质经济发展，也不仅仅是制度的完善，还有观念上面的问题，更主要的是西方有一个共同的宗教上的价值观支配大家，所以中国的强大也要有一个笼络全民的精神支柱——宗教。章太炎提出要以佛教为国教，他的理由是：第一，在他眼中，佛教是一个无神的宗教。这一点他讲得很对，从佛教的根本精神来讲，佛教是一个无神的宗教。现在很多人观念不同，上次会上遇到一位老先生，他说我第一次听到这种怪论，说佛教是无神宗教，但这确实是毫无争议的，这是从佛教的本质来讲的。但是佛教后来的发展中有没有有神思想的侵入呢？这是有的，印度教、婆罗门教等对它有所渗透。第二，佛教强调的是众生平等，这是符合时代精神的，自由、民主、平等嘛。第三，佛教非常注重理性思维，强调逻辑。佛教的这三个特点是符合时代精神的，又是中国的传统，所以章太炎主张以佛教为国教。

当我们接触到西方文化以后，由于我们单一地以西方的文化特征来衡量我们自己的文化，所以我们会认为中国的文化一无是处。其实我们平心静气地想一想，这些东西中国文化应该都是具备的，只是它的形式不同，不只是与西方不同，中国古代文化与现代文化也不同，它是在演变的。中国先秦的人本思想是非常鲜明的，以人为本，民为邦本，民安则国固，民是放在第一位的。这种以人为本、依靠道德自觉来维系社会的思想在西方能够发展出他们现在的民主思想、民主制度，为什么在中国没有发展出来？恐怕还是我们自己没有认识到这些，没有进行从传统到现代的转化工作，传统文化拿到现在一定要做一个转化。这个问题在今天已经到了需要反思的时候了。

当今世界文化的动向，简单而言，一个就是向传统回归，另一个就是向东方文化回归，对人文、人本等思想加以关注，所以我们要对传统文化加以审视。我们要认清一些认识上和方法上的障碍。从认识上来讲，我们一定要破除这样一种认识，即认为我们就是要盲目地遵守传统、继承传统。传统并没有要我们去盲目服从，中国传统文化始终强调的是人的自立、主动。先秦思想家荀子说过一句很好的话，叫"循其旧法，择其善者而明用之"，这在孔子的思想中也可以看到，"三人行，必有我师焉，择其善者而从之"，要善于学习。荀子这句话的前提是"循其旧法"，也就是我们要继承旧的精神传统。面对精神传统，第一要"择善"，第二要"明用之"，即要发明，并不是拿过来就能用，所以荀子的这句话非常精辟。至于怎么"择善"，怎么"明用之"，就是我们今人的事情了。

从方法上看，我们要努力去分辨传统文化中哪些是精髓，哪些是糟粕。这些话从理论上讲绝对是对的，问题是怎么去区分呢？所谓精华和糟粕，其实在相当程度上是我们这些人眼中的精华和糟粕，即使我们眼中的精华被继承下来了，但是由于运用不当，精华也会变成糟粕。反过来看，神奇可以转化为腐朽，腐朽也可以化为神奇。精华和糟粕是很难区分的，即使区分了，拿过来却用不好，再精华的东西也会变成糟粕。所以，它不是传统的问题，而是我们的问题，今天的人没有眼光和能力去驾驭它、应用它、发展它。有句话值得我们牢记，这句话叫"善用者无弃材"。拿木匠作比喻，一个好木匠，任何木头到他手里都会被放到适当的地方加以应用，哪怕是糟木头，通过他的巧手或许就变成了珍贵的工艺品。可是一个不善用材的木匠只会挑三拣四，认为一块小木头没有什么用。善用者可以化腐朽为神奇，不善用者会化神奇为腐朽。关键在于我们要将自己培养为善用者。学习也是一样，"善学者无弃学"，善于学习的人什么都可以去学，有的可以正面学，有的可以反面学，有的可以精学，有的可以略学，关键是要培养学习的能力。

中国古代的教育是非常注重培养学习能力的。中国古代有一篇《学记》，专门来讲教育的功能、教育的方法，包括学习方法。这篇文章强调要培养人掌握知识、应用知识的能力，而不仅仅是记诵一些知识，所以中国的文化经常讲，学习是以智慧为主，而不是以知识为主的。我们那个时候流行过一句话——"知识就是力量"。我在五十五年前进北大的时候也经常说"知识就是力量"，掌握了知识，以后可以成为这个家、那个家。后来发现，尤其是学文科的，知识多了，有时并不会真的让你有力量，反而束手束脚、动弹不得，用佛教的话说就是"所知障"太多，这些知识会束缚着你，因为你没有能力驾驭知识。如果你有能力驾驭知识，就多掌握一些；如果没有能力驾驭知识，那就少知道一些。因此，运用知识的能力是关键。所以，我觉得这句话要改一改，不要说"知识就是力量"，而要说"智慧才是力量"。智慧与知识确实不同，因为知识都是静态的、死的、固定的，而且是分门别类的。尤其是今天，学科分类越来越细，造成我们的知识越来越片面，这又导致我们思想越来越僵化，因此，我们很需要用智慧把这些知识联系起来。智慧是动态的，它可以帮助我们发现知识、掌握知识、运用知识，这样知识才能真正发挥作用。

归根结底，中国传统文化的根本究竟是什么呢？那就是人本精神。与西方相比，中国传统文化中的人本精神强调的是人要有自己的自主权，既不要做神的奴隶，也不要做物质的奴隶，但也不要把自己凌驾于天地之上。我们既要看到人为万物中最贵者，又要去尊重万物，这是中国传统文化的根本。西方文化确实是走过了这个过程，尤其是从中世纪到近代，在20世纪的两次世界大战以后，西方许多学者总结西方文化弊病的时候就是这么总结的。他们原来盲目服从神，后来从神的统治下解放出来，充分发挥人的自主性，结果人们拼命发展物质经济，又把自己变成了物质的奴隶，20世纪西方一直喊的就是人是机器的奴隶，这会使人们失去自我。

有时候我觉得，全世界的学问归纳起来都是在探讨天、地、人之间的关系，上对天，下对地，地维持你的生命，天是生命的来源。说到人与天、人与地的关系，在中国文化中，人是从天来的，天是万物生命的本源，所以对天要尊重；人的生命又是靠地来维系的，地长万物，养活人的生命。中国文化非常强调尊重地上万物的生长规律，所以春天不能随意砍伐、捕猎，这个时候是幼小生命成长的时候，秋天的时候我们可以去砍伐、捕猎，去收获。中国宋代著名的哲学家张载说过："民，吾同胞；物，吾与也。"这也是我们常说的"民胞物与"，所有的百姓都是同胞，世间的万物都与我同类。儒家有个重要的观点——"仁民爱物"，人在万物中间是最灵、最贵的，但是人又不能肆意妄为，道家思想更是如此。中国人文精神并不只是强调人的主观能动性，更强调人的主观能动性的发挥需要在尊重万物的规则上进行。

从思想方法上来讲，中国强调整体关联的思维方式，人们认为事物和事物之间都是相互联系的，尤其是佛教的思想传入中国以后，这个思想更进一步地发展了。因为佛教讲缘起，所谓缘起，就是一切事物之间都是相互联系的，缘起最基本的表述方式就是"此有故彼有，此无故彼无，此生故彼生，此灭故彼灭"，也就是世间万物都是相互联系的，所以佛教讲"缘起共生"。这跟道家的"天地万物一体"和儒家的"仁民爱物""民胞物与"的思想都结合在一起了。也就是说,人不能凌驾于天地万物之上,人是天地万物的一个组成部分,人的身体就是一个小天地,这是整体关联的问题,即刚才讲的"一即一切,一切即一",部分不能离开整体,整体也不能离开部分。佛教还讲"个业"和"共业",个人的业不只是个人要承担,还要由社会共同来承担。人类对于外在世界的任何一种变动,世界早晚都会产生反馈。这个观点恩格斯在《自然辩证法》里也已经明确说过,人类对自然的任何一种改造都早晚会遭到自然的报复。他举的是澳大利亚的例子,当时英国人在澳大利亚放了一大批羊,羊把草吃没了,澳大利亚一下变成了荒漠,后来人们还要再恢复它。

中国文化中还有一个重要的思维方式,也可以说是实践的原则,就是中庸。中庸并不是八面玲珑、不讲原则,中庸恰恰是强调标准和原则的,也就是强调什么事情都要做到恰如其分。八面玲珑不叫中庸,那在《论语》中叫"乡愿",乡愿是"德之贼也",而"中庸之为德也,其至矣乎",中庸的原则并不是纯粹理性的判断,而是我们生活经验的积累。我们每个人都可以从生活中总结出这个结论来,就是我们做任何事情都要适度,掌握分寸,吃太饱了难受,饿了也难受。父母对子女不闻不问是很糟糕的,太溺爱也是很糟糕的,所以中庸需要我们掌握一个尺度,掌握一个分寸,并不是说不让你讲原则,而是以这个作为一个标准。如上所述,中国的思维方式是整体关联,实践的原则是中庸。

中国人还非常讲究艺术熏陶,艺术也是人生中不可或缺的。中国的艺术强调一种境界、意境,中国的艺术绝不是一个外在的景象的再现,而是要在描述的外在景象中表现出一种精神、意境。因此,宋代的大文学家苏轼曾讲过:"论画以形似,见于儿童邻。赋诗必此诗,定非知诗人。"中国的画也好,诗也好,都寄予了作者的一种精神,欣赏者可以去体味这种精神，这种精神是对人极其有益的。我经常给大家念一副对联，也是两句诗，看大家怎么来理解。上联是"未出土时已有节"，下联是"及凌云处尚虚心"，我想大家都明白这讲的就是竹子。如果你听了以后说，这诗写竹子写得真是逼真啊！那我就说你根本没有明白这首诗，因为这首诗不是告诉你竹子是怎么长的，而是告诉你做人在不出头的时候也要有气节，当你显赫的时候也要谦卑。希望我们年轻人多学一点艺术，琴棋书画什么都可以，在艺术的人生中去体会人生的艺术，没有艺术的人生，是体会不到人生的艺术的。其实艺术与科学是不能分家的，艺术具有创造性，可以用到科学中。在中国的文化中，艺术的地位是相当高的。当年我们的老校长蔡元培受到那个时代的影响，也认为中国不应该有宗教，他也参加了反宗教大同盟，但他又觉得宗教不能完全缺失。后来他发现，宗教都是通过艺术传达，于是他想把宗教的内涵剥掉，艺术不也能陶冶人的情操吗？所以他提议，以美育代宗教。他还提出过以道德代宗教，以哲学代宗教，但他最倡导的是以艺术代宗教。这其实也说明宗教在文化中也是非常重要的方面，问题是我们需要什么样的宗教。所以我最近一直在呼吁，我们研究宗教不能再完全用西方宗教学的理论方法来研究，我们应当根据中国宗教的实际情况来建立我们自己的宗教学理论体系，用西方的宗教理论来研究我们的宗教是完全行不通的。这个问题也不仅仅是我们提出的，韩国、日本的一些学者也认为，以前我们都用西方的理论来研究我们自己本土的东西，有很多是不相适应的，因此它也无法指导我们宗教的发展。

不了解过去，就无法研究现在，反过来，一切讨论古代的问题都是要为当下做一面镜子，所以，说古是为了鉴今。我们的学生，特别是研究生，是国家的栋梁之材，未来的几十年就要看在座的诸位了。如果我们不了解我们的历史，也就不能更好地理解现实，因为过去与现实是分不开的，我们只有真正地理解传统、了解过去，才能把现实的问题处理得更好。

今天就讲到这里。

2010 年 9 月 16 日

（根据讲座录音整理，有删改）

第二讲
中国经济运行的几个问题

厉以宁

作者简介

厉以宁，著名经济学家。曾任北京大学社会科学学部主任、北京大学光华管理学院创始院长及名誉院长、北京大学管理科学中心主任；第七届、第八届、第九届全国人大常委会委员、财经委员会副主任、法律委员会副主任，第十届、第十一届全国政协常委、经济委员会副主任，第十二届全国政协常委。厉以宁教授提出了中国经济发展的非均衡理论，对中国经济的改革与发展产生了深远影响。厉以宁教授曾获得中国经济理论创新奖、孙冶方经济科学奖、国家教委科研成果一等奖、环境与发展国际合作奖（个人最高奖）等。2018年12月18日，在庆祝改革开放40周年大会上，厉以宁教授被党中央、国务院授予"改革先锋"称号。

内容介绍

在全球经济形势复杂多变的今天，中国经济运行中仍然存在着哪些重要的问题？中国经济和世界经济未来会是怎样的？著名经济学家厉以宁教授从通货膨胀、就业问题等社会生活中的经济现象阐释当前经济政策研究的重点，从结构调整、自主创新、城乡一体化、中国经济增长的动力等方面，探讨中国经济运行的体制和机制问题，强调中国经济中的许多问题只能在改革中解决，在发展中解决。

视 频 节 选

一、结构调整

"十二五"规划主要的方向是转变经济发展方式,而经济发展方式的转变中,调整结构又是重中之重。为什么调整结构这么重要?可以这么想:GDP重要,但是GDP的结构更重要。我们不妨从历史谈起。1840年,中国跟英国发生了鸦片战争,当时中国的GDP总量比英国多很多,可是我们的GDP结构以农产品为主,如粮食、棉花、大豆、茶叶,中国的工业品主要是手工纺织的棉布、丝绸等。而英国当时的GDP结构是这样的:钢铁工业发展起来了,机械制造业建立和发展了。英国向欧洲各个正在进行工业化的国家输送机器设备。英国的棉布是机器制造的。英国建造了铁路,还有火车、轮船等近代交通工具,而中国的交通工具仍是旧式的帆船、马车。

现在再看我们跟日本的对比。大家看到报上登了2010年中国的GDP总量超过了日本,排在世界第2位。从人均方面看,我们的人口是日本的10倍,所以我们的人均GDP只有日本的1/10,这可以理解;但从GDP的结构方面讲,中国是不如日本的,日本的产业结构中高新技术产品占的比重较大,中国的高新技术产品较少,占GDP的比重也小。

我去年访问了日本,是中国驻日本大使馆邀请我去考察的。中国驻日本大使馆的参赞陪我去东京、大阪、神户等地参观,他跟我说了一句非常重要的话。他说从规模上讲，日本二三十年以来城市规模没有大的变化。你到东京、大阪看，这些城市没有像北京、上海一样到处在建高楼，这些城市变化是不大的。可你到日本的家庭去看看，家庭内部全变了，住房还是原来的房子，可卫生设备、厨房设备等全是智能化的，这就是它的特点。日本的GDP结构比我们更符合时代技术发展的趋势。

再看人力资源的结构。在1840年鸦片战争的时候，英国的工业化已经进行了七八十年。在英国，小学普及了，初中、高中都有很大的发展，还新建了一些大学，每年培养出众多的科学研究人员、工程师、经济和金融人才，技工也越来越多。而中国当时的人口数量比英国多很多，可人力资源结构不行，因为农民绝大多数都是文盲，妇女绝大多数都是文盲。少数读书人读的是什么？他们大都在念"四书""五经"，准备考科举。有几个懂近代科学技术的？有几个懂经济、金融、管理的？可见，人力资源结构要比人力资源总量重要，如果我们想做一个人力资源的强国，就必须调整人力资源的结构。

我们跟日本相比，除了GDP结构有区别外，人力资源结构也存在很大差别。日本的熟练技工人数多，我国的熟练技工人数少。日本每年培养出来的大学毕业生，包括科技人员和经济、金融、管理人才，在日本人口总数中的比重高于中国这些人才在人口总数中的比重。这都表明了我们一定要重视人力资源结构的调整，让我们的人力资源结构跟现代化的步伐一致。

二、通货膨胀

通货膨胀从理论上讲分三个类型。第一个类型叫作需求拉动型通货膨胀。需求拉动型通货膨胀是指投资需求过多，信贷扩张，这样就拉动了通货膨胀。这种类型的通货膨胀表现为生产资料价格的上涨带动了其他产品的价格上涨。第二个类型是成本推进型通货膨胀,是指成本上升推动了通货膨胀。第三个类型的通货膨胀是国际输入型通货膨胀,意思是国外通货膨胀传递到国内来了。这种传递有两个渠道。一是商品流动渠道,比如说,国际石油价格上涨、铁矿石价格上涨、粮食价格上涨,通过商品流动渠道影响到国内。二是资本流动渠道,因为资本是在国际流动的。资本流动主要是由以下两个原因造成的:一是由于利息率的差别,资本由利息率低的国家流向利息率高的国家;二是利润率的吸引,资本从投资前景不好、经济停滞的国家流向那些有投资前景的、利润率高的国家。资本的流动使得货币流通量增加,这就导致了国际输入型通货膨胀。

中国现在的通货膨胀属于什么类型呢?它是综合型的,三种通货膨胀都有。先看第一种通货膨胀,即需求拉动型通货膨胀。我国在2008年遭遇到国际金融危机的冲击,政府为了减轻国内工人下岗的情况投资了4万亿元,这对经济回暖是有好处的,可是也造成了投资需求过大的负面情况。因此,目前我国的通货膨胀仍有投资需求过大的因素存在。国际输入型通货膨胀现在也存在,比如国际石油价格上升影响了中国。这主要是因为西方国家经济回暖情况不好,利率是低的,所以它那里还采取着信贷扩张的形式,而中国的利率比它们高,自然就出现了资本向利率较高的地方流动的情况,外国资本就进来了。另外,因为西方的经济回暖和投资前景不明确,在寻找投资机会的过程中,它们便看准了中国、印度、巴西这些国家。

尽管中国的通货膨胀是综合型的,有需求拉动型的,也有国际输入型的,但这次我国的通货膨胀主要是成本推进型通货膨胀。成本推进型通货膨胀是新型的通货膨胀。20世纪70年代初美国才出现这个名词,因为过去的通货膨胀一贯都被认为是需求拉动型的。对待需求拉动型通货膨胀很好办，财政一紧缩、信贷一紧缩就解决了，就没有问题了。凯恩斯主义的宏观调控政策就是这样的，主要靠调节总需求。如果有通货膨胀就压需求，如果有失业就刺激需求，这就是凯恩斯主义。可是到了20世纪70年代初，在美国发生了滞胀。什么叫滞胀呢？滞胀就是经济停滞与通货膨胀并存。这种现象是没法解释的。根据凯恩斯理论，有通货膨胀就不会有经济停滞，有经济停滞就不会有通货膨胀。所以这样一来，凯恩斯理论就无效了。压需求吧，经济停滞更厉害了；压通货膨胀吧，通货膨胀不为所动，没效果。

  对这种新型的通货膨胀，即成本推进型通货膨胀，当时美国的经济学家是怎么解释的呢？他们说，社会上有两大势力集团，一个势力集团是工会，一个势力集团是垄断企业。两大势力集团势均力敌，工资刚性、价格刚性和这两个集团有关系。为什么呢？工会坚持着工资刚性，物价上涨了，工资就要上涨，不然就罢工；物价下跌了，工资并不下跌。垄断企业把持价格刚性，供不应求的时候价格上涨，供大于求的时候它尽量控制价格，不让它下跌，到最后不得已了价格才逐渐下跌一点。于是就形成了两种刚性——工资刚性和价格刚性。商品价格都是互为成本的，工资更是成本的组成部分。公司成本中有工资上升的因素，也有原材料、燃料价格上升的因素，结果成本就跟小孩玩的青蛙跳似的。两个小孩玩，第一个蹲在那里，第二个跳过去了，第二个蹲下去，第一个再跳到前面。这就是成本推进型通货膨胀，面对此类通货膨胀，凯恩斯理论就没用了。在研究对付滞胀的问题时，美国当时就出现了一个新的学派，就是供给学派。供给学派认为这个问题不是靠压需求就能解决的，要增加供给才能解决，因为价格之所以上升是因为供给不足。那怎么使供给上去呢？就是减税。

  中国现在的成本推进型通货膨胀是什么原因造成的？

第一，原材料、燃料短缺而引起的成本上升。最典型的就是石油、煤的价格逐年上升。到处都需要石油、煤、有色金属，这就会导致价格上涨，供不应求。

第二，农产品价格上升。农产品价格上升的原因是很复杂的。2010年天气不好，春天的时候云南、贵州、广西大旱，夏天的时候沿海地区遭遇了台风、洪水，到了秋冬，华北地区大面积干旱，这造成了农产品供应量减少；而农产品价格是所有商品价格的成本，因为这是跟生活费联系在一起的。此外，生产者和消费者之间的距离越拉越长，中间的环节太多，农产品的价格不上涨才怪呢！农民在田里卖一斤菜的收入与超市里一斤菜的价格差好多，中间环节太多，这是流通方面的问题。还有就是运输成本越来越高，因为没有地种菜了。我在读大学的时候，新中国刚成立，过了动物园就是一片菜地，一直到北大全是种菜的。现在你去看，哪有种菜的？现在北京的菜一部分来自河北、一部分来自山东、一部分来自海南，而且就算是有地，种粮食也是最划不来的，种菜是第二划不来的。干吗要种菜？开个停车场，每天收的钱比种菜赚的钱要多。最后，还有人为炒作的因素。什么叫人为炒作的因素呢？就是囤积居奇，高价转售。要知道，国家要管大米、玉米、小麦、棉花等，而绿豆、大蒜这些农产品，国家哪能管那么多？所以，投机者在供不应求时就会炒作，一炒作，价格就提高了。

这里还有一个问题，经济学和自然科学是不一样的。如果明天是星期六、星期天，大家都希望是晴天，因为我们要去旅游，但是明天下雨还是下雪不以人的意志为转移，自然科学是这样的。经济学不是这样的，它受人的心理预期影响。大家都说股票要下跌了，股票就真的下跌了。有人说大米供不应求了，价格要上涨，一传十，十传百，每家多买一袋大米存在家里了，大米价格不上涨才怪呢。

另外还有一个管理方面的问题。发达的市场经济国家有两种储备：一种储备叫政府储备，或者叫国家储备；另一种储备是商业储备。有些国家规定，大型超市所有的商品必须有若干天的存货。大米不够了，超市有存货啊，所以大家心里就稳住了，大家会觉得大米供应还充足呢。等到商业储备用完，急需国家储备的时候就已经太晚了。所有这些情况都表明了，农产品价格上涨是造成成本推进型通货膨胀的第二个原因。

第三，用工成本上升。什么叫用工成本？简单来说，就是工资成本，工资不上涨是不行的。广东有些地方为什么招不到农民工？我在广州调查，问到一位农民工，他说他现在一个月的工资是1000元，跟十年前一样，十年来物价涨了不少，他想知道他的工资为什么还这么低。农民工的反映是合理的。另外，现在的农民工跟过去的农民工不一样，现在的农民工被称为新生代农民工。过去20世纪80年代出来的是老一代的农民工，那时只要城里的工资比农村的收入高，大家就出来打工。他出来了，但根还在农村，心还在农村，他赚了钱以后要盖房子、讨老婆、养儿育女，他落叶归根又回来了。当时的情况是这样的。

今天的新生代农民工都是"80后"和"90后"，他们的心不在农村，他们也不把农村当作根，他们不完全是为了收入而出来的。他们在想，为什么我的社会地位比城市居民差？我的孩子为什么不能在城里的公立学校上学，而必须到农民工子弟学校上学？我和我的妻子进城好多年了，为什么还融入不了城市？他们还要考虑到哪里去就业。从西南部到广东、福建、浙江就业实在太远了，成本太大。他们知道，生活成本不仅包括来回的路费，两地分居，自己和孩子不在一起，都增加了生活成本，所以他们就近找工作。现在在县城也可以找到工作，他们何必到广东来呢？广东方面反映，最缺的技术工人、熟练工都招不到。广东缺技工，所以广东职业技术学院的毕业生 99% 都就业了，而且工资较高，因为他们都是技工。

中国的棉花除新疆产的棉花以外都是短纤维棉花，美国的棉花是长纤维棉花，但中国新疆产的棉花的质量比美国棉花的质量要好。为什么呢？因为美国的棉花是用摘棉机采摘的，中国新疆的棉花是来自河南、陕西、甘肃、宁夏的大批农民摘棉工采摘的，他们一年去干两个月就行了。所以，一到采摘棉花的季节，火车站比春节时还要挤，因为大批民工摘棉花去了。去年去的人少了，他们就近就业了，嫌摘棉花太苦、太累。所以，我从新疆方面得到一个消息，他们在讨论以后怎么办，他们在考虑是否要从国外购入摘棉机。摘棉机怎么摘棉花？先让飞机喷药，把叶子全打掉了，没有叶子了，只有棉花了，然后用机器摘，否则有叶子混在一起就不好摘了。还有经济学家说，十年以后中国将没有人愿意做蓝领工人，因为如果自己的技术上去了，那就可以被称为灰领工人了。还有，十年之后中国可能会没有保姆，农民不来当保姆了。现在北京的保姆多难请啊！工资不断在涨，而且人家不愿意做伺候人的工作。所有这些都是新的情况，这些都是用工成本上升的因素。用工成本上升自然对物价会有影响。

第四，地价和房价上升。地价、房价的上升是需求拉动型通货膨胀造成的，但它也是导致成本推进型通货膨胀的原因之一。举个例子，理发为什么价格涨了？是过春节涨的？不是，是去年下半年就涨了。开理发店的说，我租了房子，房租增加了一半，就得从你们的头上取啊。这就是成本上升式的物价上涨。

讲了这些原因以后，可以简单地说，紧缩政策对成本推进型通货膨胀是没有用的。紧缩政策能不让成本增加吗？不可能。那该怎么办呢？现在的政策怎么理解呢？现在的政策很重要的一条就是在通货膨胀的情况下保证财政政策不变，把适度宽松的货币政策改为稳健的货币政策。为什么不退到紧缩的货币政策，而只退到稳健的货币政策？主要是因为现在跟20世纪90年代的通货膨胀不相像了，那时是需求拉动型的，所以财政收紧，货币政策也紧，结果最后变成了通货紧缩。

第二个政策是什么呢？第二个政策就是我们不单要通过稳健的货币政策让货币流通量回归到正常水平，还要实行货币政策的结构化。因为货币政策分总量调控和结构型调控，我们过去的货币政策是总量调控，比如说存款准备金率的提高是总量调控，利率水平提高也是总量调控。这样做容易犯"一刀切"的毛病，而中国是一个发展不平衡的国家，中国成本推进型通货膨胀表明了原材料短缺、农产品短缺都是原因，不能单纯地用"一刀切"的办法。我们可以尝试采用结构性的办法，如存款准备金率提高1个百分点的话，东部提高1个百分点，中部提高0.5个百分点，西部暂时不动，或者可以象征性地提高0.2个百分点，把东西部区别开来。利率提高也不能"一刀切"，产能过剩的部门利率提高，产能平衡的部门利率就要低一点，产能短缺的部门，如高新技术行业和短板行业，利率就要少提高一点，甚至不提高。这才能够做到增加供给。

与此同时，对成本推进型通货膨胀，国家要加强对土地价格、房子价格的调控力度。因为这不仅关系到国计民生的问题、老百姓住房的问题，而且跟通货膨胀有直接的关系。需求拉动型通货膨胀造成了房价、地价的上涨，而且这些价格的上涨就会影响全社会。住房费用上涨，租金价格上涨，工资成本也在涨。所有这些都是我们需要考虑的问题。总之，成本推进型通货膨胀是一个新问题。对这个新问题，我们需要进一步观察、研究。

三、就业问题

首先应该指出，经济增长的变动和就业的变动是不对称的，这是西方经济学中的奥肯定律。奥肯是一个美国经济学家，因为他最早发现了这种现象，所以这个定律就叫奥肯定律。这个定律是什么意思？就是说当经济滑坡的时候，就业不会立刻滑坡，就业滑坡是滞后的。为什么呢？因为企业收不到订单了，经济的增长率下降了，但这时企业不会大量裁员，因为他们心里总还抱有希望，万一接到订单怎么办？把人裁了，订单来了再去找人就找不到了，生意就让给别人了。所以，这些企业要观察一段时间，实在接不到订单了才裁员。经济回暖以后，就业率的回升会滞后，为什么呢？接到订单以后经济就开始起来了，但这个时候他们不急于雇人，要先挖掘现有工作人员的潜力，加足马力加班，等到这个潜力挖得差不多了，再开始大量招人，所以就业增长是滞后的。

同时，就业回升的坡度比经济增长的坡度要缓。为什么呢？因为每次经济周期过后，都会迎来技术变革，企业对劳动力的质量要求会提高。技术进步了，企业不像从前那样招那么多人了，而且对人的要求严了，劳动力的质量高了。这样，我们就能看清西方国家的就业问题。美国经济回暖了，为什么还老说就业问题还没有解决呢？这就是奥肯定律。中国的就业也符合这个规律。另外，中国就业有一个特点。2008年11月，我应邀在西欧讲学。当时的国际金融风暴已经开始冲击中国了，11月份中国的经济增长率下降到百分之六点几。西欧经济学家就问我："在我们西欧国家，每年有2%～3%的增长率我们就觉得挺满意了，这时不会发生大的失业问题。你们中国为什么要9%～10%的增长率才行呢？现在增长率下降到百分之六点几，在我们看来，这仍是很高的增长率，可是你们国内上下一片惊慌。农民工下岗了,农民工回乡了,农民工失业以后留在城里不走怎么办?"

我回答说:"我们的国情是不一样的。你们西欧国家的工业化过去了二百多年了,你们农村的剩余劳动力都释放完了,现在西欧的农村人口只占全国人口总数的百分之几;而且你们的农民都有土地,有家庭农场,在农村有自己的住宅,城乡的生活条件一样好,社会保障覆盖全社会。你们国家现在的农民为什么要进城打工啊?这是他爷爷干的事情。而中国的情况就不一样了,农民工现在不断地出来,不仅需要收入,还要取得跟市民一样的社会地位,所以我们必须有经济的高增长。不是我们不知道高增长的害处,高增长可能会加速环境破坏和资源消耗,使城市生活紧张、生活质量下降,谁都懂,但最大的问题还是农民工的就业问题,所以增长率降到 6% 我们就不得不惊慌了。"

我们最怕的结果不是通货膨胀,而是滞胀。滞胀就是既有通货膨胀,又有失业。西方发达国家的滞胀表现为增长率在 1% 以下。为什么以 1% 的增长率为标准呢?因为人口增长率在 1% 左右。目前中国的增长率如果降到了 6%,你看全国的就业问题会有多大!每个国家的国情是不一样的。中国的就业问题主要靠发展民营经济来解决。现在,每年 75% 的新增就业人员是民营经济吸收的,民营经济的贡献很大。所以,要想解决就业问题,最好的办法是把对民营经济的政策放宽一点,比如说减税,或者使民营企业的融资问题得到解决。全国有 3000 万个工商户,如果他们觉得生意好做了,准备扩大业务,从亲戚家、朋友家招一个人来当帮手,全国一下可以增加好几千万人就业。全国有 1000 万个中小企业,每个中小企业招收三五个人,一下可以增加几千万人就业。

还可以再进一步看。重庆最近制定了新政策,即大力扶持微型企业。

在国外，企业分四个类型：大、中、小、微。中国只分三个类型：大、中、小。凡是300人以下的都叫小企业。现在重庆的政策是这样的，它首先规定了微型企业的标准：一是包括投资者本人在内的企业工作人员不超过20个人，二是创业时的资本在10万元以下。符合这两个条件就叫微型企业。政府给微型企业什么优惠呢？第一，减免税；第二，提供贷款，政府帮助提供担保；第三，提供职工培训，政府出费用；第四，简化注册、登记、银行开户手续。这样一来，重庆就兴起了全民的创业热。这个政策最适合大学毕业生、下岗工人、农民工、退伍军人、残疾人、三峡水库移民，等等。这就是一条新路。所以，中国的就业问题是可以逐步解决的。

四、自主创新

到现在为止，我们的经济增长仍然靠投资为主。出口也是重要的，但我们的经济发展不能变成出口依赖型的，因为这将使我们受制于外国。而且中国现在的出口实际情况对我们而言也没有太多好处，大部分好处归外商，主要原因在于我们没有自主知识产权，没有专利。没有自己的品牌就叫贴牌生产，用外国的品牌、外国的专利生产，我们得到的只有加工费。这种情况都要改，怎么改呢？首先要自主创新，因为品牌是靠自主创新建立起来的，拥有知识产权要靠自主创新。

这里要谈两个教训。第一个教训：在20世纪90年代末，我们在彩电的生产上已经居于世界的前列，但是我们的自主创新没有跟上去。进入21世纪以后，液晶电视、平板电视很快取代了从前的显像管电视；而在液晶电视、平板电视上，日本走在前面。所以我们现在在赶，和日本比还有一段差距。第二个教训：也是在20世纪90年代末，我们在照相机的生产上也居于世界前列，但是我们的自主创新没有跟上去。进入21世纪以后，数码相机出来了，取代了传统的光学照相机，日本又走到前面去了。这两个例子告诉我们，我们的自主创新不跟上去，始终是吃亏的，所以我们一定要把自主创新搞上去。有了自主创新以后，我们的企业、我们的产品在国际上就更有竞争力了。品牌的创立和维护也要靠自主创新。有人说自主创新需要知识密集型、技术密集型的企业，至少是资本密集型的企业才有自主创新，中国的大量企业属于劳动密集型企业，怎么自主创新？

不久前，广东专门为中小企业召开了一个座谈会。在座谈会上，他们说劳动密集型企业同样可以自主创新。第一，设计上可以创新，同样是制造服装、皮鞋、玩具，在设计上要有所创新。第二，选择原材料方面可以创新。第三，环保上可以创新，现在的产品比过去更经得起低碳经济的考验，更符合低碳经济的要求。第四，能源的节约方面可以有所创新。第五，营销方式可以有所创新。第六，企业的管理制度可以有所创新，可以打破家族制度的模式，逐步向现代企业迈进。所以，自主创新有很多路可以走，广东中小企业家提出的观点很有启发性。

扩大内需为什么重要呢？我们刚才讲到，以投资为主的经济增长和依赖出口的经济增长都不是长久之路。那长久之路应该靠什么呢？应该靠内部形成的良性循环。从经济学的观点来说，投资造成的需求是中间需求，而消费造成的需求是最终需求。所以说，我们只有走扩大内需的经济增长道路，经济才能够实现良性循环。

怎么解决当前的扩大内需问题？我们可以从两个方面分析。第一，为广大中低收入消费者解除后顾之忧。人们为什么不消费？因为人们不敢消费，好不容易存点钱，把钱都花了，儿子结婚的房子从哪儿来？孩子过两年要考大学了，哪有钱花？生病住院了也得花钱。万一下岗了怎么办？这些都是后顾之忧。

关于这个问题，我想谈谈西方经济学界的一场争论。1929年发生了世界性的经济大危机，失业人数急剧上升，失业成为头等严重的问题。怎么解决失业问题呢？当时占主流地位的经济学派是新古典学派，这个学派有两个代表人物，一个叫罗宾斯，另一个叫坎南。这两个经济学家提出了解决就业问题的方案。他们认为，一个人的工作两个人做，一个人的工资两个人分，这个问题就解决了。当时年轻的瑞典经济学家缪尔达尔（后来他得了诺贝尔经济学奖）和他的一些年轻同事给瑞典政府写报告，提出解决就业问题的关键就在于健全福利制度，由政府花钱盖廉租房和一般的公寓给穷人住，实现教育免费、医疗免费，提供失业保险、退休金。瑞典政府采取了这样的做法，福利国家就这样诞生了。

到了1936年，凯恩斯经济学产生了，凯恩斯最重要的著作《就业、利息和货币通论》就是在1936年出版的。在《就业、利息和货币通论》中，他提出了解决就业问题的对策，即靠财政赤字兴建公共工程，这样就吸收了大量的失业者。但是1939年发生了第二次世界大战，之后整个世界经济就转入战时状态。1945年第二次世界大战结束了，这时经济学界回想起十五年前经济学者的争论，即新古典学派和瑞典学派的争论。谁是对的？谁是错的？经过讨论，人们普遍认为新古典学派是错的，瑞典学派是对的。新古典学派错在什么地方？他们把一个工厂内部的就业问题当作社会就业问题来看待。要解决一个工厂内部的失业，可以一个人的工作让两个人做，一个人的工资两个人分。这个办法可以解决工厂内部问题，但无法解决社会问题，因为这种做法没有推动社会购买力的增加，要扩大就业，必须增加社会购买力；而瑞典学派的做法解决了社会购买力的问题，因为它解除了人们的后顾之忧。在社会福利事业发展的过程中，固然需要雇佣新的劳动力，但更重要的是人们的后顾之忧解除了，敢于消费了。这个例子对我们是有启发的。今天我们要扩大内需，最重要的是要关注民生问题，增加老百姓的安全感，解除他们的后顾之忧。我们应当大量建造廉租房、廉价房，给中等收入者建平价房，教育、卫生、养老、失业保险等都应该跟上去。

要解决扩大内需的问题，第二就要提高农民的收入，因为农民的收入在中国是偏低的。政府现在采取了一些措施，比如说逐年提高农产品收购价。这个措施虽然重要，但还无法解决问题，因为在提高价格的同时，化肥价格也在涨。政府给农民补贴，买小汽车有优惠，但这也无法解决问题。现在我们急需增加农民的收入。有什么办法？要给农民发产权证，首先从住房开始。

我去年带着全国政协经济委员会调研组在几个省开展调研，农民的意见很大。农民说，城里的土地是国有的，祖传的房子有房产证，新购买的商品房有房产证；农村土地是集体所有制，为什么祖传的房子没有产权证呢？为什么在宅基地上自己盖的房子没有产权证呢？农民不服，为什么土地集体所有制就没有产权证？没产权证有什么坏处呢？不能抵押、不能转让，连出租都困难。我们就问农民在出租方面有什么困难。他说："我没有房产证，碰到一个赖皮，他不走了，你得去打官司；他过几个月不交房租了，赶也赶不走，他也不搬家，所以我只能廉价地租给亲戚住，有的将来说不定也有麻烦。"

村干部反映，还有比这个更糟的。他说，人家明明是出去了，锁门了，我们晚上路过，看见屋里灯是亮的。进去一看，不得了。第二天，再找几个干部一起看，屋里堆满了炸药，原来是有人偷偷开地下鞭炮工厂。这些人觉得反正不是自己的房子，炸就炸了。还有人在那儿炼地沟油，有的变成了聚众赌博的场所。所以农民说："没有产权证没法转让，没法抵押,出租也难,我花了那么多钱盖了房子,怎么办呢?"不妨看看上海的情况。上海《文汇报》2010年6月5日第一版登了一篇长篇报道,第一版还没登完,在第三版接着登。这篇报道说明了上海市嘉定区新农村的情况,一些农民搬进了新农村,每家总居住面积是200多平方米。有110平方米的房子、80平方米的房子、60平方米的房子,每家可以选两套住,另一套可以出租。人口少的可以把110平方米的出租,人口多的至少有60平方米的房子可以出租,而且这些房子都有房产证,三年之后可以自由买卖。

全国政协经济委员会调研组在山东威海市对农村住房问题开展了调研。离威海市区不远处有几个行政村合并成一个社区,这个社区叫"小城故事社区"。我们去的时候农民正在搬新房,每户有两套住房,都是100平方米左右的,农民可以自己住一套、出租一套。如果只要一套住房,另外一套可以折合成钱给农民。所以农民很高兴,多半农民将另一套出租。为什么出租呢?有经常性收入啊!房子租给谁?租给城里工作的人。他们在城里租不到房子,买也买不起,就到近郊农村租,骑摩托车上班,很快就到了,那儿的住宅区也有停车场。我们去时看到大家正在搬家,买窗帘、地毯、家具、家用电器,人们高兴得不得了,因为大家有财产性收入了,有经常性收入了,可以收房租了。这就扩大了内需。

我们也考察了山东的烟台。在烟台,离城市很远的农村也建了新村,房子要租给人住很难,因为新村建在很偏远的地方。可是这些房子一样有房产证,城乡建设局发的。农民可以拿这个房产证到农村信用社去办理抵押。

在山东烟台市的龙口,农民先把土地入股到当地的南山集团,南山集团就把农民入股的土地重新规划,做葡萄园、菜园、粮田,并根据每个人的特长分配工作，分到哪个种植队就到哪儿工作，这样农民就能在集团中工作了。南山集团盖了大片的宿舍，一家一间住宅，房产证是集团发的，企业内部可以流通。那里的农民收入比较多样化。第一，有工资收入，因为无论分到养鸡场、葡萄园、菜园，还是做其他工作，农民都有一份工资收入。第二，土地入股了，年底有分红。第三，农民可以把房子出租一部分，有租金收入。

之后我们到山西考察，跟山西省领导交流的时候，我说山东的威海、烟台农村住房改革搞得不错。山西省领导说："我们也有，有几个村子你可以去看看。"我后来到了一个村去看了，果然一样。后来到其他省，他们告诉我，这里的农村也在发房产证，房产证可以抵押。这正是当前扩大内需所要做的。总之，一是完善社会保障制度，二是给农民发产权证，承包地的使用权有证，宅基地的使用权有证，农民盖的房子也有证。据估计，农民的房屋总价值大概是 18 万亿。比如说浙江，从杭州坐汽车走国道去宁波，一路上都是高房子。有的村每家屋顶都有一个像巴黎铁塔一样的铁架子。我问他们这是干什么用的，是不是避雷针，他们告诉我，这是各家在炫耀自己房屋的高度。农民的住房如果有 1/3 进行了抵押，就有 6 万亿元下农村。到时候你看农村的经济活不活？

19 世纪中期的法国处于工业化阶段，农民也大量进城了，可是法国工业化时期社会没有乱。为什么法国在工业化、城镇化的过程中社会没有乱呢？这必须从法国的历史讲起。1789 年法国大革命开始后，地主纷纷逃亡到国外。雅各宾专政时期，逃亡地主的土地被没收了，这些土地被分给那些没有地的人。这样，法国就形成了小农土地所有制。拿破仑在上台后用法律形式把现状巩固下来，承认小农的土地私有权。1815 年拿破仑倒台，波旁王朝复辟，很多政策退回去了，但土地政策未发生变化，因为好几百万人分得了土地，不可能让地主再把土地拿回去，所以法国就形成了小农土地所有制。法国在工业化时期成立了一个不动产抵押银行。抵押跟质押是不一样的。质押是什么意思呢？当铺是最典型的。拿一个手镯借钱，手镯典当在店铺，到期不还钱、不赎回，这手镯就归当铺了。抵押就不同了。办理抵押后，房子还是你住，上交房产证就行了。到期不还钱，银行通过法院跟你来打官司。所以，法国农民抵押了土地、住房进城了，把地契、房产证一交，就会得到一笔钱，房子照住、土地照耕，还可以带资进城。带资进城后，农民可以开店、做小买卖。就算是打工，农民也可以租房子住、买房子住。这样大家就慢慢把钱还清了，大家觉得乡下一套房、城里一套房挺好的，所以法国社会没有乱。

在工业化过程中，拉丁美洲国家的不少城市到处都有贫民窟。因为拉丁美洲国家实行大地主制，那些农民都是雇农，他们没有地，也没有住宅，房子由地主提供或自己搭草棚。这跟法国不一样，法国实行的是小农土地所有制。拉丁美洲国家的雇农没有东西可抵押，所以进城以后就形成贫民窟了，这样社会就乱了。

五、城乡一体化

城乡二元结构跟城乡二元体制不是一回事，不能把它们混为一谈。城乡二元结构自古就有，而城乡二元体制是1958年以后才有的。中国古代的城乡二元结构很明显，但那时没有城乡二元体制。金兵打进北宋首都开封，北宋完了，宋徽宗、宋钦宗父子俩被流放到黑龙江去了。宋高宗建立了南宋，河南人、山东人、河北人逃到江南一带。当时有城乡二元结构，但没有城乡二元体制。所以到了江南以后，农民愿意住城里就住城里，在城里买房也行，当店员也行，开店也行，自己建房子也行。城里人到了江南以后，可以在农村买地、租地、种地、盖房子。总之，城里人可以搬到农村住，农民也可以搬到城里住。

前不久有一部电视剧《闯关东》，讲的是清朝末年、民国初年山东人移民到东北的故事，他们愿意进城的进城，愿意下农村的下农村。那么，什么时候开始有城乡二元体制了呢？1958年，我国实行了户籍制度改革，城乡居民被划分为农业户口和非农业户口，城乡被隔离开了，城乡二元结构就制度化了。从此，农民就不知不觉地被降到了"二等公民"的位置。何以见得？举几个例子。

第一个例子。在计划经济时期，城里的生产是由政府管制的，城市居民的工作是由政府包下来的。怎么包下来的？你只要愿意工作，比如扫马路、种树，一个月就可以有二三十块钱的工资。物资紧张，有粮票、油票、肉票、鸡蛋票。可是农村就不一样了，农村的生产是由政府管制的，但生活是不归政府管的。

第二个例子。多年以来，城里的孩子接受义务教育，校舍是政府财政拨款建的，教员的工资是由财政拨款的；而农村的孩子接受义务教育，小学校舍是农民自己建的，教员叫民办教师、代课教师，他们的工资是由农民自己出的。同样是义务教育，城乡的义务教育这么长时间内处在不平等的位置上。这种状况到现在才有所改变。

第三个例子。改革开放以后，城乡二元结构开始松动了一点，农民可以出来打工了。20世纪80年代出来打工的农民要有乡镇政府颁发的外出务工证，如果在城里发现农民没有这个证件，就会被遣送回乡，当时的政策就是这样的。可是城里人到农村去租个房子住，在农村养病、画画、写书，住多久也没有人管你。从来没有听说农民把城里人押送回城了，说城里人没有居住证。你见过这个情况吗？没有，这又是一种地位不平等的表现。

第四个例子。全世界都没有听说过"农民工"这三个字。英国产业革命时期，工人是从哪来的？一部分是城里的手工业者，还有一部分是从附近农村来的。农民进城做工了，他们就是工人。中国第一批工厂在上海、天津、广州建立了，上海的产业工人从哪儿来？苏南农村、苏北农村。他们到上海的工厂做了工，就是上海人了，他们把老婆接到上海去了，他们生的孩子也在上海落户。现在从农村来的工人为什么被称为"农民工"？农民是他们的身份，工人是他们的职业。所以，干了三十年的工人还是"农民工"，这显然就是城乡二元体制带来的。现在我们经常说"农民企业家"，这个词也说不通，企业家就是企业家，还加个"农民"，说这个是"农民企业家"，那个是"市民企业家"，这都是一种身份歧视。

计划经济体制有两大支柱。哪两个支柱呢？一个支柱是国有企业体制，因为政企不分，产权不明确。第二个支柱就是城乡二元体制，它把农民拴得牢牢的。改革开放三十年了，我们重点改了第一个制度，即改革国有企业体制，而城乡二元体制基本没被触动，目前才刚开始触动。尽管承包制是农村改革的开始，但承包制是在承认城乡二元体制的前提下开始的，它只是改变了城乡二元体制的极端形式，废除了人民公社制度。城乡二元体制却没有被改动，"农民工"还是"农民工"，身份的歧视还在。

在城乡二元体制改革过程中，重要的问题是什么？重要的不是户口问题，而是土地问题。户口最后要改，这是水到渠成的事情，但难点是土地。怎么改呢？土地分两类，一类是承包地，另一类是宅基地。现在各地正在试验承包地和宅基地怎么改。承包地的改革主要是为了加快土地流转，承包土地流转基本上有三种形式——转包、出租、入股。

北大光华管理学院这几年在湖北省进行了大量调研。在种水稻的地区，假定种水稻的人家每户有20亩地，种两季水稻，每季产1000斤稻谷，一亩地产2000斤稻谷，承包20亩地就赚4万块钱。种水稻是很累人的，一年忙到头，种两季，冬天要种绿肥。4万斤稻谷，就算1块钱一斤，一共就得4万块钱。种子、化肥、农药、给牛喂的饲料、拖拉机用的柴油，这些都算上，钱就差不多花完了。在靠武汉比较近的地方就不一样了。农民到武汉去打工，土地转包给村里的种植能手，这些种植能手也就成了种植大户。我们调查发现，只要一家能够承包到200亩水田，就有钱赚。200亩水田能产40万斤水稻，卖40万块钱，把农药、化肥、种子的费用都去掉，雇一两个帮工，年终还有几万块钱的盈利。这就是转包。

我们在广东湛江的徐闻县了解了出租的情况。这个县在祖国大陆的最南端，隔海就是海南了，那里的土地是干旱的，没有大河，完全凭台风吃饭。台风多，雨水也多，今年就有好收成；台风少，雨水也少，今年收成就不好。农民种一亩地只有几百块钱的收入，所以民营企业、港资企业、台资企业就跟农民谈判：一亩地一年才赚几百块钱，你别种了，把土地租给我，我一年一亩地给你几百块钱，你要出去打工就打工，你不去打工可以跟我签合同，做我的合同工，给你每月发几百块钱的工资。农民一想，这样也好，于是土地就连成片了，公司就打井、喷灌，解决用水问题，还从国外引进新品种。我们到徐闻县考察的时候，一张连片种植的大照片挂到路口，我们去实地看了，那儿有上万亩地在种菠萝。徐闻的菠萝产量占全国总产量的1/3，那片地的名字也改叫"菠萝的海"。

我们在重庆考察了入股的情况。重庆的梁平区种西瓜、产茶叶。有由农民组成的西瓜合作社、茶叶合作社。重庆的江津区种柑橘，农民都入股到合作社了。重庆现在种的是反季节柑橘，普通的柑橘都是11—12月份成熟，而它那里是每年5—6月份成熟。这个时候市场上没有柑橘，所以销路就非常好。江津区的经验可以归结为三句话："人无我有"，你们不种的我种;"人有我优",你有,我的质量比你好;"人优我反季节"。所以,农民就富了,然后由集体组成的农民合作社跟龙头企业打交道。那里的模式已经改了,不是"公司+农户",而是"大公司+小公司+农户",农民入股到小公司,小公司就是专业合作社,小公司跟大公司再打交道、签订合同就行了。

我们到宁夏考察,发现宁夏有的县采用的是土地信用社的形式。农民外出时,承包地不转包、不入股,也不出租,而是把土地存入信用社,信用社每年都会把利息打入农民的账户,所以各种各样的办法使中国的承包地流转起来了。

宅基地采取两轮置换。第一轮置换是指农民要进县城了,土地交给政府,用宅基地跟宅基地上的房子换取城市户口、城市的住房和城市的低保。我们在有的地方看到,一些农民不愿意搬迁,特别是老人。他们说,这里可以养猪、养鸡,到城里养猪去哪儿养呢?孩子们会动员父母,告诉老人们进城后孙子有好的幼儿园、学校上,看病也方便。这样他们也就搬进城了。这是第一轮置换。接着,是第二轮置换。在今天的政策中,宅基地是农村建设用地。农民搬走了,宅基地交给政府,宅基地上的房子也交了。于是政府就把土地铲平了,把这些地变成耕地。这些土地的质量都比较好,因为它们原来就是从耕地中划出一块做宅基地的,再加上每家周围的地一般还比较大,所以耕地面积就扩大了。然后县里统一规划,在适合办工业的地方划一块地出来,把耕地改为工业建设用地,这就是第二轮置换。总之,把农村建设用地变成耕地,从其他耕地中再划一块出来变成工业建设用地,于是新的开发区、工业区就建起来了。现在重庆、成都是城乡一体化统筹发展的试验区,这些经验都是从重庆、成都总结出来的。

不仅重庆、成都试验区这样做，其他地方也在进行改革。如广东的中山市，它的城乡一体化已经基本实现了。又如，江苏的苏州市和浙江的嘉兴市也已经实现城乡一体化了。我们可以看出，城乡一体化是我们改革的方向。

在城乡一体化方面，所有的发达国家都是双向城乡一体化。中国现在搞的城乡一体化是单向的。什么叫单向的？就是只有农民进城。城里人能到农村去吗？不能。但这个改革现在也开始了，浙江的义乌市是试点，城里人可以带资本下乡，农民可以带资本进城。大家愿意进城就进城，愿意下乡就下乡。

在这种情况下，将来中国种地的是什么人？如果山沟里的人愿意在那里住，可以，散户种地总是会有的，我们要尊重农民自己的意愿。但今后种地的主要包括以下三个部分：第一部分，种植能手、养殖能手，他们通过出租、转包等方式经营；第二部分，专业合作社用入股的方式集体经营；第三部分，专门从事土地改良和种植的农业企业。最近听说有些企业开辟盐碱地，用盐碱地种水稻，而且尝试用海水浇灌，这样灌溉的问题就解决了；还有一些企业正试验在沙漠种农作物，听说是用营养液种农作物。

最后，我想谈一谈中国经济发展的动力。中国经济发展的动力何在？我认为中国经济发展的动力在于民间蕴藏着极大的积极性，关键是政府如何发现这种积极性，调动这些积极性，规范这些行为。可以举几个例子。中国的改革从承包制开始，承包制在当时是冒着极大的风险搞的。安徽凤阳小岗村18户农民在油灯底下签了一个协议，搞大包干，并且是冒着生命危险干的。因为协议里有一条，如果有人被抓了，其他各家有义务把他们的孩子抚养成人。这是中共十一届三中全会以后的事情，中央肯定了，全国示范推广，承包制几年内就很快在全国推广了。几年之后，农贸市场上的鸡、鸭、鱼、肉、香油、花生米全有了；又过了几年，粮票、油票取消了。这就是事实，民间蕴藏着的积极性被调动起来了。

搞承包制以后，农村的劳动力就富余了。富余了怎么办？农民就自己筹资金，到工厂去找下脚料，请退休工人来做技术指导，然后乡镇企业就办起来了。20世纪80年代前期，人们在火车上常常看到一些农民穿着中山服，拎着大包小包四处走，他们是乡镇企业的推销员，带着样品去找销路。于是在统一的计划体制之外，乡镇企业的商品市场形成了，大一统的计划经济局面被打破了。

再举个例子，股份制最早是怎么开始的？股份制最早是从群众集资开始的，人们采取股份制方式来建立企业。后来，股份制的企业到处都有，之后又成立了证券交易所。

最近几年，集体林权制度改革又是一个例子。1979年实行的是农田承包制，分田包产到户，但有的地方把山林也分了，结果砍树成风。为什么要砍树呢？农民当时说，政策变化快，趁现在还没有变，赶快把树砍了，过两年把山收回，不砍不就吃亏了吗？中央当时坚决制止了这股砍树风，但集体林权制度改革一拖就是二十多年。到了21世纪初，中央考虑到要搞集体林权制度改革，所以在福建、江西两省开始试点。2008年6月8日，中共中央、国务院决定在全国推广集体林权制度改革，这是迟到了二十多年的改革。全国有耕地18亿亩，集体林地25亿亩，这些现在分给农民了。有的农户包了几百亩山，而且承包期是七十年，林地可以抵押，林木可以抵押，这都是新的规定。这样农民的积极性就起来了。到林区去看看，现在农民只种树不砍树了。承包期七十年不变，就是说爷爷种树，可以让孙子来砍，所以到处都在种树。湖南种的什么树？大多是油茶树，因为油茶树的果子可以榨茶油，茶油的质量比橄榄油好。总的来说，这个改革是一举三得，农民收入增加了，市场对食用油的需要得到了满足，而且环境也得到了保护。此外，林下养鸡，林间种蘑菇、种中药材，竹林地区搞起了编织业。

广东今年农民工不足，过去向广东输送大量农民工的是江西和湖南，现在这里的农民上山了，自己家有林子了，大家都开始创业了。这就是农村的新情况，假定这种势头继续下去，中国的集体林权制度就会成为一个新的经济增长点。

大家可以看得很清楚，中国下一步的经济发展动力仍然在于调动民间的积极性。

2011 年 2 月 24 日

（根据讲座录音整理，有删改）

第三讲
美学的基本理论与北大的美学传统

叶 朗

作者简介

叶朗，北京大学哲学社会科学资深教授。教育部艺术教育委员会主任委员。曾同时兼任北京大学哲学系、宗教学系、艺术学系三个系的系主任，后担任北京大学艺术学院院长。兼任教育部哲学教学指导委员会主任，国务院学位委员会哲学学科评议组召集人，北京市社科联副主席，北京市哲学学会会长。第九届、第十届全国政协常委。现任北京大学哲学系教授，博士生导师，北京大学艺术学院名誉院长、北京大学美学与美育研究中心名誉主任、北京大学文化产业研究院院长。主要著作有《美在意象》(《美学原理》)、《胸中之竹——走向现代之中国美学》、《欲罢不能》、《中国美学史大纲》、《中国小说美学》、《中国文化读本》，主编《现代美学体系》《中国历代美学文库》等。

内容介绍

中国美学有自己特殊的品格。北京大学的朱光潜教授和宗白华教授是对中国现代美学贡献最大的两位美学家。20世纪50年代的美学大讨论背离了美学发展的主航道。要突破20世纪50年代美学大讨论的局限，必须从朱光潜"接着讲"。提出"美在意象"的理论框架是对"接着讲"的一种尝试。这个理论框架由意象、感兴、人生境界这三个概念构成一个理论核心，这个理论核心最大的特点是重视心灵的作用，重视精神的价值。这是对北大美学传统和中国美学传统的继承，所以它具有中国的色彩和北大的色彩，同时它也是对时代要求的一种回应。

视 频 节 选

第三讲　美学的基本理论与北大的美学传统

研究生院开设"才斋讲堂",在研究生中提倡多学科、跨学科的视野和方法,我觉得非常好。我特别提倡文理交融,提倡科学与人文、科学与艺术的交融和结合。季羡林先生在晚年的时候一直在提倡这个理念。我记得我们北京论坛第一届大会开幕的时候请他讲话,他就讲人文跟科学要交融。钱学森先生晚年也一直在提倡这个理念,他在接受记者采访时,以及和温家宝总理谈话的时候,都谈过这个问题。我非常注意钱先生的谈话。他讨论的是怎么培养拔尖人才的问题,怎么创建世界一流大学的问题。钱先生说根据历史经验和他个人的经验,他认为关键就是科学和艺术的结合。钱先生去世以后,很多人写文章纪念他,很多文章都在讨论一个问题,就是所谓"钱学森之问"——为什么我们的学校总是培养不出杰出人才?我认为钱先生自己已经回答了这个问题,至少从一个重要的方面回答了这个问题,那就是科学和艺术的结合,用季先生的话来讲就是人文和科学的交融。让我感到有点遗憾的是,那么多纪念钱学森的文章都没有提到这个理念,也许有,我没有看见。现在我们研究生院办这个"才斋讲堂",我觉得就是贯彻这个精神,多学科、跨学科交叉与融合,充分发挥我们北京大学多学科、学科齐全的优势,使我们这种多学科的优势成为激发学生创造性思维的推动力,我觉得非常好。

下面我讲的题目是美学的基本理论与北大的美学传统。我既要讲美学学科建设的问题,同时也要结合一下北大的情况,因为北大有美学的传统，这是北京大学非常重要的传统，是从蔡元培先生任北大校长开始的。我认为这个传统应该继承，应该发扬光大。

美学是哲学的一个分支学科，涉及很多哲学概念，今天时间短，不可能来谈这些理论问题，我就着重介绍一下这个学科的一些历史情况和我们学科建设的思路，这样其他专业的同学可能也会有一些兴趣。我主要讲四个问题。

一、美学学科建设的历史背景

（一）中国美学的特殊品格

从学科来讲，中国美学与西方美学有一个很大的不同，西方美学基本上是少数学者在书斋中作纯学术的研究，整个社会对这个学科不是很关注，年轻人、大学生对这个学科也不是很关注。但是中国不一样，美学这个学科在中国受到社会的关注，受到艺术界、艺术家的关注，也受到我们年轻人、大学生的关注。艺术家很关注美学，今天下午还有一个很杰出的画家到我这儿来跟我谈美学的问题，我们就一些美学基本理论问题进行了探讨。

20世纪50年代和80年代，社会上出现了两次美学热，在座的有些同学可能知道这个事。50年代有一场美学大讨论，是第一次美学热。80年代，随着我们整个社会出现文化热，又出现了美学的第二次热潮。80年代我们哲学系招美学的硕士生，最多招8个人，但是来报名的有七八十人，最多一次来报名的有100多人，可见当时美学很热。后来文化热退下去了，美学热也退下去了，但是相对来讲，社会还是比较关注美学这个学科的。

我举两个例子,一个是今年我们北京大学主办了第十八届世界美学大会。这个世界美学大会每三年举办一次,过去都在欧洲开,亚洲就在日本开过一次。2006年,我们北京大学美学与美育研究中心代表北京大学去申办了第十八届世界美学大会,有很多竞争者,最终我们申办成功了。我们没有想到规模那么大,国外学者来自39个国家和地区,有400多人,国内学者有600多人,加在一起有1000多人,开了五天的会,有676位学者在会上发表论文,同时有26个分会场。会议开到最后一天的时候,我到各个分会场去看,依然坐得满满的,还有人站着,这说明学术气氛很浓。国外的学者对中国有这么多人关心美学感到很吃惊,因为在国外只有少数人关心美学。同时,当他们在会上看到中国的学者对西方美学那么熟悉,他们也非常吃惊。相对来讲,我们对西方美学的了解比外国学者对中国美学的了解要多得多。很多外国学者说他们这次收获很大,过去他们只知道中国有孔子和老子,这回到了中国才知道,中国还有朱光潜、宗白华两位美学家。这个当然是很大的收获。

为什么在中国有很多人关注美学?这和我们中国文化、中国美学的特点有关系。很多人说,中国文化是审美的文化、诗意的文化,中国哲学是审美的哲学、诗意的哲学。中国美学最大的特点是和人生紧密结合,它渗透到了我们民族精神的深处,因而对中国文化发展具有十分深刻的影响。从孔子开始一直到我们的蔡元培校长,中国历代的思想家没有一个不是重视美育的。孔子提倡诗教、乐教,提倡"兴于诗,立于礼,成于乐",就是强调审美活动要参与人格的塑造,还要参与整个民族精神的塑造。从孔子开始,中国哲学逐渐形成了人生境界的学说。我们哲学系已故的冯友兰先生认为,中国传统哲学最有价值的学说就是关于人生境界的学说。人生境界的学说是指塑造人格、塑造民族精神的学说,而审美活动在这里起到了重要的作用。

受中国美学的影响，中国传统艺术都十分重视精神的层面，重视心灵的作用。我们北大的宗白华先生强调，中国艺术是一个虚灵的世界、一个永恒的灵的空间，强调中国艺术是世界最心灵化的艺术，同时也是自然本身，心灵和自然是统一的。中国艺术家追求意境，意境就是艺术作品显示出的一种形而上的人生感、历史感和宇宙感，所以宗先生常常在他的著作里说，中国艺术有一种哲学的美，包含一种形而上的意味。

中国美学也广泛渗透到广大老百姓的日常生活当中，中国老百姓要在普通的、平凡的日常生活中去营造一种美的氛围，比如我们喝茶、喝酒都要营造一种诗意的氛围。我们北京有一位叫王世襄的先生，不知道你们知不知道，他是一位文物学家，也是收藏家。他收藏鸽哨，他说鸽哨是北京的音乐，这鸽哨不知多少次在清晨把大人和小孩从梦中喊醒。老百姓虽然生活很平淡，但是也要营造一种美的氛围、一种诗意的氛围。我们中国美学渗透到了老百姓的日常生活当中，中国人在日常生活中也有审美情趣，所以中国的美学和老百姓及整个社会有很紧密的联系。为什么我们整个社会比较关注美学呢？这可能跟我们中国文化传统有关系。这是我讲的第一点，中国美学的特殊品格、特殊的精神。

（二）中国现代美学的特点

中国近代美学从梁启超、王国维开始。他们的特点是引进西方美学，主要是德国的美学。他们尝试把中西美学融合起来，其中学术成就最大的是王国维。我认为中西美学的融合是我们中国美学近代以来选择的一条正确的道路。这一点我不详细说了。

中国现代美学我要多讲一点。为什么呢？这是因为在中国现代美学中贡献最大的是我们北京大学的学者。首先是蔡元培先生,他当校长以后就在北大开设了美学课,这是蔡元培先生在北大亲自讲的唯一一门课。他还准备写一本教材,后来因为一些缘故没有写成。他提倡美育,这对我们中国现代教育影响极大,这种影响一直延续到现在。接下去就是朱光潜、宗白华、冯友兰这些学者。他们有几个特点。

第一,他们继续了梁启超、王国维的路线,引进西方美学,并且力图把它和中国美学结合起来。比如说朱光潜,朱先生对中国美学的一个不朽贡献就是翻译了大量西方美学的经典著作。柏拉图的《文艺对话集》、莱辛的《拉奥孔》、歌德的《歌德谈话录》、黑格尔的《美学》,还有意大利维柯的《新科学》。维柯的《新科学》是朱先生晚年翻译的,我到他家里去,他已经八十多岁了,桌上摆满了稿纸。这本书翻译完了以后他就去世了,来不及看到这本书出版。黑格尔的《美学》非常难翻译,这本书涉及的理论和知识面非常宽。当年周总理说过,像黑格尔的《美学》这样的书只有朱先生来翻译才能胜任愉快,周总理说的话是非常对的。黑格尔的《美学》在"文化大革命"以前已经出版了第一卷,后面两卷朱先生翻译了一部分,在"文化大革命"中抄家被抄走了,当时我们非常担心会找不回来。有一次我正好在北大图书馆前面碰到他,我们都很高兴,我先问他身体怎么样,然后就问他被抄走的稿子找到了没有,他说还没有找到。后来幸好还是找到了,朱先生把它翻译完之后整理出版了。在粉碎"四人帮"以后不到三年的时间里,朱先生翻译、整理并出版了黑格尔的《美学》,还有刚才讲到的《拉奥孔》《歌德谈话录》,一共是150多万字。这个时候朱先生已经八十岁高龄了,大家看这是何等惊人的生命力和创造力。

还有宗白华先生,他也翻译西方的经典。康德《判断力批判》的上册讲的是美学,这本书就是宗先生翻译的,宗先生还翻译了一些其他的书。

我们当代的艺术家都承认，宗先生对中国艺术的研究精深微妙，至今还没有一个人能够超越他。

第二，他们在美学基本理论的核心层面有很多贡献，这集中表现在他们对审美意象理论的研究。朱先生、宗先生都讲美是什么，其实美就是意象。而冯友兰先生的突出贡献是提出了关于人生境界的理论。我刚才讲了，冯先生说我们中国传统哲学最有价值的理论是关于人生境界的理论。冯先生说，世界是同样的世界，人生是同样的人生，但是同样的世界和同样的人生对每个人意义不一样，这就构成每个人的精神境界。比如说，两个人一起到山里游览，地质学家看到的是一种地质构造，历史学家看到的是某种历史的遗迹。所以同样一座山对于这两个人的意义是不一样的。我看美国人写了一个故事，一个大老板一生辛辛苦苦，到了晚年，他的太太说你太辛苦了，你出去玩一玩吧，他就到世界各地去旅游了。旅游一圈回来以后大家问他，你这次旅游有什么收获呀？他说，我最大的收获是我更加感觉到办公室的可爱。世界无限的大，但是这对他来讲没有意义，只有这个办公室对他有意义。我们中国人讲"画地为牢"，他就是画地为牢了，他跳不出去。所以说，同样的世界，同样的人生，对于每一个人的意义不一样，这个不同的意义就构成了每个人不同的精神境界。冯先生说，没有两个人的境界是相同的。动物没有自己的境界。

哲学和美学的意义就是要提升大家的人生境界，我们中国人非常强调这个境界，从孔子开始就形成了人生境界的学说。中国古人强调，一个学者不仅要注重增加自己的知识，增加自己的学问，更重要的是注重打开自己的胸襟，涵养自己的气象，提升自己的人生境界。这个精神境界表现为一个人的内心世界，我们古人称之为"胸襟"或"胸怀"，表现为一个人的言谈笑貌和举止态度，我们古人称之为"气象"，或者叫作"格局"。这种"胸襟""气象"看起来好像是抽象的,看不见摸不着的,实际上是客观存在的,别人是能够感受到的。我刚才提到冯友兰先生,他说他当年在北大当学生的时候,第一次到校长办公室去见蔡元培先生,他一进校长办公室就感到蔡先生有一种光风霁月的气象,而且满屋子都是这个气象,可见一个人的气象是一种客观存在。冯先生说,如果一个人的精神境界特别高,他的气象就能对周围的人产生一种春风化雨的作用。冯先生说,蔡先生治学有两大特点,第一是兼容并包,第二是春风化雨。冯先生说,根据他自己的体会,做到兼容并包好像还不算很难,要真正做到春风化雨就太难了,因为春风化雨不能勉强,做个样子是不行的,那是不自然的。你有那个境界,自然就能对周围的人产生春风化雨的作用;你没有那个境界,就不能起到这个作用,不能勉强,不能作假。人生境界的理论对我们美学来讲非常重要。审美活动可以从多方面提高人的文化品格、文化素养,最终归结起来就是提升人的人生境界。

第三,这些前辈学者的文风特别值得我们学习。在座的不管是文科生还是理科生都有一个文风的问题。杨振宁就特别强调,文章要有那种秋水般的风格。文风很重要,因为文风是一个人的思想境界和文化素养的综合表现,而像冯友兰先生、朱光潜先生、宗白华先生,他们的文章都写得特别好。第一是明白通畅。现在有的人写文章叫人看不懂,包括我们一些学生。我有一个研究生,我说你的文章我怎么越来越看不懂了,你说你写得深刻,但是康德和黑格尔不见得不比你深刻,我还能看得懂,怎么你的我就看不懂了呢?第二是有味道。有味道就更难了。你看冯友兰先生八九十岁的时候写的文章依然很有味道。我随便举一个例子。他八十多岁写了一篇文章。当时出了一些中国哲学家画传,比如说孔子画传、孟子画传,画一个孔子然后写一篇传,画一个孟子写一篇传。冯先生的文章就是来讨论这个画像的。他说孔子谁也没有见过，死了几千年了，也没有照片留下来。那么怎么画呢？怎么叫像，怎么叫不像呢？那么是不是就可以随便画了呢？冯先生说不，不能随便画，还是有一个像不像的问题。为什么呢？因为孔子用他的言论和行动在后人心目当中留下了一个精神形象，你画孔子必须符合这个精神形象，这就说得非常好。听了冯先生的话以后，有一次我到某一个地方，看到那里有一组雕塑是表现孔子跟几个学生谈话的场景。孔子说："你们平时都说没有时间谈你们的理想，今天你们谈一谈吧。"有一个学生说自己想当一个小官，另一个学生说自己想要知道怎么样治理国家。最后，曾点说自己跟他们不一样。孔子说："那也没有关系，你就说说。"曾点说："我的理想是几个大人和几个小孩在春天的时候到河里游泳，然后穿上春天的服装，吹着春风，唱着歌回家。"孔子听了以后叹口气说："我还是比较同意曾点的这种理想啊。"但是我看那组雕塑，人物一个个垂头丧气、愁眉苦脸的，我就觉得他们根本不该是这种精神状态，这就不像。接下去就精彩了，冯先生接着讨论小说改编为戏剧的问题，也就是意象世界转换的问题。他说他个人不喜欢看按照《红楼梦》小说改编的戏曲。那时候冯先生还没有看过电影和电视，只看过戏曲。他说他看了总觉得舞台上的那些人不像。他说："你看吧，小说里面那些贾宝玉最不喜欢的老妈子、粗使丫头，小说里面很鄙俗的人，在小说里都写得'俗得很雅'；等到把小说里面的那些女孩搬到舞台上，你看舞台上那些最雅的人都'雅得很俗'。"你说冯先生说得多妙，当时他已经八十多岁了。我现在看一些电视剧和电影里的一些人物，也觉得是"雅得很俗"，他没有那种经历，没有那种气质，他表现出了不应当表现出来的雅，结果就弄得很俗。想让文章写得有味道，我有个建议，不管你们是文科生还是理科生，有空的时候把五四运动以来老一辈学者的书拿来看看，冯友兰的、朱光潜的、闻一多的。闻一多先生论庄子、论唐代诗人的文章都写得非常好，那也是学术论文，可是写得那么生动，那么深刻，不像我们现在的一些学术论文，拖泥带水、死气沉沉的。

第四，这些老一辈的学者都体现出北京大学的人文精神和人文传统。我刚才提到的朱光潜先生在粉碎"四人帮"以后已经八十多岁了，不到三年就翻译、整理并出版了150多万字的著作。朱先生去世以后我写了一篇文章悼念他，我引用了小时候看到的丰子恺先生的一幅漫画。画的是什么呢？画的是一棵大树被拦腰砍断，四面萌发着很多枝条，旁边站了一个小女孩把这棵树指给她的弟弟看。漫画旁题了一首诗："大树被斩伐，生机并不息，春来怒抽条，气象何蓬勃！"你看拿这幅画和这首诗来作为朱光潜先生的生命力、创造力和人生境界的象征，不是非常恰当吗？

再比如冯友兰先生，他九十岁的时候眼睛看不见了，耳朵也听不清了，但是他还在写他的《中国哲学史新编》，他自己不能写，就口述，别人给他记下来。冯先生九十岁的时候学生去看他，学生说："冯先生你眼睛都看不见了，耳朵也听不见了，你还要写，你应该休息休息。"冯先生说："我眼睛看不见了，不能看新的书了，但是我还可以把我过去读过的书拿来思考，来产生新的理解。"这句话很重要，一些经典著作你读过一次还可以再读。为什么呢？你可以产生新的理解。冯先生说："我就好像一头老牛躺在那个地方，把过去吃下的东西吐出来咀嚼，其味无穷，其乐也无穷。古人所谓'乐道'大概就是这个意思吧！""乐道"就是一种精神的愉悦，一种精神的享受。同学们有没有这种体会，比如说你晚上看一本经典著作，你看到有一段特别精彩的东西，你就会感到非常激动，有一种喜悦，因为真理的光芒照耀着你的全身，这就是"乐道"。冯先生又说："人类的文明好似一笼真火，往古今来对于人类文明有所贡献的人，都是呕出心肝，用自己的心血脑汁为燃料，才把这真火一代一代传下去。"①"呕出心肝"是一个典故，说的是唐代诗人李贺骑在毛驴上想到一句诗就写下来放到口袋里面，他的母亲说这个孩子要呕出心肝才罢休。他为什么要呕出心肝呢？冯先生回答说："'春蚕到死丝方尽，蜡炬成灰泪始干'，一个蚕，它既生而为蚕，就没有别的办法，只有吐丝，它也是欲罢不能。"②这"欲罢不能"四个字太好了，这就是我们北京大学的人文传统、人文精神。这种人文传统、人文精神构成了北京大学的人文氛围、人文环境。这个人文氛围和人文环境用四个字来概括，就是"欲罢不能"。一所大学有没有这种环境和氛围，给人的感觉完全不一样。一个人生活在北京大学这种环境和氛围中，一种崇高感、一种历史感、一种使命感会油然而生。这种崇高感、历史感、使命感会鼓舞和推动我们在新的时代条件下进行新的创造，开拓新的境界。

除了刚才讲到的朱光潜、宗白华之外，我们还有一位美学家，大家也许不太知道，他就是邓以蛰先生。邓先生比宗先生和朱先生年龄稍微大一点，他也搞美学，是清代大书法家邓石如的五世孙。邓以蛰先生的篆书和隶书都非常好，但是因为新中国成立以后他肺部有毛病，没有怎么讲课，外面的活动不太多，所以大家不了解他。他住在镜春园，我们经常去看他，他把他收藏的很多著名书法作品拿出来给我们看，还有他自己以及邓石如的一些书法作品。邓以蛰先生还为我们国家培养了一位伟大的科学家——他的儿子，"两弹元勋"邓稼先。总的来说，关于中国现代美学，我特别讲了讲北京大学的这几位大学者，因为他们构成了我们北大的传统。

---

① "文化：中国与世界"编委会编.《文化：中国与世界》第三辑，生活·读书·新知三联书店，1987，第226页。
② 同①。

（三）20世纪50年代的美学大讨论

20世纪50年代的美学大讨论主要是讨论一个问题，就是美的本质，也就是美是主观的还是客观的，美在物还是在心。比如说一株梅花，这个梅花的美是梅花本身美，还是我心里觉得这个梅花美就是美，是主观的还是客观的？关于这个问题，当时分成好几派。第一派认为美是客观的，代表人物是蔡仪，大家可能不熟悉，他是中国社科院文学所的研究人员。第二派认为美是主观的，代表人物是吕荧，他当时是中国人民大学的教授，还有一位是高尔泰，他当时是兰州的一位中学教师，是一位年轻人。第三派是朱光潜先生，他主张美是主客观的统一，这个梅花加上我的情趣合在一起成为梅花的形象，这才是美。梅花叫"物甲"，"物甲"不是美；梅花的形象是"物乙"，"物乙"才是美。"物乙"有我的情趣，这才是美。其实朱先生的主张是比较接近真理的。第四派是李泽厚，他是北大毕业的，后来到中国社科院工作，研究近代思想史，研究康有为、谭嗣同和梁启超的哲学。他也参加了美学大讨论，提出了美是客观性和社会性的统一的观点。他说，蔡仪先生看到了美的客观性，没有看到美的社会性，朱光潜先生看到了美的社会性，但是没有看到美的客观性，而他则把美的客观性和社会性统一了起来。我们当时都是学生，觉得李泽厚的观点不错，既是唯物论，又是辩证法。那时赞同李泽厚观点的人很多。

大家讨论得非常热闹，到了20世纪60年代初，阶级斗争的形势非常紧张，讨论就继续不下去了，但在当时，《人民日报》《光明日报》整版刊登了美学讨论的相关文章。贺麟先生写了一篇批评朱光潜的文章，连续刊登了两大版，现在很难想象，《人民日报》会整版刊登这种学术文章。当时人们把朱先生的理论全盘否定了，其实我刚才讲了，朱先生在引进西方美学方面和美学基本理论方面都有很大的贡献。当时全盘否定朱光潜，同时也就割断了我们跟西方近现代美学理论的联系，也割断了我们跟中国传统美学的联系。朱先生说，当时有一种迷信式的恐惧，谁也不敢讲"主观"，一讲"主观"就是唯心论，"心"也不敢讲，这些都是唯心论。审美活动没有"心"怎么行呢？宗白华先生说，一切美的光是来自心灵的源泉，没有心灵的映射，是无所谓美的。①也就是说，美是不能脱离心灵的。宗先生引瑞士思想家阿米尔的一句话："一片自然风景是一个心灵的境界。"20世纪50年代的美学大讨论全盘否定了朱光潜的理论，其结果是我们美学理论的建设离开了美学发展的"主航道"。在当时的讨论中，不管哪一派都把美学纳入了一个主客二分的认识论的框框，人们讨论的都是客观是第一性还是主观是第一性，物质是第一性还是意识是第一性。其实美学问题不是认识论的问题。这使得美学学科的建设离开了"主航道"。

因此，那一次美学大讨论尽管很热闹，在理论上却并没有多大的进展，这是我的看法。改革开放以后，王朝闻主编的《美学概论》出版了，这本书后来成为20世纪80年代各种美学教材的母本，后来的美学教材大体都是按照这本书的框架编写的。这本书在"文化大革命"以前就开始编了，王朝闻把美学大讨论中一些比较活跃的青年学者集中在一起编了这本教材，编者主要采用的是李泽厚的观点，所以我们也可以将其视为对美学大讨论成果的总结。到了20世纪80年代以后，改革开放了，外面的东西进来了，人们的思想也解放了，大家就开始反思20世纪50年代的这一场美学大讨论，大家觉得这一场美学大讨论在理论上还有很多问题，包括王朝闻主编的这一本书。我们不是批评王朝闻或哪个人，因为这本书是一个历史的产物，是在当时特定的历史环境下产生的。第一，这本书整个框架

---

① 宗白华：《中国艺术意境之诞生》，载《宗白华全集》第二卷，安徽教育出版社，1994，第358页。

太窄，只讲了三个部分：第一部分是讲美，讨论美是主观的还是客观的；第二部分讲美感，美感讲得也很简单；第三部分讲艺术，这部分跟一般的艺术概论也没有什么差别。美学史上有很多丰富的内容，美学很多分支学科的新成果这本书都没有吸收进来，面太窄，内容太贫乏，读起来就没有意思、没有味道了。第二，这本书没有中国的东西，里面所有的概念、范畴、命题都是西方的，讲的都是从柏拉图到19世纪俄国革命民主主义者的美学，19世纪以后的就不讲了。第三，这本书没有20世纪的东西，西方近现代美学的成果都没有吸收。第四，这本书跟我们改革开放以后的审美实践与艺术实践没有联系。因为这本书存在这四个缺点，所以大家觉得之后的书应该突破这个框架。从20世纪80年代末期一直到90年代，很多人写了一些书，这些书都试图突破20世纪50年代的美学大讨论和这本总结这一场美学大讨论成果的书。

第一个问题讲完了，以上主要是介绍美学学科建设的背景。

二、要突破20世纪50年代的美学大讨论的局限，必须从朱光潜"接着讲"

这个"接着讲"是冯友兰先生提出来的一个概念。冯先生说，哲学史家是"照着讲"，比如说康德怎么讲的，朱熹怎么讲的，我就照着讲，把康德、朱熹介绍给大家。但是哲学家不同，哲学家不能限于"照着讲"，他要反映新的时代精神，他要有所发展，有所创新。因此，冯先生提出了"接着讲"的概念，比如说康德讲到哪里，你就要"接着讲"，朱熹讲到哪里，你就要"接着讲"。冯先生说，这是哲学、人文学科和自然科学的一个很大的不同。我们讲科学，可以离开科学史；我们讲一种科学，可以离开一种科学史。但讲哲学则必须从哲学史讲起，学哲学也必须从哲学史学起，讲哲学都是"接着"哲学史讲的。①比如说,讲物理学不必从亚里士多德的物理学讲起,讲天文学不必从毕达哥拉斯的天文学讲起,但是你讲西方哲学必须从苏格拉底、柏拉图讲起。讲中国哲学必须从老子、孔子讲起,学哲学的人首先要读《老子》《孔子》,所以哲学是接着哲学史讲的。哲学如此,美学作为哲学的一门学科也是如此,美学也离不开美学史,美学也要"接着讲"。

那么,美学应该接着谁来讲呢?从哪儿"接着讲"呢?当然,一直往前追溯可以是从老子、孔子,从柏拉图、亚里士多德"接着讲",但是如果从最近的继承关系来讲,我们应该从朱光潜"接着讲"。在这里,我要说一个看法,新中国成立以后人文学科有一个失误,那就是对五四运动以来的前辈学者基本上采取否定的态度,把他们放到一边,像冯友兰、朱光潜,很多人认为这些老的学者都是搞唯心论的,他们的书大家也不看了,他们的一些有价值的东西大家也不去继承了,这是很大的失误,我觉得这在很大程度上影响了我们人文学科的发展。

要"接着讲",为什么要强调朱光潜呢?因为朱先生更重视基础性的理论工作,重视美学和人生的联系,他突出了对意象的研究,这对我们把握中国美学宏观的方向很有意义。宗白华先生同样重视意象的研究,重视心灵的创造作用,而且他从文化比较的高度来阐释中国传统美学的精髓,帮助我们认识中国美学思想的核心和亮点。宗先生很多深刻的思想可以源源不断地启发今后美学史、美学理论的研究。很多年以前我就在很多场合提倡大家细读这些前辈学者的著作,不要粗枝大叶地翻一下就算了,要细读汤用彤,细读冯友兰,细读朱光潜,细读熊十力。细读这些前辈学者的著作可以让我们发现许多新的东西,可以读出许多对于我们今天仍然很有启发的东西,而且可以把我们的品位提上去,可以使我们更快地成熟起

---

① 冯友兰:《论民族哲学》,载《三松堂全集》第五卷,河南人民出版社,2000,第274页。

来。已故的张岱年先生曾经说过，就哲学思想的深刻性来说，和西方当代像海德格尔这样的大哲学家比起来，熊十力毫不逊色。张先生的话也是启示我们要细读这些前辈学者的著作，我想这可能是推进我们人文学科发展的一条重要的途径。

学术研究不能仅仅限于搜集和考证材料，而是要从里面提炼出具有强大包孕性的核心概念和命题，思考最基本、最前沿的理论问题。从朱光潜"接着讲"并不是专注于研究朱先生一个人的思想，而是沿着他开创的学术道路，在新的时代条件、时代课题面前做出新的探索。每一个时代都有自己的学术焦点，这就形成了每一个时代在学术研究中的烙印。"接着讲"的目的是回应我们时代的要求，反映新的时代精神，这必然会推动我们在朱光潜、宗白华、冯友兰等前辈学者的研究成果的基础上有所超越。所以"接着讲"必然要求我们超越，并不是说照搬他们的东西。这是我讲的第二点，想要突破20世纪50年代美学大讨论的局限，必须从朱光潜"接着讲"。

三、提出"美在意象"的理论框架是对"接着讲"的一种尝试

20世纪80年代以来，我一直在思考这条"接着讲"的路线，逐渐形成了一个以"美在意象"为核心的理论框架。去年我出了一本书叫《美学原理》，今年又出了这本书的彩色插图本，叫《美在意象》，内容基本上是一样的。这个理论框架有三个核心的概念，一个叫作意象，一个叫作感兴，一个叫作人生境界。

意象、感兴、人生境界这三个核心概念都是中国美学的概念。意象，就是我们讲的审美对象，美在意象；感兴，相当于西方哲学家狄尔泰和伽达默尔所说的"体验"，就是审美感受、审美经验，简单地说就是美感；

人生境界，就是说审美活动对人生的意义最终归结起来是提升人生境界。这三个概念构成了这个理论架构的核心。讲美学可以讲很多内容，自然美、艺术美、社会美、优美、崇高、喜剧、悲剧等，但是从理论核心来讲，中国美学主要围绕这三个概念。这需要许多理论的论证和说明，今天就不讲了，但是我可以举几个例子，也许能够帮助在座的同学更好地理解。

因为今天是中秋节，我举月亮的例子。今天月亮是最圆的，但是今年的月亮是最小的，我不知道是什么原因，这需要通过自然科学来论证了。从美学上来讲，月亮的美对每个人都不一样，比如说杜甫有句诗是"月是故乡明"，这个月亮作为物理实在在哪儿都是一样的，故乡的月亮不会特别亮，为什么"月是故乡明"呢？原因就在于，这里的月亮从美的对象来讲不是一个物理实在，而是一个意象世界，月亮的美就在于这个意象世界。季羡林先生曾经写过一篇《月是故乡明》的散文，写得非常好。他说，他故乡的小村庄在山东西北部的大平原上，那里有几个大苇坑。每到夜晚，他走到苇坑边，"抬头看到晴空一轮明月，清光四溢，与水里的那个月亮相映成趣"①。"有的时候在坑边玩很久，才回家睡觉。在梦中见到两个月亮叠在一起，清光更加晶莹澄澈。"②他说："我只在故乡呆了六年，以后就背井离乡，漂泊天涯。"③到他写文章的时候已经过去四十多年了。他说："在这期间，我曾经到过世界上将近三十个国家，我看过许许多多的月亮。在风光旖旎的瑞士莱芒湖上，在平沙无垠的非洲大沙漠中，在碧波万顷的大海中，在巍峨雄奇的高山上，我都看到过月亮，这些月亮

---

① 季羡林：《月是故乡明》，载《季羡林全集》第二卷，外语教学与研究出版社，2009，第172页。
② 同①。
③ 同①。

应该说都是美妙绝伦的，我都异常喜欢。但是，看到它们，我立刻就想到我故乡中那个苇坑上面和水中的那个小月亮。对比之下，无论如何我也感到，这些广阔世界的大月亮，万万比不上我那心爱的小月亮。不管我离开我的故乡多少万里，我的心立刻就飞来了。我的小月亮，我永远忘不掉你！"①季先生说，那些广阔世界的大月亮比不上他故乡的小月亮，这并不是月亮作为物理实在的不同，他那个心爱的小月亮不是一个物理实在，而是一个情景相融的意象世界，是一个充满了意蕴的感性世界，其中融入了他对故乡无穷的思念和无限的爱。他说："思乡之病，说不上是苦是乐，其中有追忆，有惆怅，有留恋，有惋惜。流光如逝，时不再来。在微苦中实有甜美在。"②这个情景相融的意象世界就是美。

我们看古往今来多少人写过月亮的诗，但是这些诗呈现的是不同的意象世界。比如说"月上柳梢头，人约黄昏后"，这是一个皎洁、美丽、欢快的意象世界；再比如说"江上柳如烟，雁飞残月天"，这是另外一种意象世界，开阔、清冷；再比如说"明月出天山，苍茫云海间"，这又是另外一种意象世界，沉郁、苍凉，和"月上柳梢头""雁飞残月天"的意趣都不一样。再比如，林黛玉、史湘云在月下联句："寒塘渡鹤影，冷月葬花魂。"这是一种寂寞、孤独、凄冷的意象世界，和前面几首诗中的意趣又完全不同。同样是月亮，但是意象世界不同，它所包含的意蕴也不同，给人的美感也不同。这些描写月亮的诗句说明，审美意象不是一种物理实在，也不是一个抽象的理念的世界，而是一个完整的、充满意蕴的、充满情趣的感性世界。这个意象世界不能够脱离人的审美活动，不能脱

---

① 季羡林：《月是故乡明》，载《季羡林全集》第二卷，第172页。
② 同①。

离美感，不能脱离人的创造。刚才王恩哥院长在讲话时就引了唐代哲学家柳宗元的一句话："美不自美，因人而彰。"柳宗元说，兰亭如果不碰到王羲之这些人的话，那里的泉水、竹子就在山里面荒芜了，因为没有人来照亮它。"美不自美，因人而彰"，美的东西并不是本身就是美的，必须要有人来发现它，要有人来唤醒它，必须要有人来照亮它，使它从物理实在变成一个意象世界。所谓意象世界，就是一个完整的、有意蕴的感性世界。"因人而彰"的"彰"，就是发现，就是唤醒，就是照亮。外在的物当然是不依赖于我而存在的，但是外在的物并不是美。美并不在外物，并不在"自在之物"，或者说外物并不是单单靠着自己就能够成为美的。"美不自美"，美离不开人的审美体验。法国哲学家萨特有一段话有同样的意思，他说人是万物显示自己的手段。他说，是我们使这棵树和这片天空发生了关联，多亏了我们，这颗灭迹了几千年的星、这弯新月和这条阴沉的河流才构成了一个统一的风景，我们去看它，它变成了风景，这个风景如果我们弃之不顾，它就失去了见证者，停滞在永恒的默默无闻之中，这就是刚才引的柳宗元的那句话的真实意思。兰亭的竹子、泉水如果没有王羲之，它们就在空山里面荒芜了。但是它们并不会因为没有被人发现就消失了，不是的，它们不会消失，但是它们会停滞在麻痹状态，等另外一个人来唤醒它们。因此，必须要有人来发现它们，有人来照亮它们，有人来唤醒它们，使其成为一个风景，成为一个意象世界，成为一个美。

德国的哲学家席勒也说过一句话，他说："事物的实在是事物的作品。"[①]就像刚才讲的，月亮的物理实在就是月亮的作品，"事物的外观

---

① 席勒：《美育书简》，徐恒醇译，中国文联出版社，1984，第133—134页。

是人的作品"①，它靠人才能显现出来。就像郑板桥说的，早上起来走到院子里面，太阳照进来，竹枝摇摇摆摆，"胸中勃勃，遂有画意"②，就想画画了，有了创作的冲动。他说，胸中之竹并不是眼中之竹③。这些日影、竹影必须要有人来发现它，来照亮它，使它成为"胸中之竹"，"胸中之竹"就是意象，就是美。所以，朱光潜先生一再强调，美的东西不能离开观赏者，它得有人的创造。意象的"象"离不开我们"见"的活动，有"见"的活动，"象"才能显现出来，所以美的观赏都带有几分创造性。

朱先生以北斗星为例。北斗星本来是七个光点，而且是散乱的，它和它旁边的星星是一样的，但是在我们的眼中，在我们的心中，它是一个斗，是一个完整的形象，这个形象是我们赋予它的。所以朱先生说，所见物的形象都有几分是"见"所创造的，美的观赏都是创造。这里我要引一段王阳明很有名的话。王阳明和朋友去游山，朋友就说："你说天下无心外之物，比如说这树花，在深山中自开自落，跟我的心有什么关系呢？"王阳明回答说："你未看此花时，此花与汝心同归于寂。"④意思是你没有来看这树花的时候，这树花跟你的心一样是空寂的。"你来看此花时，则此花颜色一时明白起来"⑤，意思是你看这花的时候，这花的颜色一下子就被照亮了。他在这儿讨论的问题就是意象世界的问题。意象世界总是被构成的，它离不开审美活动，离不开人的意识的一种生发的机制。因为离开了人的意识的生发机制，天地万物就没有意义，就形成不了美。你没有去看深山中的花，这个花虽然存在，但是它跟人心"同归于寂"，"寂"就

---

① 席勒：《美育书简》，第133—134页。
② 郑板桥：《郑板桥集》，上海古籍出版社，1979，第154页。
③ 同②。
④ 王阳明：《传习录（下）》，载《王阳明全集》，上海古籍出版社，1992，第107—108页。
⑤ 同④。

是遮蔽而没有意义，谈不上什么颜色美丽。只有人来看这个花的时候，这个花才被人照亮，所以"此花颜色一时明白起来"。王阳明的哲学关心的是人和万物交融的一个生活世界，而不是一个物和人相隔绝的抽象世界。世界万物由于人的意识而被照亮了，被唤醒了，从而构成一个充满意蕴的意象世界、美的世界。意象世界是不能脱离审美活动而存在的，美只能存在于美感活动中，这就是美和美感的统一。

以上我举了几个简单的例子，说明美在意象，美不能脱离审美活动。

这个"美在意象"的理论核心在理论上最大的特点就是重视心的作用，重视精神的价值。这个心并不是被动的反映论的"意识"或"主观"，而是具有巨大能动作用的意识的生发机制。心的作用就是刚才王阳明的话所揭示的，赋予和人无关的外在世界以各种各样的意义，这些意义也涵盖了美的判断。离开人的意识的生发机制，天地万物就没有意义，就不能够成为美，所以"美在意象"的命题实质上就是恢复创造性的心在审美活动中的主导地位，提高心灵对于事物意义的承载能力和创造能力。

提出这个理论核心并不仅仅是出于一种美学知识体系建设的需要，更重要的是要突出审美与人生，突出审美与精神境界的提升和价值追求的联系。美的本体之所以是意象，审美活动之所以是意象创造活动，就是因为它可以照亮人生，照亮人与万物一体的生活世界。美学研究的全部内容最后归结起来就是引导人们去努力提升自己的人生境界，使自己具有一种光风霁月般的胸襟和气象，去追求一种更有意义、更有价值、更有情趣的人生。所以真正的中国美学的研究不仅可以使人们获得理论和知识的滋养，培养对纯理论的兴趣，更重要的是可以使我们更好地感受人生、体验人生，获得心灵的喜悦和境界的提升。因此，如果用八个字来概括这个理论框架，可以概括为"美在意象，照亮人生"。

提出这个理论核心是对中国传统美学精神的一种继承。我们在一开头就说过，中国传统美学的最大特点是其与人生的紧密结合，它十分重视精神的层面，十分重视心灵的作用。同时，提出这个理论核心也是对时代要求的一种回应。当代人类社会的一个突出问题就是人的物质追求和精神生活失去了平衡。二百多年前，哲学大师黑格尔在海德堡大学在他有关哲学史的讲演中曾经对他那个时代轻视精神生活的社会风气感慨万分。他说："现实上很高的利益和为了这些利益而作的斗争，曾经大大地占据了精神上一切的能力和力量以及外在的手段，因而使得人们没有自由的心情去理会那较高的内心生活和较纯洁的精神活动，以致许多较优秀的人才都为这种艰苦环境所束缚，并且部分地被牺牲在里面。"①黑格尔所描绘的19世纪初期的社会风气不仅在人类进入21世纪的时候重新出现了，而且显得更为严重了。无论是发达国家还是发展中国家都面临着一种危机和隐患，那就是物质的、技术的、功利的追求在社会生活中占据了压倒一切的统治地位，而精神的活动和精神的追求则被忽视、被冷淡、被挤压、被驱赶。这样发展下去，人就可能成为马尔库塞所说的"单面人"，成为没有精神生活和情感生活的单纯的技术性动物和功利性动物。因此，在物质的、技术的、功利的统治下拯救精神就成了时代的要求、时代的呼声。我们当代的美学应该回应这个时代要求，更多地关注心灵世界与精神世界的问题，而这又正好引导我们回到中国的传统美学，引导我们继承中国美学特殊的精神和特殊的品格。在我看来，继承中国美学的特殊精神和特殊品格与回应时代的要求、反映新的时代精神是一致的。这是我讲的第三个问题，提出"美在意象"的理论框架是我对"接着讲"的一种尝试。当然，这种尝试不一定是非常成功的，是需要大家来讨论的。

---

① 黑格尔：《哲学史讲演录》第一卷，贺麟、王太庆译，商务印书馆，1997，第1页。

四、是否有可能创建具有中国特色或北大特色的美学学派

这两年在讨论学科建设的时候,很多人常常谈到创建学派的问题,我个人认为这的确是一个需要提出来思考和研究的问题。

我在十几年以前出版了一本书,叫作《胸中之竹——走向现代之中国美学》,我在那本书的序言里面曾经提到这个问题。刚才讲了20世纪50年代美学大讨论分成几大派,很多人就说这是中国美学的学派,我认为这是不准确的。任何一场大大小小的学术争论都会有不同的观点,或者说都会分成若干派,但是这还不是学派。学派的形成有几个基本的标志:一要有自己的理论观点和理论体系,二要形成独特的治学风格,三要有原创性的学术成果,四要有一支优秀的学术队伍。一个在历史上产生过积极影响的、有生命力的学派,总是在不同程度上从某个侧面反映出时代精神和民族精神。在我们的美学领域,还不能说已经有了真正的学派。20世纪50年代美学大讨论中的几大派别讨论的问题非常有限、狭窄,而且它的大前提在我看来是不对的。那几大派别可以说是学派的雏形。之后就发生了"文化大革命",学术研究和学术讨论中断了十年,在那样的历史条件下,美学大讨论的几大派别没有可能发展为真正的学派。

但是现在历史条件已经发生了巨大的、深刻的变化。我们已经进入了一个改革开放和实现现代化的时代,这也是我们中华民族文化实现伟大复兴的时代。这样的时代条件使得在学术领域创立新的学派成了一种需要,同时也有了现实的可能。

中外的学术史告诉我们,没有学派,就没有理论的原创性;没有学派,就没有真正的百家争鸣;没有学派,就没有学术的大发展和大繁荣。在同一个学科领域出现不同的学派以及不同学派之间的争论有利于学术的

发展和繁荣。但是学派不是宗派，宗派和宗派之间往往是你死我活、势不两立，而学派和学派之间则应该是互相尊重、和而不同。每个学派都应该像荀子说的那样，"以仁心说，以学心听，以公心辨"，要抛弃那种武断、骄横、褊狭、刻薄的学风和文风。

这次在第十八届世界美学大会上，我也重申了我的这个想法，特别就中国的美学学科来讲，我觉得创建一个具有中国特色的新的学派，或者说创建一个体现北京大学学术传统和治学风格的美学学派，确实有一种现实的可能性。我们现在有这么几个条件：第一，我们学术界已经初步达成了一个共识，就是我们要立足于中国文化，吸收世界学术成果，中西融合，这是今后学术发展的一个大方向，就是刚才我们讲到的从中国近代以来就走的这条道路；第二，我们中国美学界已经有了比较厚实的学术积累和充足的人才储备，同时也有了比较畅通的学科综合和国际交流的渠道；第三，新的时代给我们提出了理论和实践上的新的问题，时代对我们提出了新的要求。在这样的条件下，我觉得我们有可能建立新的学派。我们应该有这样的信念，应该去创立一个反映新的时代精神的新学派，创立一个能够体现我们北大的治学传统和治学风格的美学学派。当然这是一个长期的过程，也许要经过两三代人的努力，但是我觉得从现在起就应该确立这样一个目标。

创建具有中国特色或者是北大特色的美学学派，关键在于对美学理论的核心层面进行新的理论创造，确立一个稳定的理论核心。在这个过程中，我们要特别重视吸收朱光潜、宗白华、冯友兰等前辈学者的理论成果，也包括吸收现在仍然在不断进行创造的老一辈学者的理论成果。比如我们哲学系的张世英先生，他现在已经八十九岁高龄，但是还在不断地写文章，他写了《天人之际》《哲学导论》这两本书。他是讲哲学的，但是书里面有很长的篇幅讲的是美学，包括我刚才讲到的人生境界的理论，至少我个人感到非常受启发。老一辈学者的理论成果我们都要吸收，我们不能撇开他们从头来做，一切都自我创造，那是违背人文学科发展规律的。这就是我说的要从朱光潜"接着讲"。刚才我介绍了自己的一点工作，就是提出"美在意象，照亮人生"这么一个理论框架，这可以看作对"接着讲"的一种尝试。

第四个问题讲完了，今天就讲到这里了。

2010 年 9 月 23 日

（根据讲座录音整理，有删改）

第四讲
科学研究贵在不断探索与创新
——以语言研究为例

陆俭明

作者简介

陆俭明，北京大学中文系教授，博士生导师，兼任国家语委咨询委员会委员、国家语委语言文字规范标准审定委员会委员。曾任世界汉语教学学会会长、国际中国语言学学会会长、中国语言学会副会长、北京大学汉语语言学研究中心主任、北京大学文科学术委员会委员、北京大学人文学部学术委员会委员、新加坡教育部课程发展署华文顾问。独立完成、出版的著作和教材共11部，主编或与他人合作编写15部；发表学术论文、译文、序文等420余篇，内容涉及现代汉语的本体研究和应用研究。自1992年以来，先后获得省部级以上奖项13个。2000年，获香港理工大学大陆杰出学人奖。2003年9月，获第一届高等学校教学名师奖。2011年，获北京大学2011年度国华杰出学者奖。2019年，获北京大学离退休教职工学术贡献特等奖。2021年，所撰写的教材《现代汉语语法研究教程》（第五版）获首届全国优秀教材二等奖。

内容介绍

"继往开来，周而复始"，这是科学发展的轨迹。科学研究的本质就是以"已知"求"未知"，因此，科学研究贵在不断探索与创新。这一讲将以语言研究为例，对下列一系列问题进行说明：怎么探索与创新？为什么要在科研上进行探索与创新就必须做好善于发现问题、努力挖掘事实与加强理论思考这三件事？怎样能发现问题？怎么去挖掘事实？理论思考得思考什么？为什么在理论方法上必须坚持多元论？为什么在科学研究中要善于运用假设？读书该达到什么目的？最后陆俭明教授指出，"继承，借鉴，怀疑，假设，探索，求证，循环往复，螺旋式上升"是各个学科领域科学研究的必由之路。

视频节选

第四讲　科学研究贵在不断探索与创新——以语言研究为例

我主要是搞语言研究的，要我谈科学研究怎么做，只能从语言研究讲起，但是大家不要怕，在座的各个学科都有，我会尽可能讲得深入浅出、通俗易懂，所说的例子都会让你们明白、理解。

由于我今天是以语言研究为例来说明科学研究贵在探索与创新，所以在谈正题之前，我先跟大家说说语言和语言研究问题。

语言是什么？语言，通俗地说，就是人所说的话的总称。全世界所有正常人所说的话都是语言。现在全世界估计有6000多种语言。其中，作为母语的使用人口最多的语言就是我们的汉语，大概有12.5亿人以汉语为母语，但是全世界使用人口最多的语言是英语（据说约有30亿人）。我们更要了解，语言既是一种神奇的社会现象，又是一种重要的社会资源。

语言这个东西可神奇了！怎么神奇？语言能像金子、玉那么值钱，正因为这样，我们有个成语叫作"金玉良言"，这个"良言"可以跟金子和玉相比，值钱呐！语言比药还有用，药只能治一个人的疾病，语言则可以治一个人的心病。因此，我们又有一句话："良药苦口利于身，忠言逆耳利于心。"我们的心理医生实际上就是用语言来解除一个人心理上的种种障碍。语言也是一把双刃剑，好的一面，如金、如玉、如药；坏的一面，则如杀人的刀，它可以伤人，甚至可以杀人。因此，我们又有一句话："谣言可以杀人。"语言也可以伤害自己，我们经常告诫人们"祸从口出",话说得不好就会伤害到自己。语言也可以作为一种武器来讨伐敌对者,因此我们又有一个成语叫"口诛笔伐","口诛"就是用说话来讨伐敌对者,"笔伐"就是通过写文章来讨伐敌对者。语言可以用来描绘壮丽河山,也可以用来描绘一个人的内心世界,语言的用处可多了。你们看,语言是不是很神奇啊?

那么语言到底是一种什么现象?我们怎么来认识语言呢?关于语言,我们大致可以从三个方面来加以认识——第一个方面,语言的表现形式;第二个方面,语言的本体性质;第三个方面,语言的功用。

从语言的表现形式来看,语言有口语、书面语、体态语三种形式。表现形式之一的口语是指有声语言。世界上所有的语言都有这种表现形式,这是语言最根本的表现形式。表现形式之二的书面语是指用文字记录在书面上的语言。不过我们要注意,不是有闻必录地记录在书面上的文字都叫书面语,书面语是在口语的基础上加以提炼、加工的一种语言形式。从某个角度来说,书面语可以被认为是有声语言的一种延伸、一种代用品。我们知道,人们在口语交际时会受到时间与空间的限制,这我们大家都能理解。那么为了克服这种时空限制,人类便创造了用来记录语言的符号——文字,从而出现了书面语。大家都认为文字的发明创造使人类社会向文明社会迈进了一大步,所以文字可以说是人类进入文明社会的一个重要的标志。我们常常讲"有史以来"怎么怎么样,"史前"怎么怎么样,那"史"怎么界定?以有文字记录为界。有了文字我们才能界定"史"。表现形式之三的体态语主要为聋哑人所使用,正常人有的时候也使用。你们注意观察,一个人拿着手机打电话,另一只手在那边不自觉地上下左右晃动,这起到了辅助的作用。体态语还有一种形式——唇语。唇语是面对弥留病人或受致命伤而无法说话的人,或者面对不容许发声而需要交际的情况(比如侦察兵需要在不出声的情况下传递信息）所使用的一种语言表达方式。唇语要通过专门的、细心的学习才能掌握。

上面说的是语言的表现形式。现在我们来说说语言的本体性质。前面说了，有声语言是人类语言最根本的表现形式。我们也可以通过这句话了解到，从本体性质来说，语言实际是一种声音和意义相结合的符号系统。从另外一个角度来看，我们可以将语言看成是一个很有规则的结构体，而且是一个变动的结构体。正因为变动，我们现在看古汉语就不太能看得懂了，因为语言是随着社会的发展而不断发展变化的。无论是语音、词汇还是语法，它们都会变动。以上所说，是以往人们对语言本体性质的认识。

20世纪后半叶，人们开始逐渐认识到上面这个看法不够完整、不够全面。那么现在我们怎么看待语言呢？我们应该先将它看作人脑、心智的重要组成部分，而声音和意义相结合的符号系统，只是语言的一种外在表现。由此我们认为，对于语言，我们首先应该将它分为内在语言和外在语言。

内在语言，是人脑、心智的重要组成部分，也可以称之为"语言装置"，这个跟人的消化系统、呼吸系统一样重要。外在语言，则是一个声音和意义相结合的符号系统。因此，人们对于语言的本体性质的认识有一个发展的过程。

那么将语言区分为内在语言和外在语言，而且首先要将语言理解为人脑、心智的重要组成部分，其意义在哪里呢？意义就在于这种认知方式可以引导我们进一步从认知这样一个新的视角去研究语言，去解释许多语言现象，从而为语言研究开拓了新的研究领域。这里不妨举个例子。譬如形容词修饰名词，汉语和英语看似一样，都将形容词放在名词前面，但是仔细注意一下的话，我们就会发现汉语和英语不一样。

水有冷有热，我们可以说"热水"，也可以说"热的水"，有两种形式；而英语只有一种形式——hot water。饭有冷和热的区别，当我们说这个饭是冷的，用"冷"来修饰"饭"，它有两种形式——"冷饭"和"冷的饭"；英语只有一种形式——cold rice。肉、鱼也有冷的和热的，汉语里只能说"热的肉""冷的鱼"，我们不说"热肉""冷鱼"，英语是hot meat和cold fish。另外，我们常常说"大规模"，但我们不说"大的规模"，英语是large scale。不难发现，形容词修饰名词，英语只有一种形式，汉语有两种形式，而且这两种形式不是平行的，不是对称的。为什么？怎么解释？你要是只从外在语言的角度去考虑，就很难解释。要探究明白"为什么"这一问题，就得从内在语言和认知的角度加以解释。关于这个问题，我们下面再说。

现在来讲讲语言的功用。人们对语言的功用的认识也有一个发展的过程。首先，语言是人类最重要的交际工具。人与人的交际主要通过语言，当然其他形式也可以，比如音乐、绘画、舞蹈也起着交际的作用，但语言是最重要的交际工具。其次，语言是人类认知活动的重要组成部分，是人赖以思维的工具。思维一定依赖于一种语言。我们学外语怎么叫学好了？你一开始是先用自己的母语想好了，再想怎么把它翻译成外语；如果你能用外语来思维，就叫学好了，就叫学到家了。因此，我们说语言是赖以思维的工具，是思维的物质外壳。最后，语言是人类保存和传承认识成果的载体。一个民族的文化靠什么来传承？有各种办法，可以通过音乐、舞蹈、建筑、绘画等，但是最重要的载体是语言，特别是书面语。

从20世纪后期到21世纪初，人们对语言的功用有了新的重要的认识。语言在当今社会已经成为社会的一大资源，而且将关涉到个人、集体乃至国家的发展问题，这该怎么理解？

说到一个国家的发展,说到一个国家的综合国力,我们首先想到的一般是经济的发展与实力,这是因为经济是一个国家发展的基础,是发展的命脉。可是我们要知道,说到经济,离不开经济支柱的四大要素,即资金、技术、人才和资源。而在当今社会,一方面,语言与人才素质密切相关;另一方面,语言本身又已经成为一种新的可以被进一步开发利用的资源。对国家来说,语言已成为一种软实力,成为关系到国家稳定的一个重要因素;对个人来说,语言已成为与他人竞争的一项重要条件。举三个实例:

[实例一]

语言是资源,可衍生为财富。英国仅语言教育和语言服务所创造的年收入就高达130亿欧元。如果我们对语言进行很好的开发利用的话,就可以赚钱。

[实例二]

新加坡能成功生存与发展,语言政策有一份功劳。新加坡是1965年从马来西亚独立出来的,新加坡全国领土为600多平方千米,全国人口总计310多万,其中大部分是华人。(据1997年的《新加坡年鉴》,全国人口总计310万,其中华人占77.2%,马来人占14.1%,印度族人占7.4%,其他民族占1.3%。)从逻辑或直觉上讲,第一语言似乎理所当然应该是华语。但是当初李光耀领导的政府没有这么做,新加坡决定将马来语确定为国语,第一语言是英语,即经济、政治、外交、教育等领域所使用的语言是英语,同时实行双语政策。你是华人,既要学英语又要学华语;你是马来人,既要学英语又要学马来语。以马来语为国语是什么意思?就是国歌用马来语。但你别小看这个决定,因为新加坡是从马来西亚独立出来的,怎么对待自己国家的马来人,这涉及新加坡和马来西亚两个国家的关系问题。为什么第一语言是英语?新加坡是一个城市国家,用他们的话说，他们的飞机从新加坡樟宜机场一起飞就出了国了。除了阳光、空气是自己的，别的都要靠进口，包括水都是进口的。那么我们设想一下，新加坡要生存，要发展，必须走向世界；而当时的中国处于西方列强的包围、控制和封锁之中，而且我们跟新加坡的政治制度不一样，他们如果采用华语作为第一语言，国家很难发展。事实表明，新加坡的语言政策是符合国情的，是符合新加坡的国家利益的。这样的政策保证了新加坡经济的高速发展。

[实例三]

语言水平（包括语文水平和外语水平）的高低与工资的高低相关。上海有记者作了一个语言水平与工资关系的调查，在《解放日报》上发表。调查将语言水平分高、中、一般三个层次。调查显示，高水平的与一般水平的调查对象的工资差距最高可以达到 5∶1。同学们，你们要认识到，从某种程度上讲，现在的招聘单位来招聘员工，首先不是看你的专业知识如何，首先是考虑你的语言素质和水平如何，包括母语的素质与水平和外语的素质与水平。

上面说的情况都是事实。但是怎么从理论上说明语言在当今世界确实已经成为重要的社会资源呢？我们有必要了解当今 21 世纪的时代特点。

第一个特点：21 世纪是一个高科技迅速发展的信息时代。所谓高科技，就是指信息技术、能源技术、材料技术、环保技术，等等。

第二个特点：21 世纪是一个知识经济的时代。在当今时代，主宰世界的当然还是人，但是起主导地位的是知识。知识将作为一种无形的经济成为信息时代经济的主要特征。今后，单位与单位之间的竞争，地区与地区之间的竞争，国家与国家之间的竞争，固然还是各种实力的竞争，但在很大程度上都将具体化为知识的竞争。当今和未来的现实情况是三流国家出产品，二流国家出技术，一流国家出知识，超级国家出标准。标准掌握在谁手中，这个领域就控制在谁的手里，财富就集中到谁的手里。我们现在是手机的生产大国，但别忘了，手机的一些核心技术是人家的，因此我们每生产一部手机，就要给人家交纳核心技术专利费，据说每年要交几十亿元。

第三个特点：21世纪是一个经济全球化的时代。2000年1月27日，世界经济论坛在瑞士达沃斯举行，论坛的主题口号是"New beginning, making the difference"。大家在这次论坛上达成了一个共识——21世纪将是一个经济全球化的时代。有人说全球化就是美国化，其实不是，虽然美国想尽量使世界经济一体化按照它的模式来办，但它掌控不了。经济全球化的真正意义是指作为经济三大要素的资本、科技、人才将遵循市场法则，逐步在全球范围内自由流动与组合。这是经济全球化的实质所在。经济全球化是一条大船，每个人不能不乘上这条大船。这种经济全球化首先体现在商品上，其次是资本、技术和人才，最后是货币自由兑换。由此逐步形成的全球性的经济分工与合作使世界经济逐步变为一个整体，这有益于整个世界经济的发展。到那时，衡量一个地区、一个国家发展潜力的主要依据将是教育水平与教育质量、人的素质与知识结构、管理机制与管理水平、服务水平与服务质量等。

第四个特点：21世纪是一个人、自然、社会彼此逐步协调发展的时代。21世纪，人类将更加普遍地、理性地、科学地节制生育和消费，愈加重视自身的生存环境和生活质量，更加重视整个世界的环保问题，以及地球上有限资源的合理使用问题。21世纪，人们也将更理性地改革社会体制，合理、均衡地分配物质财富，健全社会民主与法制，重视社会道德，建立平等、和谐的人际关系和国际关系。21世纪，人们会在不断调整与优化人与自然之间的关系、人与人之间的关系的基础上，使人类社会真正逐步走上理想的、可持续发展的道路。

时代的特点决定了语言地位的提高，至少以下三个方面都跟语言密切相关。第一个方面，跟人的素质的提高有关。第二个方面，跟国家的稳定与社会的和谐有关。第三个方面，跟科技，特别是信息科技的发展有关。

人的素质的提高为什么跟语言有关呢？以下三位名人的言论体现了语文素养与语文水平、外语能力与外语水平的重要性。第一位是我们语言学界的吕叔湘先生，他原来是中国社科院语言研究所所长，《现代汉语词典》就是他主持编写的。他说，学好语文是学好一切的根本。第二位是世界知名的数学家苏步青先生，他是复旦大学教授。他说，如果说数学是学习自然科学的基础，那么语文则是这个基础的基础。还有一位就是联合国前秘书长安南先生，他说，21世纪的年轻人起码要掌握3种语言（包括母语），这样才能适应时代发展的需要。

我们现在评价一个人的语文修养与语文水平的依据是什么呢？是书面语的能力和水平。当我们说一个人的母语语文修养与语文水平时，主要是就他的书面语修养和水平而言的。因为一个人只有掌握了母语的书面语，他才能读书，才能不断接受高素质的教育，包括科技教育、文化教育、品德教育，他才能用娴熟的书面语来表达自己的意识和思想感情。外语能力与外语水平怎么也跟人的素质相关呢？我们要知道，当今世界的特点决定了地球已经成了地球村，国家与国家之间的交往日益频繁，但交往过程中的最大障碍是语言不通。客观形势决定了，你要走出国门，非得学习外语不可。现在我们可以说，任何一种语言都跟世界息息相关。

拿汉语来说，客观现实告诉我们，如今汉语已经和世界息息相关。许多人，特别是年轻人都希望自己或自己的孩子能学好汉语。为什么？因为中国的文化古老而又灿烂，发展飞速而又强劲，而中国的政治制度体制与西方发达国家又很不相同，因此大家都想来看看，都想来了解。学好汉语，就意味着获得了与世界将近 1/5 的人交流的机会，就意味着能够了解中国这一神秘的国家，就意味着能够探索它的文化宝库，就意味着能够得到进入这一庞大市场的钥匙。

可见，人的素质的提高确实跟语言有密切的关系。

国家的稳定、社会的和谐怎么也跟语言有关？刚才所举的新加坡的例子已经有所说明。语言是一个民族、一个地区的象征，如今语言又已成为一种关系到国家、单位、个人生存与发展的重要资源，所以国家也好，民众也好，都要注意语言生活中方方面面的关系。处理好这些关系，解决好已经存在或可能会发生的语言方面的矛盾将有利于国家的稳定与发展。新加坡就是一个正面的例子，当然也有负面的例子。例如，巴基斯坦当时分为西巴基斯坦和东巴基斯坦，这两个地区后来分裂为巴基斯坦和孟加拉国。这当然存在很多政治原因，但语言是个导火线。再如，2008 年 8 月我们国家正在举行奥运会，奥运会开幕那天，格鲁吉亚跟俄罗斯发生战争，它的导火线也是语言，当然也有更深层次的政治原因。又如，乌克兰的语言问题到现在也没有解决，因为乌克兰的第一语言最初是俄语，苏联解体后，乌克兰成为独立的国家，俄语是第一语言还是乌克兰语是第一语言，还是俄语和乌克兰语都是第一语言，到现在还没有定下来，而且人们在这个问题上存在很大的矛盾。因此，语言的问题，特别是高层次的语言问题，会影响到这个国家的稳定和发展。

中国是一个人口众多的多民族、多语种的国家，而且东西部发展和城乡发展不平衡，汉语方言又极为复杂。因此，在我国，处理好语言生活中方方面面的关系具有极为重要的意义。我们要先处理好汉语和少数民族语言之间的关系，这个问题相当重要。普通话和方言之间的关系我们处理得也比较好，但前不久有些地方产生了这方面的矛盾，甚至提出"保卫方言"这样的口号，这说明普通话与方言之间的矛盾和关系问题依然存在。我们还要处理好语文教学和外语教学之间的关系。从20世纪90年代开始，大家普遍感到自己的语文水平在下降，这引起了社会的极大关注，到现在这个滑坡现象还没有被制止住。相当一部分人把这个问题归咎于英语教学，很多人认为就是因为重视英语教学才导致语文教学滑坡。那么到底是不是这个原因呢？我们可以思考一下。我不想在这里跟持这种主张的学者进行争论。退一步说，在某些错误的导向下，英语学习可能会对语文学习有所冲击，但外因也得通过内因起作用。顺带说两个事实：第一个事实，我们目前不只语文不行，外语水平也不高；第二个事实，新中国成立前有不少教会学校，教会学校除了国文和中国历史这两门课用中文外，其他全部用外文。可是从教会中学、教会大学毕业的学生不仅外语好，语文水平也很高。这是为什么？这个现象很值得有关部门去研究研究。还有汉字中的繁体字和简体字之间的关系，这个问题也时不时引发讨论，且不说台湾地区和大陆之间有不同的看法与态度，我们大陆内部也有不同的看法与态度。

显然，就一个多民族、多语种的国家来说，语言文字问题跟国家稳定关系极大。

那么科技，特别是信息科技的发展怎么也跟语言有关呢？

我们知道，我们整个人类经历了从远古渔猎时代进入农业时代，再进入工业时代的发展阶段，现在大家都认为我们已经进入信息时代。信息时代也是高科技迅速发展的时代。所有高科技领域的研究和开拓无不依赖于信息科技，特别是计算机。信息科技的主要任务是实现数字化、网络化、智能化。现在智能化的发展较为滞后，数字化、网络化这方面发展迅速。大家可以看到，中国"天河一号"计算机一天的计算量，当前主流微机要一百六十年才能计算完；其存储量相当于 4 座藏书 2700 万册的图书馆；每秒可传送 5 部高清电影或 8 万册每册 25 万字的图书。现在数字化、网络化发展迅速，云计算发展很快，但是智能化的问题至今没有解决。现在大家都想制造智能计算机（简称"智能机"）。当今世界上已形成了四个研制智能机的中心，一个是美国，一个是日本，一个是欧洲共同体，一个是中国。大家都想捷足先登，抢先占领制高点，但无论是哪个中心，他们在着手进行研制智能机的任务中都不约而同地以自然语言处理作为切入点，自然语言处理系统的研发队伍里都有语言学家。智能机是什么？我们知道第一台计算机是 1946 年由宾夕法尼亚大学研制的。现在计算机体积越来越小，存储量越来越大，速度越来越快，但是有一个基本问题始终没有得到解决，就是计算机基本是靠匹配来工作的，靠 yes or no 的搜索。你传递一个信息，计算机就去搜索，但它不会思考，不会类推，不会触类旁通。所谓智能机，就是希望计算机能像人一样思考。

现在，英文信息处理也好，日语信息处理也好，德语信息处理也好，中文信息处理也好，都停滞在"句处理"的水平上。所谓句处理，就是让计算机既能处理自然语言的一个个句子，理解那一个个句子的意思，又能让计算机生成符合自然语言规则并能为人所理解的一个个句子。现在很多问题都停滞在这上面，这个很难。因为人际对话不是单纯的语言问题，它实质上调动了对话者一生的知识文化背景。由此可知，语言与信息科技的关系极为密切，其他众多的学科领域也越来越需要语言研究成果的支持。

总之，随着社会的发展，语言在社会中的作用越来越大。语言既是一种神奇的社会现象，也是一种重要的社会资源。因此，我们每个人都要重视语言学习，也要有一部分人来从事语言教学与语言研究工作。

现在我们回到正题。什么叫科学研究？我的理解是，科学研究简言之就是以"已知"求"未知"，因为客观世界简直是未知的黑洞。"已知"就是指前人的研究成果，既包括本学科国内外前辈和时贤的研究成果，也包括别的学科的研究成果。如何获得"已知"？要做两件事：一件是继承，一件是借鉴。继承，是就学习、了解本学科本国前辈、时贤的研究成果，并吸取其精华而言的。借鉴，是就学习、了解本学科外国前辈、时贤的研究成果，以及其他学科的研究成果，并吸取其精华而言的。"继往开来"里的"继往"，就是"继承+借鉴"；"开来"，就是要不断进行探索，进行创造性研究，以便逐步揭开研究对象的一个个未知之谜。继往开来，周而复始，这是科学发展的基本轨迹。科学上一个正确结论的获得或一项新的发现，表面看是某位学者或某些学者智慧与勤劳工作的结果，事实上这一研究成果凝聚了好几代人的心血，当然更有研究者或研制者的创新之举。没有先驱者的经验与教训，没有当今研究者或研制者的努力与创新之举，就不可能有今日辉煌的科学成就。

"开来"就是要探索、创新。现在的问题就是怎么探索？怎么创新？我认为要做好三件事：第一件事，善于发现问题；第二件事，努力挖掘事实；第三件事，加强理论思考。

先说第一件事，要善于发现问题。以往说到研究能力，通常是指分析问题、解决问题的能力。我们经常告诫青年学子注意培养自己的研究能力，培养自己分析问题、解决问题的能力。这个话不错，但不全面。其实我们首先需要培养发现问题的能力。发现问题是科学研究的起点，也是我们能在科学研究上获得成果的起点，而且也是对以往研究成果的补充、扩展和深化。

如何培养发现问题的能力？一是注意从书本上发现问题，这里说的

"书本"包括专著和论文；二是注意从实践生活中发现问题。

先说注意从书本上发现问题。这里涉及如何读书的问题。读书很重要，我们只有不断读书，才能不断接受高素质的教育，包括科技文化教育和道德品质教育；只有不断读书，我们的知识才能不断积累，不断丰富，自身知识结构才能不断更新。

读书可以分为泛读和精读。泛读，阅读面要尽可能宽，主要是浏览，目的是扩大知识面。泛读不要求我们一定要记住，但我们要知道某些方面的知识可以到哪里去查找。另外，千万不要用整段时间泛读，而是要利用零碎的时间。我们要养成这样的习惯，哪怕只有半小时，我们也要利用它，去期刊阅览室翻翻最新的期刊，不限于自己本专业的期刊，我们也可以翻翻其他学科的期刊，可以做些笔记，写个备忘录。更重要的是精读。精读有两个含义：一个是指阅读与本专业、与自己的工作和研究方向密切相关的论著；另一个含义是指要认真、细致、深入地阅读，而不是泛泛地浏览一下。精读要达到三个目的。第一个目的是了解内容，即了解自己不曾知道的新知识，这是读书最起码的要求。第二个目的是从论著中吸取营养，并努力把论著的内容转化为自己头脑里的知识。一个人的知识能否不断增长，就看他能否转化。转化不等于认同，即使书里的内容我们无法认同，我们也能把它转化为自己的知识。第三个目的是发现问题。这里所说的"问题"包含好几层意思：一是指需要回答、解释的问题，相当于英语里的 question；二是指需要进一步解决的矛盾、疑难问题，相当于英语里的 problem；三是指论著中的重点、关键点，相当于 key；四是指论著存在的毛病、错误，相当于 wrong、flaw、slip up。

发现问题是读书的最高要求。对一个研究者来说，我们必须这样要求自己，指导老师也必须提醒和帮助学生发现问题。

我们该怎样做到转化？怎样能发现问题？一是勤于思考，二是不盲从，更不要迷信。勤于思考和不盲从是一张纸的正反两个面。不盲从的人一定是勤于思考的人，勤于思考的人就不容易犯盲从的毛病。在做学问上，不虚心听取前人的意见，不能很好地继承前人的研究成果，这当然是不可取的；但是，如果我们对前人的研究成果或一些专家学者的理论观点一味地盲从，甚至到了一个迷信的地步，这也是不对的。

为什么不要迷信和盲从？一个学者再伟大，也会受到多方面限制。一是受时代科学水平的局限，二是受自身研究目的的影响，三是人难免会有思考不周的地方和疏漏之处。

下面我举些实例来加以说明，我先说说受自身研究目的的影响。前面我举过形容词修饰名词的例子，这个问题最早是朱德熙先生在1956年发现的。他当初在《现代汉语形容词研究》这篇文章里用"选择性"来解释。他说，英语形容词修饰名词没有选择性，只要意义能够搭配，形容词就可以修饰名词。汉语不同，形容词修饰名词有一定的选择性，有的能直接修饰，有的不能。当时大家觉得这个发现很了不起，但是我们再静下心来问一句，汉语为什么要有这种选择性？这种选择性是由什么来决定的？当时朱德熙先生写那篇《现代汉语形容词研究》的主要目的是以事实说明和论证一般所说的形容词实际上可以分为两类。一类叫性质形容词，像"红、大、小、高、干净、伟大、美丽、漂亮"等等；还有一类叫状态形容词，像"通红、雪白、锃亮、红彤彤、黑不溜秋"等等。过去笼而统之都叫形容词。朱先生这篇文章着重要谈这两类形容词在用法上很不一样，至于汉语形容词修饰名词有带"的"与不带"的"两种形式，这在当时来讲也是很了不起的研究成果，但这只是个副产品，因此朱德熙先生没有深入思考，没有进一步去追究汉语为什么有这种选择性，这种选择性是由什么决定的。过了半个世纪，他的博士生张敏在他的专著《认知语言学与汉语名词短语》里进一步回答了这个问题。他用认知语言学里的"象似性"原则里的"距离"准则作了更为科学的回答与解释。

刚才我们讲过，为什么我们要首先将语言看作内在语言？就是因为这可以引导我们更好地从认知的视角来思考一些语言问题。按认知语言学的观点，人用言辞所表达的认识成果并不等于客观世界；在人的认识、人的言辞表达和客观世界之间实际有个中间物，这个中间物就是认知领域。因此，同样一个事物，不同的人可以有不同的看法，客观事物只有一个，但人的认识可以很不一样。事实告诉我们，人类的社会生活会自觉或不自觉地反映到人的语言当中。譬如说任何语言都有重叠或叠用的现象，这实际是人类生活在语言中的一个反映。譬如我们要用锤子钉一个钉子，一般总是梆梆梆梆地锤好几下才行。还有敲门，怎么敲呢？没有人会敲一下就停下来等着主人来开门，总是梆梆梆地敲好几下。这种现象反映在语言中，便出现了重叠或叠用的现象。当然各个语言情况不一。汉语中的形容词可以重叠，比如"好好的、高高的、干干净净、漂漂亮亮"；动词可以重叠，如"商量商量、讨论讨论、看看、走走"。有的语言重叠比较少，比如英语就相对比较少，但英语也有重叠啊。你们去看《天方夜谭》的英文版，很多文章的头一句话就是 Long long ago，long long 就是叠用。汉语里形容词修饰名词为什么有用"的"和不用"的"两种情况？这与我们实际生活中事物的性质跟事物这二者是否经常黏合在一起有关。粥、饭、馒头是我们每天都要接触的东西，随时都要考虑冷和热的问题，所以我们可以说"热的粥、热的饭、热的馒头"，也可以说"热粥、热饭、热馒头"，因为冷、热这一性质与粥、饭、馒头在我们生活中结合得很紧。鱼啊、肉啊、烤鸭什么的，虽然有冷热之分，但这一性质与我们的生活结合得并不紧密。过去谁吃鱼、吃肉、吃烤鸭啊，老百姓吃不起，不像现在。平时结合很紧密的可以不用"的"，平时结合不紧密的需要用"的"。"的"在汉语里还有个作用，表示强调。"热粥、热饭、热馒头"有时说成"热的粥、热的饭、热的馒头"，那是为了强调。张敏还进一步举例指出，不光形容词修饰名词是这样，甚至名词、人称代词修饰名词也是这样。

下面我来说说失误或思考不周的问题。比如，我们语言学界有位王士元教授，他是世界顶尖级的教授，原在加州大学伯克利分校任教，退休后先到香港城市大学，现在在香港中文大学任教。2006年他受邀到清华大学讲学，有一部分讲授内容写成文章发表在2006年《清华大学学报》第6期上。在文章中，王先生对汉语语法学界常举的"鸡不吃了"这个句子的歧义现象作了进一步的解释。"鸡不吃了"是现代汉语语法研究与教学中的一个经典例子，它既可以理解为"鸡不吃食了"，也可以理解为"人不吃鸡了"。按前者理解，"鸡"是"吃"的动作者；按后者理解，"鸡"是"吃"的受动者。为什么会造成歧义？以往的解释是，这由成分的移位、省略所致。王士元先生认为这样解释是不够的，需要从"鸡"的意义的延伸上解释。王先生说，这个句子之所以有歧义，主要取决于"鸡"的意义。"鸡"实际上有两个意义，一是指某种家禽，二是指这种家禽的肉。正因为这个词有两个意义，因此"鸡不吃了"会产生歧义。跟鸡类似的就有"鱼"啊、"虾"啊等。"鱼""虾"既可以指这种水生动物，也可以指这种水生动物的肉，所以"鱼不吃了""虾不吃了"都会产生歧义。可是我们看一下，"狗"啊、"羊"啊、"牛"啊，只能指这种动物本身，不能指这种动物的肉。因此，"狗/羊/牛不吃了"没有歧义，其中的"狗""羊""牛"只能理解为动作者，不能理解为受动者。王士元先生的意见有可取之处，他看到了"鸡""鱼""虾"应该有两个意义，而现在我们的词典还没有分化为两个意义。应该说这是他的发现，但他也有疏漏之处。事实上，在一定的语境里，"羊 / 牛不吃了"照样会产生歧义。比如在动物园里有老虎和狮子等肉食动物，我们成天给它吃羊，两年后再喂它们，它们不怎么吃了。老虎或狮子不吃羊了，不是因为病了，而是吃腻了。饲养员向领导汇报此情况后，领导可能会说："羊不吃了，不能换吗？可以喂鸡。"这里的"羊不吃了"就是"老虎 / 狮子不吃羊了"的意思。因此事实上，在"NP+ 不 +V+ 了"（NP 代表名词，V 代表动词）里，只要 NP 与 V 之间既可能有施动关系，又可能有受动关系，就可能会产生歧义。由此可见，顶尖的专家也可能有疏漏。总之，对书本上的东西，对学者专家的东西，我们既要尊重，又不要盲从与迷信，要用自己的脑子去思考。这样我们就容易从书本中发现问题，就能使自己找到研究的起点。

上面讲到，读书要善于将论著的内容转化为自己头脑里的知识，读书要善于发现问题。怎么能实现转化？怎么能发现问题？问题的根本在于要勤于思考。在阅读过程中要不断思考诸如"为什么""怎么样""行不行""能否换一种说法""他这样概括合适吗""这是否有例外"等问题。

我们还要注意从实际生活中去发现问题。如大家所知，牛顿提出了万有引力定律，瓦特改良了蒸汽机，他们都是从实际生活中发现的问题，进而研究成功的。

我的不少文章就是基于实际语言生活中的问题写成的。我在 1980 年发表了一篇名为《汉语口语句法里的易位现象》（《中国语文》1980 年第 1 期）的文章，研究的就是"都走了，他们。""八点了，都！""快出来吧，你们！"这些句子。因为我在乘公交车时听到"到哪儿下，您？"这样的问话，这些话引发了我的研究。我开始调查和研究到底哪些能这样说，哪些不能这样说，最后写成文章发表了。还有一篇《由指人的名词自相组合造成的偏正结构》(《中国语言学报》1985年第2期)，它也来自语言生活。"父亲的父亲的父亲"怎么切分？到底是"父亲的父亲的"加"父亲"呢，还是"父亲的"加"父亲的父亲"？按照第一种切分，就是"祖父的父亲"；按照第二种切分，就是"父亲的祖父"，二者切分结果都表示"曾祖父"的意思。问题就出来了，到底 a 分析可取，还是 b 分析可取，还是说 a、b 都可取？这个问题不能想当然觉得哪一个可取，而是要证明。为了寻找答案，我收集了大量的材料，最后写成了上面所说的那篇文章。另外还有一篇《关于"去+VP"和"VP+去"句式》(《语言教学与研究》1985年第4期)，是从留学生的病句里来的。我们有的汉语老师在汉语课上对留学生说，"去打水"可以说成"打水去"，"去上课"可以说成"上课去"，"去看电影"可以说成"看电影去"。可这带来了一个麻烦，留学生以为这两种说法是能够随便换着说的，因此，留学生的作业里就出现了不该有的错误。我这个文章就是为了说明，"去+VP"和"VP+去"（VP表示动词短语）并不是可以任意换着说的。同时，我从语义、句法、语用（语句的实际使用环境）等方面论证说明能否换着说的条件与因素。

从语言实践中发现问题，或者推而广之，从实践活动中去发现问题，主要得记住四个字：有心、用心。有心，就是你从事的是哪一方面研究，你就要在这个领域非常有心，处处留意。比如研究语言，不管是口语还是书面语，不管是看报纸还是听别人说话，都要有心，都要留意，去发现问题，发现新的语言现象。用心，就是对所发现的问题或新的现象，要用心去思考，去分析，去解决或解释。

发现问题之后，去进一步分析问题、解决问题，这要靠什么？这要靠客观事实的挖掘和自觉的理论思考。这是科学研究得以创新的两个基本要素。

所谓挖掘客观事实有两个含义：一是发现新的事实；二是对已发现的事实给以新的认识——所谈事实是早已发现的，但过去人们对这个事实的认识是错误的，现在获得了一个正确的认识。

譬如说生物，生物最早被分为两类——动物和植物。后来人们又慢慢发现，生物包括原生生物、原核生物、真菌、病毒等。对于真菌，过去人们将真菌放在植物里面，认为它和植物是一样的，后来人们才知道，真菌跟植物有很大的差别，这就是在生物上挖掘事实的结果。很多发现是对事实的重新认识。比如，太阳都是从东边升起，从西边落下。欧洲中世纪人们坚持"地心说"，认为地球是中心，太阳绕着地球转。当时的人们认为这一看法是有客观根据的，那就是太阳每天从东方升起，在西方落下。可后来证明这是错误的判断，真正正确的认识是"日心说"，真实的客观事实是地球绕着太阳转。

另外，我们还要进行理论思考。从科学研究的角度说，无论哪个学科，对事实的考察和挖掘固然重要，但它毕竟只是研究的基础，还未达到真正意义上的科学研究。真正意义上的科学研究必须对考察、挖掘所得到的事实及其内在规律作出科学的解释，进一步从中总结出具有解释力的原则并升华为理论，能用这些原则、理论来解释更多的事实，从而使学科得以自立，得以发展。因此，理论意识、理论思考非常重要。一说理论思考，有人或许会有"高不可攀"的感觉。这确实不是一件容易的事。一方面，这需要我们有一定的理论功底。这理论功底从哪来呀？就得学，就得不断地继承和借鉴他人的理论成果。另一方面，我们要勤于思考，在研究过程中要不断地追问"为什么""怎么样""行不行""有无例外"这样的问题。在没有得到结论以前，我们首先要去追究"为什么"这样的问题；当我们得到了一个结论以后，一定还要进一步思考"怎么样""行不行"等问题。

在理论思考中，善于进行科学假设也很重要。科学研究都需要归纳和假设。当前，在假设的观念在我国普遍薄弱的情况下，提倡假设可能是很有必要的。在科学领域内，无论是过去还是现在，许多重要的突破都离不开科学的假设。牛顿对苹果落地的观察和思考实际上是在伽利略关于力的假想的指导下进行的，在此基础上牛顿提出了引起物理学革命的万有引力定律。汉语音韵学里的零声母假设和语音学里音位的假设都推动了语言学的发展，因此，假设在汉语语音研究中起到了重要的作用。爱因斯坦说，科学的创造性工作的重要特色是，先有理论预言某些论据，然后由实验来确认它。我国研究四维力学的著名科学家刘岳松教授也指出："奇迹往往从幻境中诞生，世界上哪一项伟大的发明，一开始不都是一幅奇景？"[①]

挖掘客观事实和加强理论思考这二者是互为因果的，是互动的。拿语言研究来说，语言事实也有上面所说的"新发现"和"重新认识"这两种情况。譬如上面说到汉语形容词修饰名词有两种形式，这就是新发现。当时朱德熙先生只是用"选择性"作了简单的解释。后来有了认知语言学，人们用认知语言学里的"象似性"原则来解释，这一解释不只是解决了"形—名"的问题，也解决了"名—名"的问题。譬如说"我女朋友"和"我的女朋友"使用情况不一样。假如我问你："你旁边的那位是谁啊？"你会说："她是我女朋友。"你不会说"她是我的女朋友"。除非下面这种情况。你说："她是我女朋友。"旁边的男同学急了，他说："哎，你是不是头脑发昏了，这怎么是你的女朋友，这是我的女朋友。"他会加上"的"以示强调。可是有一个情况，它不是为了强调，但在表达中也一定要用"的"。譬如说我的学生，博士毕业出去工作了，工作很好，几年后

---

① 刘岳松：《四维力学：挑战相对论》，学林出版社，2001，后序第2页。

我见到了他。我问他:"你在哪里工作啊?""我在浙江大学工作。""工作不错吧?""还可以吧。""怎么样,成家了吧?""哎呀,老师啊,我们那里女同胞很少,我呢,您也知道,又是一个比较内向的人,到现在都没成家呢。""唉,你也老大不小了,该成家了。这样,我给你介绍一个,怎么样?你说你有什么要求没有?"他沉思了一下说:"老师啊,我的女朋友不要求很漂亮,但要心地善良。"这种情况下,他说的是"我的女朋友",而不是"我女朋友"。那为什么前面的对话里得说"我女朋友",这一对话里却得说"我的女朋友"呢?因为前一段对话里两个人已经亲密无间了,这个"的"就不用了,而现在这个八字还没一撇呢,所以得用"的"。这不是我的解释,这就是张敏在研究从"形—名"推及"名—名"时所举的例子。当然这个问题还可以往下探究。为什么这种认知状况会影响汉语,而英语没有受到这种影响?英汉为什么有差异?这些问题还值得我们进一步去研究。

再举个例子——"位"的用法。辞书上解释"位",一般都说"位"是个量词,用于人,表示敬意,含有尊敬的意思。因此,我们不能说"我是一位教师",只能说"我是一个教师";也不能说"我们两位都是上海人",得说"我们两个都是上海人"。总之,对别人可以用"位",对自己不可以。但问题来了。现在饭店门口都有服务员,一进门就会问:"请问几位?"就餐者会脱口而出"我们五位""我们三位"等。"位"的这一种用法是怎么发现的呢?有一次,来了三位日本客人,我们请他们去位于北大西南角的新开元大酒楼用餐。一进门,服务员就问:"请问几位?"我脱口而出:"我们五位。"进到包间坐下来后,日本客人就问:"陆老师,量词'位'的用法是不是变了?"我说没有变啊。日本客人说:"我们过去学的和现在书上讲的都说'位'不能用于第一人称,刚才人家问'请问几位？'，您则说'我们五位'，怎么能这样说呢？"我被问住了。我觉得在这种场合用"我们五个"来回答反倒不合适，听着会感到别扭。可当时我一时无言以对，我不知道这是怎么回事儿，好在日本客人当时没有追究。

是"位"的用法变了吗？为什么我回答时得说"我们五位"，而不说"我们五个"？为了探究清楚，我花了三天时间，到新开元大酒楼的厅堂附近注意客人进门时服务员与顾客的对话。调查分3次进行，我一共听到了163拨顾客进酒店时与服务员的对话。调查结果发现，其中有151拨顾客在答话中用"位"，约占93.6%；答话中用"个"的只有12拨顾客，约占6.4%。我不是北京人，我有两位早期的学生，一位是晁继周，一位是张伯江，都是我们北大中文系语言专业毕业的，都是北京人，现都已经是中国社科院语言研究所研究员。我就打电话问他们这个情况正不正常。他们说这个情况很正常啊，就这么说呀，但原因是什么，他们也说不出。后来张伯江提醒我说，您说的情况可能跟下面的情况有联系，现在好多人家里养狗，而狗可以论"条"，也可以论"只"，你用"条"来问，对方就用"条"回答，你用"只"问，对方就用"只"回答。比如说，"请问你们家养了几条狗？""三条。"对方不会说"三只"。反过来你问："你家养了几只狗？""三只。"对方不会说"三条"。他这么一说，我就要调查了。我住的蓝旗营小区有很多人家养狗，他们早晨和晚上遛狗时，我就按张伯江所说问他们，一问果不其然。后来我又想到抽烟可以论"根"，也可以论"支"。我就问抽烟的朋友："老张啊，你一天抽几根烟啊？""哦，不多，七八根。"他不说"哦，不多，七八支"。反过来我用"支"问，他就用"支"回答。后来我又想到我们老家的家乡话（东山话，属于吴方言）。我们老家只有一条街，是东西向的。街上两个认识的人碰面打招呼，就这样对话："你望东去。""我望东去，你望西去啊。""哎，我望西去。"（"望"，介词，相当于普通话里的"往"）这就是打招呼。我们方言里跟"望"同义的还有个介词"朝"。如果一开始问话的人用"望"，后面回答和对话就都用"望"；如果一开始问话的人用"朝"，后面回答和对话就都用"朝"。后来有个绍兴的马明艳教授又给我提供一个材料。她说下课后同学们都在休息，上课铃响了，可有的学生还在外面，老师就招呼大家进教室上课："哎，同学们，你们赶快来，要上课了。"同学们怎么回答？同学们回答："哎，老师，马上就来。"按道理，好像应该用"去"，因为朝着说话人的方向移动叫"来"，"去"是离开说话的地方。可他们不说"哎，老师，马上就去"。另外，十几年前，有位罗马尼亚的留学生问我，他在电话里说"李老师，你一定要早点来"，为什么李老师回答说"我一定早点来"，而不说"我一定早点去"？当时我没能回答那位留学生所问的问题。现在想起来，这也属于上述语言现象。这类会话现象在已有的会话理论中没有被谈到过。有鉴于此，我就提出了一个新的原则——应答协调一致性原则。这个原则是指，会话双方在某些词语的选用上会跟随最先发话人，最先发话人用什么词语，后面的会话中就用什么词语，应答的过程中前后用词保持一致。这是一个新的会话原则。这个例子说明，发现新的语言现象很重要，但要有理论指导。"位"的用法是一种新现象，如果没有会话理论，我们可能只对其进行一般的描写，说明在什么情况下第一人称也可以用"位"，但因为有会话理论，才引发我提出一条新的会话原则——应答协调一致性原则。

再举一个例子。"那个人吃了一锅饭。"还有一句话："十个人吃了一锅饭。"这两个句子按照传统的分析方法进行分析，结果相同，两个句子都是"主—谓—宾"结构，从语义上来讲，都是"施事—动作—受事"。

用层次分析法分析，这两句话都将分析为主语部分和谓语部分，谓语部分再分析为动宾。

但是有个现象值得注意，"那个人吃了一锅饭"不能倒过来说成"一锅饭吃了那个人"，而"十个人吃了一锅饭"可以倒过来说成"一锅饭吃了十个人"。前者主宾不能换位，据此我们可以说，汉语里不存在"受事—动作—施事"这样的句式，除非有什么特殊标记，比如说被动标记。后者主宾则可以换位，说成"一锅饭吃了十个人"。后者从语义关系上来看不也是"受事—动作—施事"结构吗？那为什么可以这么说呢？这怎么解释？另外，"一锅饭吃了十个人"是"一锅饭可以供十个人吃"的意思，那么这个意思是怎么来的？按照传统的分析方法或层次分析法都解释不了。

其实，a."十个人吃了一锅饭"和b."一锅饭吃了十个人"，这两个句子内部的语义配置（语义关系）表面看似乎是：a."施事—动作—受事"，b."受事—动作—施事"，可实际上它们内部的语义配置已经不是这样的了。"施事—动作—受事"这种语义关系在这个句式里面已经不起作用了，它只是一种潜在的语义关系。这种句式所凸显的语义关系是"容纳量—容纳方式—被容纳量"。"十个人吃了一锅饭"的意思是"十个人的饭量容纳下了一锅饭的饭量"，"一锅饭吃了十个人"的意思是"一锅饭的饭量容纳下了十个人的饭量"。将它们变成否定性可能句式，可以看得更清楚——a."十个人吃不了一锅饭"，意思是"十个人的饭量容纳不了一锅饭的饭量"；b."一锅饭吃不了十个人"，意思是"一锅饭的饭量容纳不了十个人的饭量"。显然，不论是 a 句还是 b 句，内部的语义配置，即语义关系都是"X 的量容纳得了 / 容纳不了 Y 的量"。a 句也好，b 句好，都属于表示容纳量与被容纳量关系的一种数量关系句法格式。这里的动词已经没有什么动作性了。

那么有人可能要问了,难道这句子里边的"人"和"吃"之间没有施事与动作的语义关系吗?"吃"和"饭"之间,没有动作与受事的语义关系吗?当然有,但是在这种句式里,那只是一种潜在的语义关系。表示容纳量与被容纳量关系的句子凸显的则是"容纳量—容纳方式—被容纳量"之间的语义关系,其情况类似于人类社会中的人际关系。比如,你们听过我的课,我和你们之间有这种师生关系,但不等于任何场合都会凸显这种师生关系。譬如说,你们当中有人以后当了医生了,你来给我看病,那个场景凸显的就不是我们之间的师生关系了,而是医生和病人的关系。再如,父子两个人之间的父子关系是永恒的,但不一定任何场合都凸显父子关系。老爸是会计,退休在家,儿子开公司想请老爸帮帮忙,老爸到儿子公司里去当会计,在公司里他们两个人凸显的关系就不是父子关系,而是雇员和雇主的关系。这就属于对语言事实的新认识,其中同时包含新发现。我们给这种语言现象起了个名字,叫"词语之间语义结构关系的多重性"。这可以说在理论上有一点创新。从中我们可以再一次看到,客观事实的挖掘与自觉的理论思考是互为因果的,是互动的。

关于自觉的理论思考,我还要说三点意见。

第一点意见,要有理论意识。为什么呢?学术上的创新点一开始可能只是一个稍纵即逝的闪光思想,如不把它抓住,不将它固定下来,可能就失去了;抓住了,固定下来形成观念和想法,进而升华为理论,就可能形成理论上的创新点。缺乏理论意识,我们就抓不住那些稍纵即逝的闪光思想了!缺乏理论意识,我们就会吃大亏。目前语法研究中的许多理论方法就其基本观念来说,在我国 20 世纪 20 年代到 40 年代的汉语语法论著里就已经有了，有的甚至已经说得很具体了。遗憾的是由于理论意识薄弱，这些东西都没能升华，没能形成相对完整的理论并推向世界，结果许多理论方法的"发明权"都让给了后来的外国学者。

　　第二点意见，在理论方法上必须坚持多元论。为什么？我们必须认识到，客观世界是极其复杂的，语言现象也是如此，而我们现在只是看到了它的冰山一角。一种新的理论方法的出现和运用，可以解决已有的理论方法所没法解决的某一个或某些方面的问题，可以解释已有的理论方法所没法解释的某一个或某些方面的现象；但是它也只能解决某一个或某些方面的问题，只能解释某一个或某些方面的现象，不可能解决所有问题，不可能解释所有的现象。科学发展的历史告诉我们，在科学领域里，任何一种理论方法都不可能包打天下！也就是说，每种理论方法都有其局限性。已有的分析理论与方法的局限推动了新的分析理论与方法的诞生和运用，新的分析理论与方法的诞生意味着研究的深入与发展，但并不意味着一定要摒弃原有的分析理论与方法。新、老分析理论与方法实际是一种互补的关系。

　　第三点意见，要正确对待国外的理论。从20世纪后半叶开始，语言学迅速发展，形成了众多学派，出现了前所未有的百家争鸣的可喜局面，研究成果互相碰撞，新理论、新方法不断涌现，极大地推进了语言研究。不同学派、不同理论之间并不都是对立的，它们往往是互补的，只是研究的视角与研究的期望值有所不同罢了。学术无国界，我们应该认真学习并借鉴国外的理论，取其精华，去其糟粕，为我所用。如果我们能很好地利用这有利的国际环境，我们的学术研究会发展得快些、好些。就汉语研究而言，遗憾的是目前存在着两种偏向：一是对于国外各种各样的学术理论方法，人们在没有深入学习、了解，没有真正看懂、吃透的情况下，随意引用和追随，造成了某些贴标签的不良风气；二是对于国外各种各样的语言学理论和方法，人们在没有深入学习、了解，没有真正看懂、吃透的情况下，持一种轻视甚至贬斥的态度，呈现出一种狭隘的民族主义情绪。这两种偏向都不利于汉语研究的学术发展。

已有的结论或看法都只能说是一种假设性的结论或看法。随着研究的逐步深入，其中有的将会被证明为定论，上升为公理、定理，而大多数的结论或看法将会被修正，甚至被完全放弃。"继承，借鉴，怀疑，假设，探索，求证，循环往复，螺旋式上升"，这可以说是科学研究发展的必由之路，这也是各个分支学科发展的必由之路。这样才能不断产生具有创新性的研究成果。

那么，我们应该怎么判断某项研究成果，特别是在理论、方法方面是否属于创新成果？我想主要得看这个理论方法在解决问题上、在解释现象上，其深度、广度及简明性是否能够超越已有的理论方法。

当然，我们对创新成果不能求全责备。

好，今天就讲到这里。谢谢大家，欢迎大家批评指正！衷心祝大家学业有成，如意幸福！

2010 年 11 月 25 日

（根据讲座录音整理，有删改）

第五讲
"文学"如何"教育"
——关于"文学课堂"的追怀、重构与阐释

陈平原

作者简介

陈平原，文学博士，现为北京大学博雅讲席教授（2008—2012年任北大中文系主任）、北京大学现代中国人文研究所所长、教育部长江学者特聘教授、中央文史研究馆馆员，国务院学位委员会第六届、第七届中国语言文学学科评议组成员。2008—2015年兼任香港中文大学中国语言及文学讲座教授（与北京大学合聘）。曾被国家教委和国务院学位委员会评为"作出突出贡献的中国博士学位获得者"；获教育部颁发的第一届、第二届、第三届、第五届、第六届高等学校科学研究优秀成果奖，以及第四届王瑶学术奖著作奖、第四届思勉原创奖、第十四届文津图书奖、第五届中国出版政府奖提名奖等。先后出版《中国小说叙事模式的转变》《中国现代小说的起点》《千古文人侠客梦》《中国散文小说史》《中国现代学术之建立》《触摸历史与进入五四》《作为学科的文学史》《左图右史与西学东渐》《现代中国的述学文体》《大学何为》《抗战烽火中的中国大学》《想象都市》《记忆北京》《文学如何教育》《小说史学面面观》等著作30余种。

内容介绍

　　从学术史角度探究现代中国大学里的"文学教育",着眼点往往是"学科建构""课程设计"与"专业著述",陈平原教授则从师生共同建构起来的"文学课堂"谈起。20世纪中国的"大历史"、此时此地的"小环境",加上讲授者个人的学识与才情,共同造就了诸多充满灵气、变化莫测、让后世读者追怀不已的"文学课堂"。陈平原教授将对学科化之前的"文学"、课堂内外的"笑声"、"新文学"如何学院化、"创作"能不能教,以及师生怎样"对话"等片段略加铺陈,在"重构"中隐含"阐释",探讨何为"理想的文学教育"。

视 频 节 选

第五讲 "文学"如何"教育"——关于"文学课堂"的追怀、重构与阐释

古往今来,任何一个民族都有恰如其分的"文学教育"。分歧在于"文学"的定义,以及什么才是好的教育方式。孔夫子的"不学诗,无以言"(《论语·季氏篇》),与当今中国大学里中文系、外文系的"文学理论"或"文学史"课程,不能说毫无关系,但二者在教学宗旨、论述对象以及培养目标等方面均有较大差异。正因为"诗教"说源远流长,辞章诗赋乃所有读书人的共同修养,没必要作为"专业"来经营。①偶尔也会有例外,比如东汉末年的"鸿都门学"②,以及南朝宋文帝的"四馆"③,但这样的"好时光"实在太少了。隋唐以后,除作为读书人正途的国子学以及各级官学外,确实有"专科学校"存在,但开展的是律学、书学、画学、算学、医学乃至武学等方面的"职业教育"。

---

① 参见陈平原:《大学校园里的"文学"》,《渤海大学学报》2007年第2期。
② "鸿都门学"创立于东汉灵帝光和元年,学生皆由州、郡、三公荐举"能为尺牍、辞赋及工书鸟篆者",经过考试合格方得入学,据说曾招"至千人焉"。在与士族集团的抗争中,宦官集团借助灵帝嗜好文艺创办此学,目的是扩充自己的实力,控制舆论阵地。如此政治斗争的产物,不可能持久,但此举为唐代各种专科学校的设立开辟了道路。(参见毛礼锐、沈灌群主编《中国教育通史》第二卷,山东教育出版社,1986,第89—92页)
③ 南朝的刘宋王朝建国只有六十年,颇为重视官学教育,由"四馆"到"国子学"到"总明观",都是在儒学之外有所拓展。"雅好文艺"的文帝于元嘉十五年在京师开设单科教育性质的玄学、史学、文学、儒学四馆(《文献通考·学校考二》)。设立专门从事文学研究和教学的文学馆,实因南朝刘宋时期文人辈出,名声斐然,如"文章之美,江左莫逮"的谢灵运,"每有一诗至都邑,贵贱莫不竞写,宿昔之间,士庶皆徧,远近钦慕,名动京师"(《宋书·谢灵运传》)。(参见毛礼锐、沈灌群主编《中国教育通史》第二卷,第316—319页)

"文学"当然也很重要，但主要是修养，而不是技艺，没必要设立专门学校，这个思路一直延续到晚清。1898年的《总理衙门奏拟京师大学堂章程》基本上是独尊"泰西各种实学"。"文学"属于"溥通学"，"凡学生皆当通习者也"；而"专门学"（高等算学、格致学、政治学、地理学、农学、矿学、工程学、商学、兵学、卫生学等），方才是朝廷着意经营的重心。① 1902年，张百熙奉旨复办因庚子国变毁坏的京师大学堂，并"上溯古制，参考列邦"，拟定《京师大学堂章程》，此章程将"辞章"列为京师大学堂的重要课程，是一大变化。② 1903年，张之洞奉旨参与重订学堂章程，其"参酌变通"的指导思想在《学务纲要》中有详细说明，其中一条就是"学堂不得废弃中国文辞"③。张之洞以主张"中学为体，西学为用"著称，其强调"中国文辞"之不可废弃，与其说是出于对"文学"的兴趣，不如说是担心"西学东渐"大潮之过于凶猛，导致传统中国文化价值的失落。但无论如何，经历这么一番曲折，"文学"终于成为现代中国大学里重要的课程乃至专业领域。④

进入现代社会，"合理化"与"专业性"成为不可抗拒的世界潮流；"文学"作为一个"学科"，逐渐成为独立的专业领域。最直接的表现便是文学教育的重心由技能训练的"词章之学"转为知识积累的"文学史"。对于如此转折，我以为，并不取决于个别文人学者的审美趣味，而是由整个中国

---

① 《总理衙门奏拟京师大学堂章程》，载北京大学校史研究室编《北京大学史料》第一卷，北京大学出版社，1993，第82页。

② 参见张百熙：《奏筹拟学堂章程折》及《钦定京师大学堂章程》，载北京大学校史研究室编《北京大学史料》第一卷，北京大学出版社，1993，第56、88—94页。

③ 张百熙、荣庆、张之洞：《学务纲要》，载舒新城主编《中国近代教育史资料》上册，人民教育出版社，1961，第204页。

④ 参见陈平原：《新教育与新文学：从京师大学堂到北京大学》，《中国大学十讲》，复旦大学出版社，2002，第101—134页。

现代化进程决定的。"'文学史'作为一种知识体系,在表达民族意识、凝聚民族精神,以及吸取异文化、融入'世界文学'进程方面,曾发挥巨大作用。至于本国文学精华的表彰以及文学技法的承传,反而不是其最重要的功能。"①反省当今中国以"积累知识"为主轴的文学教育,呼唤那些压在叠床架屋的"学问"底下的"温情""诗意"与"想象力",在我看来,既是历史研究,也是现实诉求。

"文学"作为一种知识,兼及经验、修养、技能与情怀,确实有其特殊性——上大学不一定就能学好,反过来,不上大学也不一定就学不好。这一点与自然科学(如核物理)很不一样。在那里,自学成才的例子极少,没受过高等教育,基本上就"免开尊口"。对于这么一个门槛很低但堂奥极深的"专业",描述其展开"教育"的过程与方式,思考其利弊得失,不无裨益。

从学术史角度探究现代中国大学里的"文学教育",着眼点往往在"课程设计"与"专业著述",而很少牵涉师生共同建构起来的"文学课堂"。那是因为文字寿于金石,声音随风飘逝,当初五彩缤纷的"文学课堂"早已永远消失在历史深处。后人论及某某教授,只谈"学问"大小,而不关心其"教学"好坏,这其实是偏颇的。对于学生来说,直接面对且日后追怀不已的,并非那些枯燥无味的"章程"或"课程表"(尽管这也很重要),而是曾生气勃勃地活跃在讲台上的教授们。单有演讲者的"谈吐自如"还不够,还必须有听讲者的"莫逆于心",这才是理想的状态。20世纪中国的大环境、此时此地的小环境,加上讲授者个人的学识与才情,共同酿造了诸多充满灵气、变化莫测、让后世读者追怀不已的"文学课堂"。选择其中九个片段,如学科化之前的"文学"(康有为、章太炎)、课堂内外的"笑声"(鲁迅)、

---

① 参见陈平原:《"文学"如何"教育"》,《文汇报》2002年2月23日。

"新文学"如何学院化(朱自清、杨振声)、教授们的"诗意人生"(黄侃、汪辟疆)、"创作"能不能教(沈从文)、词人上"讲台"(顾随)、史家之"诗心"(钱穆)、文学史家的"情怀"(台静农)以及师生怎样"对话"(北京大学中文系1955级文学专业),略加铺陈,在"重构"中隐含"阐释",探讨何为"理想的文学教育"。

一、学科化之前的"文学"

在借鉴西方教育体制,建立起现代大学里"繁花似锦"的分科课程前,中国人也有很好的文学教育。清人姚鼐在书院讲学,编选教材《古文辞类纂》,促成桐城文派流衍全国①,便是相当成功的例子。即便在西潮汹涌的清末民初,京师大学堂等迅速崛起,仍有康有为、章太炎等保持大儒讲学的传统。幸运的是,康、章二位讲学,留下较多资料,后人可据此钩稽并复原学科化之前中国人的"文学教育"。

1891年,康有为在广州创办万木草堂,革新教学体系,宣传维新理想,培养造就大批变法维新人才(如梁启超、麦孟华、徐勤、韩文举、梁启勋等)。这一经过,《康南海自编年谱》有详细记载。如"光绪十七年(辛卯)三十四岁"则云:"始开堂于长兴里,讲学,著《长兴学记》,以为学规。与诸子日夕讲业,大发求仁之义,而讲中外之故,救中国之法。"而"光绪二十四年(戊戌)四十一岁"则有曰:"(八月)二十二日封万木草堂,以吾所藏及书藏书三百余箱,尽付一炬,所著行之书,亦已行各省

---

① 近年的相关著述,参见《从文人之文到学者之文:明清散文研究》(陈平原,2004)第八讲"文派、文选与讲学:姚鼐的为人与为文"、《姚鼐与乾嘉学派》(王达敏,2007)第八章"桐城学人群体的形成"、《清代东南书院与学术及文学》(徐雁平,2007)第二章"书院与桐城文派的传衍"、《士林交游与风气变迁:19世纪宣南的文人群体研究》(魏泉,2008)第五章"梅曾亮的京师交游与'桐城古文'的流衍全国"等。

第五讲 "文学"如何"教育"——关于"文学课堂"的追怀、重构与阐释

毁版矣。"①扣除奔走国事的戊戌年,康有为讲学万木草堂的时间,足足七年;弟子张伯桢据1896—1897年于万木草堂听讲笔记整理而成的《南海师承记》,也证明了这一点。对于康门弟子来说,万木草堂听讲,是闻"大海潮音",乃决定命运的关键时刻。就像梁启超说的,"一生学问之得力,皆在此年""余生平于学界稍有所知,皆先生之赐也"②。

康有为的万木草堂在其政治生涯中发挥了巨大的作用,好在他的弟子们极为崇拜他,"日札记其讲义"③,而这些笔记又多有流传。1988年,中华书局刊行《万木草堂口说》,整理者用的是藏广州中山图书馆的《南海康先生口说》和藏北京大学图书馆的《万木草堂口说》。其中涉及文学的部分有"文章源流""文学""论文""骈文""赋学""讲王介甫百年无事札子、苏子瞻代张方平谏用兵书""八股源流""袁稿"等。④仅以"文章源流"为例:

> 古人言语文章无别。《六经》皆孔子文章。《易经》多工夫。胡稚威谓,人皆死,惟文不死。古来圣贤豪杰皆死,惟有文可以不死。青与白谓之文,赤与白谓之章。文有自然之法,有创造之法。《诗》,辞章之祖,李斯辞章亦佳。《书》,开记事之体。……后汉至六朝俱骈文。昌黎一人独倡古文,当时未之从也,从之者柳宗元及其徒数人而已。昌黎文范围有宋一代。本朝讲侯、汪、魏三家。龚定庵能追周、秦以上之文。唐以前之文,简腴厚曲,唐以后之文,长枯薄直。⑤

---

① 康有为:《康南海自编年谱(外二种)》,楼宇烈整理,中华书局,1992,第19、66页。
② 参见梁启超:《三十自述》,载《饮冰室合集·文集》之十一,中华书局,1932,第16—17页;梁启超:《南海康先生传》,载夏晓虹编《追忆康有为》,生活·读书·新知三联书店,2009,第3页。
③ 梁启超《三十自述》有曰:"余与诸同学日札记其讲义。"
④ 参见康有为:《长兴学记·桂学答问·万木草堂口说》,中华书局,1988,第230—250页。
⑤ 康有为:《长兴学记·桂学答问·万木草堂口说》,第230—231页。

这些精彩言论，中华书局版每句断开，单独排列，因都是大判断。此乃传统中国大儒讲学的特点，吉光片羽，精美绝伦，但满天星斗，点到即止。一直到康有为的《万木草堂口说》，都是如此。文字简略，思路又如此跳跃，必须将其还原到朝夕相处的师徒讲学这一特定环境，才能明白其佳妙之处。这里需要的是结论，而不是具体的论证过程。与晚清以降引入"教科书"，肯说"多余话"，形成了鲜明对照。与也拥有教学大纲、教学讲义的我们不同，当时的讲学互动很多，师生自由讨论，随兴而起，随兴而止。

在此我们可以再看另一位大师——章太炎。

1922年4—6月，章太炎应江苏省教育会的邀请，在上海讲授国学。第一讲开篇就是："我在东京曾讲演过一次国学，在北京也讲演过一次，今天是第三次了。"[①]这三次讲授始终围绕着国学展开，而倾向于书院讲学的章太炎，对新式学堂的教学方式很不以为然。[②]因此，在辛亥革命后，他多次拒绝北大、清华的盛情邀请。面对日渐强大的现代教育及学术体制，太炎先生坚持独立讲学，而在章先生的学生中有很多后来很出名的学者，像朱希祖、钱玄同、许寿裳以及周氏兄弟等都是当时章先生在东京讲学的学生。后来北京大学请章先生来讲课，他就推荐了自己的学生，这也造成了民国初年到20世纪20年代期间，北京大学中文系老师的主要班底都是章先生学生的局面。因为这些老师大部分都是江浙来的，他们的口音太重，学生大都听不懂，因此学生上课都得要讲义。

章门弟子在追忆其师讲学时，往往从自己的角度出发，所见所闻自然颇多差异，但在章太炎喜欢讲授的《说文》与《庄子》这一点上，各家回

---

① 章太炎主讲、曹聚仁记述：《国学概论》，学林书店，1971，第1页。
② 参见陈平原：《中国现代学术之建立：以章太炎、胡适之为中心》，北京大学出版社，1998，第83—115页。

忆比较一致。任鸿隽回忆，太炎先生讲了顾炎武的《音学五书》、段玉裁的《说文解字注》、郝懿行的《尔雅义疏》、王念孙的《广雅疏证》，"一周一次，大约继续了一二年"；"小学讲毕后，我们请先生讲诸子学，于是先生讲了《庄子》"；"讲过了这些古籍之后，先生还作了一次系统的中国文学史讲解"。①

很难说日后提倡诗界革命、文界革命、小说界革命的梁启超等，是如何继承康有为的衣钵；真正影响弟子们的，是康的学术史讲授。想想日后梁启超之撰写《论中国学术思想变迁之大势》（1902）、《清代学术概论》（1920）、《中国近三百年学术史》（1923—1925）……

而若一定要在章太炎的"国学"论述中凸显其"文学教育"的位置，那么不妨落实为东京及上海讲学时对于三国两晋文辞的强调，以及对于"集外文"的表彰。经过周氏兄弟的诠释与转化，这一"重写文学史"的努力日后被中国学界广泛接纳。②

只是随着大学体制日渐完善，"文学史"成为中国文学系的主要课程，凭借个人魅力独立从事"文学教育"，已成遥远的记忆——20世纪20年代以后，在中国文坛及学界肆意挥洒才情的，是康、章那些充满叛逆精神的学生辈。

二、课堂内外的"笑声"

新文化运动兴起后，北京大学的文学课程发生天翻地覆的变化。查1917年北大中国文学门课程表以及1918年的《北京大学文科一览》，起码可以使我们明白：（1）"文学史"成了中文系的重头课；（2）中文系学生不能

---

① 章太炎著，陈平原选编：《章太炎的白话文》，贵州教育出版社，2014，第19页。
② 参见陈平原：《中国现代学术之建立：以章太炎、胡适之为中心》，第330—403页。

绕开"欧洲文学";(3)"近世文学"开始受到重视;(4)此前不登大雅之堂的"戏曲"与"小说",如今也成了大学生的必修课。需要说明的是,"小说"课因一时找不到合适的教员,最初设计为系列演讲[1];直到1920年秋冬鲁迅接受北大聘请,正式讲授"中国小说史",中文系的课程方才较为完整。[2]

鲁迅不仅是20世纪中国最伟大的作家,同时还是个好学者、好教授。查《鲁迅日记》,鲁迅接受北京大学中国文学系主任马裕藻代表学校送来的聘书[3],是在1920年8月6日。经过一番认真的准备,12月24日,鲁迅第一次踏上北大讲台。此后的六年,教育部官员周树人除在北大讲小说史,还先后在北京高等师范学校、北京女子高等师范学校、北京世界语专门学校、集成国际语言学校、黎明中学、大中公学以及中国大学兼课;最忙的时候(1925年11月),竟然在六所学校之间奔波。[4]因主要讲的是小说史,大都不用专门准备,可借用北大的讲义。这期间,鲁迅还忙里偷闲,应邀到西安走一趟。1926年8月26日,鲁迅离京南下,先是任厦门大学国文系教授兼国学院研究教授(1926年8月至12月),后又任中山大学文学系主任兼教务主任(1927年1月至6月)。就在这不到八年的时间里,鲁迅除了撰写《中国小说史略》《中国小说的历史的变迁》《汉文学史纲要》,编辑《古小说钩沉》《唐宋传奇集》《小说旧闻钞》,还在讲台

---

[1] 1917年12月—1918年4月,北大国文门研究所小说科开研究会七次,刘复、周作人、胡适分别发表专题演说。此举可见鲁迅到北大讲课之前,北大教授们对于小说课程的重视与期待。

[2] 参见陈平原:《新教育与新文学:从京师大学堂到北京大学》,《中国大学十讲》,第101—134页。

[3] 这份蔡元培签署的北京大学聘书,署"中华民国九年八月二日",原件现存北京鲁迅博物馆。

[4] 关于鲁迅在北京大学等学校兼课的情况,参见顾明远、俞芳、金锵、李恺:《鲁迅的教育思想和实践》,人民教育出版社,2001,第31—46页。

上挥洒自如，取得令后人瞠目结舌的成绩。①

鲁迅在北大讲小说史，这段历史广为人知。我在《知识、技能与情怀（下）——新文化运动时期北大国文系的文学教育》中引述了当年在北大听课的常惠、许钦文、董秋芳、王鲁彦、魏建功、尚钺、冯至、孙席珍、王冶秋等九位老学生的追忆："单看这么些追忆文字，你就能明白，擅长冷幽默的鲁迅先生，站在北大讲台上，讲述的是'小说史'，可穿插'小说作法'与'文化批判'，还'随时加入一些意味深长的幽默的讽刺话'，难怪教室里会不时爆发出阵阵笑声。在这个意义上，说'鲁迅先生讲话是有高度艺术的'，一点也不过分。"②

有人回忆说鲁迅先生在西安讲课的时候也有一些引申发挥，但无关大雅。"鲁迅老师与我们讲课时，讲完《红楼梦》那一部分，他问道：'你们爱不爱林黛玉？'当时许多同学都不假思索，随口乱答。其中一个同学反问道：'周先生你爱不爱？'鲁迅老师毫不迟疑地答道：'我不爱。'又问：'为什么不爱？'答曰：'我嫌她哭哭啼啼。'这一次问答就此完结。我常推想这正是鲁迅先生教育青年改正数千年来以'工愁善病''弱不胜衣'的美态看妇女的错误思想。所以这一段话永远在我的脑中深印着。"③学生记忆中的课堂，大都是专业论述之外的"闲话"。不过，这段关于林黛玉的妙语很可能是为了活跃气氛事先准备的。听了四年鲁迅"中国小说史"课并帮助校对讲义的北大法文系学生常惠晚年撰文称："先生在讲堂上曾说过：'你们都喜欢林黛玉小姐，其实我对她并不怎么样。'学生们都一

---

① 关于鲁迅的学术贡献，我在《作为文学史家的鲁迅》（《学人》第四辑，江苏文艺出版社，1993年）、《分裂的趣味与抵抗的立场：鲁迅的述学文体及其接受》（《文学评论》2005年第5期）等文中已多有涉及，这里不赘。

② 参见陈平原：《知识、技能与情怀（下）：新文化运动时期北大国文系的文学教育》，《北京大学学报》2010年第1期。

③ 王儒卿：《回忆鲁迅》，转引自单演义《鲁迅在西安》，陕西人民出版社，1981，第136页。

愣。先生停了一会儿才说：'我不喜欢她，因为她是痨病鬼。'同学们都笑了起来，先生绷着脸不笑，然后微微一笑。"①

鲁迅在厦门大学讲授的是文学史和小说史，其授课情况，据1926年间就读厦门大学国文系预科并发起组织厦大文学团体泱泱社的俞念远（俞荻）称："他自己在讲坛上是不多笑的，可是他的讽刺的新锐语，却使学生不得不笑的。""他的讲学，并不像一般名教授那样只管干巴巴地、一句一句地读讲义，枯燥无味地下定义。他的讲话也和他的作品那样的丰富多彩。……听他讲学，好像小学生听老师讲有趣的故事那样，恐怕时间过得太快。"②这两段引文，前者出自初刊1936年5月16日《西北风》第2期的《我所记得的鲁迅先生》，后者则是发表在1956年10月号《文艺月报》的《回忆鲁迅先生在厦门大学》，二文相隔二十年，但大致印象一致。

从1920年被北大聘为讲师，到1927年6月正式辞去中山大学教职③，鲁迅的教学生涯并不长，却给学生留下了那么多美好回忆。鲁迅刚去世，昔日老友钱玄同撰文，极力表彰《中国小说史略》。他写道："此书条理明晰，论断精当，虽编成在距今十多年前，但至今还没有第二部比他更好的（或与他同样好的）中国小说史出现。他著此书时所见之材料不逮后来马隅卿（廉）及孙子书（楷第）两君所见者十分之一，且为一两年中随编随印之讲义，而能做得如此之好，实可佩服。"④其实，不仅著述了不起，课堂上的讲授同样值得夸耀。"课堂"不同于"著述"，有人擅长写书，有

---

① 常惠：《回忆鲁迅先生》，载鲁迅博物馆、鲁迅研究室编《鲁迅回忆录》上册，北京出版社，1999，第424页。

② 俞念远（俞荻）：《我所记得的鲁迅先生》和《回忆鲁迅先生在厦门大学》，载鲁迅博物馆、鲁迅研究室编《鲁迅回忆录》上册，北京出版社，1999，第458、468页。

③ 为抗议"四一二"反革命政变后广州军警抓捕中山大学师生，1927年4月29日，鲁迅致信中山大学委员会，辞去一切职务。学校当局多次挽留无效，6月6日方才允许其辞职。

④ 钱玄同：《我对周豫才（即鲁迅）君之追忆与略评》，《世界日报》1936年10月26、27日。

人喜欢教学,像鲁迅那样有学问且能讲课的,最为难能可贵。谈及学术贡献,"著述"备受关注,而"讲课"则似乎可有可无。刻意引入若干追忆文字,目的是呈现那些对当年的学生来说十分重要的"声音"。记得小说家王鲁彦有个说法十分动情,但不无夸张:"大家在听他的'中国小说史'的讲述,却仿佛听到了全人类的灵魂的历史……"①这样的文学课堂自然值得我们永远追怀。

三、"新文学"如何学院化

　　1925年秋,清华学校加办大学部,成立了国文系;毕业于北大的散文家朱自清,因此得以重返北京。1928年8月17日,国民政府将清华学校改名为国立清华大学②,中文系主任杨振声和教授朱自清等励精图治,希望凸显自家面目——"注重新旧文学的贯通与中外文学的融会"。③为了落实这一发展战略,朱自清意气风发地走上讲台。1929年春,开设"中国新文学研究";1929年秋,讲授"中国歌谣"。这两门让人耳目一新的课程同时出现在国立清华大学刚刚诞生的1929年,并非偶然。④

　　谈论"新文学"课程的开设,必须兼及作为"民间文学"的《中国歌谣》,因为二者呼应的都是五四新文化思潮,都与朱自清的母校北京大学密切相关。如此大刀阔斧地开辟"新学术"的疆域,得益于一所前途无量的新大学之迅速崛起,也得益于与北大展开学术竞争的强烈愿望。正如同

---

① 王鲁彦:《活在人类的心里》,载鲁迅博物馆、鲁迅研究室编《鲁迅回忆录》上册,北京出版社,1999,第121页。
② 参见苏云峰:《从清华学堂到清华大学(1911—1929)》,生活·读书·新知三联书店,1996,第17—27页。
③ 关于早期清华如何经历游美肄业馆、清华学堂、清华学校、新旧制并存四个时期,参见杨振声:《为追悼朱自清先生讲到中国文学系》,《文学杂志》第3卷第5期。
④ 参见季镇淮:《闻朱年谱》,清华大学出版社,1986,第127—134页。

事浦江清说的,朱自清在清华讲授"中国歌谣","在当时保守的中国文学系学程表上显得突出而新鲜,很能引起学生的兴味"。从油印本《歌谣发凡》(四章),到铅印本《中国歌谣》(六章),再到浦江清等人校读整理的正式刊本(同样只有六章,另外四章只有题目),依稀可见朱自清远大的学术愿景:"这是部有系统的著作,材料通乎古今,也吸取外国学者的理论,别人没有这样做过,可惜没有写成,单就这六章,已足见他知识的广博,用心的细密了。"①

比起"中国歌谣"来,"中国新文学研究"这一课程的诞生与消逝更让人感叹嘘唏。讲授"新文学"既是杨振声、朱自清的学术立场,也是清华大学后发制人的优势所在。收录在《清华大学一览(1929—1930)》中的《中国文学系的目的与课程的组织》,乃中国文学系主任杨振声所撰。"中国文学系的目的,很简单的,就是要创造我们这个时代的新文学。为欲达到此目的,所以我们课程的组织,一方面注重研究我们自己的旧文学,一方面参考外国的新文学。"②1931年的《清华大学中国文学系概况》更值得关注。此文开篇就是:"本系从民国十七年由杨振声先生主持,他提供一个新的目的,这就是'创造我们这个时代的新文学'。"朱自清所撰"概况",批评其他大学国文系"所要学生做的是旧文学研究考证的工夫,而不及新文学的创进";而清华则希望另辟蹊径,关注刚诞生不久的"新文学"。③

---

① 浦江清:《〈中国歌谣〉跋记》,载朱自清《中国歌谣》,作家出版社,1957,第213页。
② 参见齐家莹:《清华人文学科年谱》,清华大学出版社,1999,第84页。此文虽未署名,但1931年的《清华大学中国文学系概况》称:"其实要创造新文学,也还是得研究旧文学;这层杨先生《中国文学系的目的与课程的组织》一文(见本大学一览)中已经详说。"
③ 朱自清著,朱乔森编《朱自清全集》第八卷,江苏教育出版社,1993,第405—407页。

第五讲 "文学"如何"教育"——关于"文学课堂"的追怀、重构与阐释

有人说大学不能研究当代文学，也不能提倡创造。……请看看，新文学是谁提倡起来的？不就是北京大学的几位教授么？现在中国社会还未上轨道，大学是最高的学术机关，她有领导社会的责任与力量。创造新文学的使命，她义不容辞地该分担着。所以无论当代作品怎样不济，我们的大学生费一些时间去研究，决不是不值得的。①

比起国内其他大学的国文系，从"留美预备学校"发展而来的清华大学有其特殊优势，那就是学生普遍外语好，且更能欣赏外国文学。1932年4月11日，刘文典在清华大学纪念周就"清华大学国文系的特点"作专题讲演。"我们清华大学的特点，就在学生的外国文程度，比其他的任何学校，都要高些。我们国文系就正是要利用这个特点，来实现我们的理想。"②希望扬长避短的清华国文系强调与外国语文学系互相渗透③，并且格外关注"新文学"的创进，二者其实颇多关联，都是想打破国文系只做"旧文学"且侧重"考据"的陈规。

可惜如此大胆创新很快就偃旗息鼓了。1934年6月1日《清华周刊》第41卷向导专号上，有系主任朱自清所撰《中国文学系概况》。"研究中国文学又可分为考据、鉴赏及批评等。从前做考据的人认文学为词章，不大愿意过问；近年来风气变了，渐渐有了做文学考据的人。但在鉴赏及批评方面做工夫的还少。……这等处自当借镜于西方，只不要忘记自己本来面目。至于创作，我们也注意；习作一科，用意就在此。""所谓足资比较

---

① 朱自清著，朱乔森编《朱自清全集》第八卷，第405—407页。
② 齐家莹：《清华人文学科年谱》，第117页。
③ 与此相映成趣的是外文系的态度。吴宓《外国语文学系概况》（1935）称："本系对学生选修他系之学科，特重中国文学系。盖中国文学与西洋文学关系至密。"不管用中文写作，还是翻译，甚至用西文著述，"中国文学史之知识修养，均不可不丰厚"。参见清华大学校史研究室：《清华大学史料选编》第二卷（上），清华大学出版社，1991，第313页。

研究之科目，指西洋文学概要及英文文字学入门两科而言。"各教授指导范围涉及文学者，有刘文典之"选学"、杨树达之"汉书"、闻一多之"诗经""楚辞""唐诗"，以及陈寅恪之"佛教文学"和俞平伯之"词"。① 至于系主任的指导范围，此"概况"没说，但肯定不会是"新文学"，因为此时"中国新文学研究"这门课已经停开了。

表面上，作为选修课，"新文学研究"一直到1936—1937年都还保留着，但"门虽设而常关"。1937年刊行的《清华大学一览》收录有《中国文学系学程一览（1936—1937）》，其中第四年有三学分的"新文学研究"和两学分的"习作"（分诗、小说、散文三类）。对于编号"国294"的"新文学研究"，有课程说明（"分总论各论两部讲授。总论即新文学之历史与趋势，各论分诗、小说、戏剧、散文、批评五项"），但没说由谁来讲授。本学年朱自清开的课程是"宋诗"以及"中国文学批评"。②

朱自清之所以意兴阑珊，放弃讲授"新文学"，其日后指导整理《中国新文学研究纲要》的入室弟子王瑶作了很好的说明。

当时大学中文系的课程还有着浓厚的尊古之风，所谓许（慎）、郑（玄）之学仍然是学生入门的先导，文字、声韵、训诂之类课程充斥其间，而"新文学"是没有地位的。朱先生开设此课后，受到同学的热烈欢迎，燕京、师大两校也由于同学的要求，请他兼课；但他无疑受到了压力，1933年以后就再没有教这门课程了。③

---

① 朱自清著，朱乔森编《朱自清全集》第八卷，第413—416页。
② 参见《中国文学系学程一览（1936—1937）》，载清华大学校史研究室编《清华大学史料选编》第二卷（上），清华大学出版社，1991，第299—311页。
③ 王瑶：《念朱自清先生》，载《王瑶全集》第五卷，河北教育出版社，2000，第607—608页。

第五讲 "文学"如何"教育"——关于"文学课堂"的追怀、重构与阐释

当年在北京师范大学国文系念书的张清常,日后曾深情地谈及系主任钱玄同如何请朱自清前来讲授"新文学概要"这门课,给保守的师大国文系"吹进了新鲜空气,对于我们开通思想,扩展眼界,面对现实,大有好处"①。可在清华校内,朱自清承受不了巨大的压力,只好悄然收兵。

其实,压力主要不是来自文字、声韵、训诂之类课程,而是同属文学的"诗经""楚辞"等。当时的清华一如北大,国文系内部分语言与文学两大类。至于学术风气,从"文学革命"转为"整理国故",大学里尊古之风日渐盛行。国文系师生普遍重"功力"而轻"才华"、重"古典"而轻"现代",这是不争的事实,而这无疑给朱自清造成很大压力。翻阅《朱自清日记》,你会发现,清华教授兼国文系主任朱自清内心十分紧张,平日讲课患得患失,假期开列阅读书单,还不断地自我检讨。1936年3月19日的日记是这样的:

昨夜得梦,大学内起骚动。我们躲进一座如大钟寺的寺庙。在厕所偶一露面,即为冲入的学生们发现。他们缚住我的手,谴责我从不读书,并且研究毫无系统。我承认这两点并愿一旦获释即提出辞职。②

翻阅《朱自清日记》,有两个细节值得玩味。1934年,中文系学生要求取消"西洋文学概要",朱自清表示"此事殊为难";而此前一年,外文系同事"顾宪良谈新文学一科无甚意思,予以为然"③。可见这两门课在系主任心目中的地位截然不同。朱自清在1933年后不再讲授"新文

---

① 张清常:《怀念佩弦老师》,载郭良夫主编《完美的人格:朱自清先生的治学和为人》,生活·读书·新知三联书店,1987,第93—103页。
② 朱自清著,朱乔森编《朱自清全集》第九卷,江苏教育出版社,1998,第408页。
③ 同②,第292、263页。

学",也包含自家的学术判断。

最早将"新文学"引入大学课堂的朱自清,在巨大压力前退却了,1933年以后不再讲授这门课。可他本人的学术立场并没有改变,而他讲授"中国新文学"的事业日后由学生王瑶、吴组缃等人继承。前者是朱自清西南联大的研究生,广为人知①;后者则比较隐晦。1942年8月,经老舍介绍,吴组缃兼任国立中央大学师范学院国文系讲师,先后讲授了"现代文艺""文艺文""小说研究""文学概论"等课程。为准备讲义,那年九月,尽管自己的老师就是朱自清,吴组缃仍向其借阅《中国新文学研究纲要》。②

这两人后来在1952年的院系调整中从清华调入北大,奠定了当时乃至现在北京大学中文系的中国新文学研究的强势地位。

四、教授们的"诗意人生"

与当时北京大学的教授不同,北伐成功后,国民政府定都南京,原先的东南大学经由一番蜕变,改称"国立中央大学",取代原本遥遥领先的北京大学,成为首都乃至全国的"第一高校"。国立中央大学的迅速崛起有其必然性。对于大学来说,"近水楼台先得月";对于政府来说,意识形态控制必须借助最高学府的支持。这种权力与知识的共谋使得"首都大

---

① 王瑶《中国新文学史稿》1951年初版自序,提及1950年教育部确定开设"中国新文学史"时对此课程的要求,还有清华中文系同事李广田、吕叔湘、吴组缃、余冠英等的鼓励和帮助。王瑶在书中提到,自己在学术上有两个导师,一是鲁迅,一是朱自清——前者在思路及立场,后者在方法及体例。借文体分类叙述来架构全书,便是从朱自清那里学来的。

② 参见方锡德:《吴组缃生平年表》,载《吴组缃先生集》编辑小组编《吴组缃先生纪念集》,北京大学出版社,1995,第377—378页。另据姚柯夫编著《陈中凡年谱》(书目文献出版社,1989年),1947年8月,即将出任金陵女子文理学院国文系教授的吴组缃,曾致信系主任陈中凡,谈及其"现代文学"一课的讲授设想,希望"偏重西方文学之渊源影响方面",理由是"以'五四'以来,无论诗歌散文小说或理论,为时甚短,成就不高,内容殊嫌贫乏"。

学"获得更多发展的动力与资源①,也聚集了大批的文学教授。而20世纪30年代的南京,文学教授主要集中在中央、金陵两所互聘教授的大学中文系。查1932年秋冬学期国立中央大学中国文学系课程表,开设如下课程:黄侃的"文学研究法""《汉书》""音韵学",胡小石的"文学史纲要""周以后文学""钟鼎释文名著选",吴瞿安的"词学通论""专家词(梦窗)""南北词简谱",汪辟疆的"目录学""诗歌史""诗名著选",汪旭初的"方言(或文字学)",王晓湘的"修辞学""乐府通论""词曲史"。②

衣食无忧、同气相求的教授们在传道授业之余,多有让后人欣羡不已的诗酒酬唱。1935年10月8日,国立中央大学教授黄侃英年早逝,汪辟疆当即撰《悼黄季刚先生》,其中有这么一段:

先生尝云:"平生友朋游讌之乐,金陵为最。"盖先生之南来也,余与汪旭初、陈伯弢、王晓湘诸先生皆先至。东南旧人,有王伯沆、胡小石两先生,已而吴瞿安亦重来,林公铎先生则去年始南下。皆与先生习处者也。由十七年至二十年,此四年中,几无日不集,集必剧谈移晷,以为笑乐。③

有此雅趣的不仅是黄侃,当年中央、金陵两大学的国文教授,如吴梅、胡小石等,都乐于此道。龙榆生曾撰文,追忆20世纪30年代常去南

---

① 参见陈平原:《首都的迁徙与大学的命运:民国年间的北京大学与中央大学》,《文史知识》2002年第5期。
② 金陵大学中文系情况,参见张宪文:《金陵大学史》,南京大学出版社,2002,第114—117页。另外,参见沈卫威:《现代大学中文系的知识体系与新文学的生存空间》,《扬子江评论》2007年第2期。
③ 汪辟疆:《悼黄季刚先生》,载程千帆、唐文编《量守庐学记:黄侃的生平和学术》,生活·读书·新知三联书店,1985,第99—100页。

京拜访谊兼师友的吴梅,请教词曲之事:"有一次,给我印象最深的,是一天的下午,他知道我到了南京,特地叫他的学生唐圭璋君,约了我往游后湖。他老人家带着一位儿子,和唐君连我四个人,坐上小艇,叫唐君吹起笛子,他父子两个,唱起他新近刻成而颇自鸣得意的《霜厓三剧》来,袅袅余声,绕云萦水,真叫人有'望之若神仙'之感。一直游到夕阳西下,才收艇归来。"①

如此流连诗酒,与个人天性有关,更与城市趣味相连。北大时期的黄侃已有此雅好。弟子刘赜日后撰《师门忆语》,追忆私门讲学的乐趣,"每值良辰,则率众游豫。京华名胜,寻访殆遍。尝集宋人词句为联云:'芳草游踪,春风词笔。''落花心绪,流水年华。'可想见当时风趣。"②南京是一座古城,名胜多,文人更是不少。黄侃到国立中央大学和金陵大学任教,于是"颇有文酒登临之乐"。程千帆提及汪旭初的《寄庵词》里,有一首抗战时期写于重庆的《偷声木兰花》,其序云:"金陵玄武湖,当清明前后,花开如幄。季刚行吟其下,尝顾余曰:'此真花天酒地也。'客中怀思,凄然得句。"程文接下来称:"这反映了季刚老师风趣的'花天酒地'四字,也是传诵一时的。当时在中央、金陵两大学中文系任教的都是一些学术文词兼擅的先生。每逢春秋佳日,他们便集会在一起,登高赋诗。"③

---

① 龙榆生:《记吴瞿安先生》,《风雨谈》第2期;参见王卫民:《吴梅和他的世界》,河北教育出版社,2002,第79—80页。可与之相参照的,有金陵大学国学研究班学生曾昭燏的《忆胡小石师》。"逢春秋佳日,常邀弟子二三人出游,余多随侍。相与攀牛首,陟栖霞,探石头城之故迹,揽莫愁湖之胜景。尝于夏日荷花开时,天才微明,即往玄武湖,载一叶扁舟,破迷茫之晨雾,摇入荷花深处,轻风拂面,幽香沁人,以为斯乐南面不易。又尝于樱花盛开之际,游孝陵及梅花山,坐下高吟唐人绝句曰:'玉女来看玉蕊花,异香先引七香车,攀枝弄叶时回顾,惊怪人间日易斜。'音调清越,回荡于林木间,其雅怀高致可见矣。"(见郭维森:《学苑奇峰:文史学家胡小石》,南京大学出版社,2000,第54页)

② 刘赜:《师门忆语》,载程千帆、唐文编《量守庐学记:黄侃的生平和学术》,生活·读书·新知三联书店,1985,第114页。

③ 程千帆:《黄季刚老师逸事》,《闲堂文薮》,齐鲁书社,1984,第308—310页。

第五讲 "文学"如何"教育"——关于"文学课堂"的追怀、重构与阐释

可是,擅长文辞且喜欢饮酒的并不只是南京的文学教授。北京教授照样踏青、游玩,只是不像南京教授那么张扬。读 1934 年 3 月 31 日及 1938 年 1 月 3 日《朱自清日记》,发现清华教授朱自清等也联袂游山,也联句纪游①,但那属于个人爱好,没什么好吹嘘的。说到底,这是传统士大夫的"雅趣",新文化人并不以此为荣。对于南京文人炫耀"花天酒地",上海的左翼作家看不起,北平的京派文人也不以为然,因为,弄不好就成了"商女不知亡国恨"。只是时过境迁,又到了风和日丽的太平岁月,世人开始追慕起此等文人雅事来。

既做学问,又喜欢"文酒登临之乐"的南京教授们,其学问是否另有一套,东南学术是否另有渊源?实际上,这些教授治学的最大特色莫过于力图将生活与学术打通,以嬉戏的心态从事研究。不妨就以众说纷纭的《光宣诗坛点将录》为例②,略作剖析。

最早将"点将录"形式用作文学批评的是清中叶舒位的《乾嘉诗坛点将录》,而前者又是受明代后期依附魏忠贤的官吏编制《东林点将录》的启示。原本是阉党为排斥东林党人,将其比拟为《水浒》贼寇,没想到《水浒》影响越来越大,梁山英雄逐渐成为正面人物。到了清中叶舒位撰《乾嘉诗坛点将录》,已经是褒扬而非贬抑了。宣统辛亥四月长沙叶氏刻本《乾嘉诗坛点将录》,将《东林点将录》作为附录,且有如下评说:"故虽游戏之作,能使读者于百世之下,想象其生平。斯固月旦之公评,抑亦文苑之别传矣。"③

---

① 参见朱自清著,朱乔森编《朱自清全集》第九卷,第287—288、504—506页。
② 参见汪辟疆:《汪辟疆文集》,上海古籍出版社,1988,第325页。
③ 叶德辉:《重刻足本诗坛点将录叙》,载程千帆、杨杨编《三百年来诗坛人物评点小传汇录》,中州古籍出版社,1986,第57页。

汪辟疆的《光宣诗坛点将录》1919年初稿，1925年二稿连载于《甲寅》第1卷第5—9号，1934—1935年重刊于《青鹤》第3卷第2—7期，1944—1945年大改，定本附录章士钊《论近代诗家绝句》。该书体例为：每位诗人名下开列赞、诗、评、杂记、小传。"点将录"格外受欢迎，因其兼及了"娱乐性"。1925年"点将录"初刊《甲寅》时，京津沪宁的老辈名流大为激赏，以为谈资。

撰写"游戏之作"《光宣诗坛点将录》的汪辟疆，从1928年起任教于国立第四中山大学（后更名为国立中央大学），总共在这所大学教了三十八年书。可这位先生1909—1912年就读京师大学堂，毕业时因京师大学堂改称国立北京大学，于是成了"北大"首届毕业生。不仅如此，黄侃、吴梅、刘衡如（国钧）、商锡永（承祚）、王晓初（易）等，也都曾在北大念书或教书。故，与其说是不同大学的学风差异，不如说是地域使然，即所谓"东南学术，另有渊源"是也。

20世纪50年代初，南京大学名教授胡小石曾比较国立中央大学（以及此前的南京高师和东南大学）与北京大学学风的差异，有一段很深刻的自我批评："我今天愿以《红楼梦》中焦大的身份说话，北大中文系向来注重学术的探讨，中大只提倡古典诗文的摹拟；他们能为学术界造就出一些学者，而我只为反动统治造就幕僚而已。"这段石破天惊的发言是1962年胡小石教授去世后，陈中凡应《雨花》约请撰写《悼念胡小石学长》时引述的。陈文有进一步的阐释："时在座的多数是他的学生，相顾不愿发言，我在这片时禁场的情况下，也不知道说什么适当。事后回忆，中大这种风气是沿袭南京高师和东南大学中文系而来的，我也应当负重大的责任，哪能完全由他负责呢？于此可见，小石的觉悟水平迅速提高，才能公开说出这样深刻的自我批判，我那时的觉悟程度比他差得太远了。现在追想起来，更觉得惶愧到无地自容！"①据说陈文刊出后，"责难虽未表面化，震感却比预计的要强"，就因"幕僚"一说伤及好多老同事。②撇开特定政治环境下的上纲上线，这段话还是能大致显示这南北两名校的差异。③

撇开政治史，单从学术史角度思考，沉醉于古典诗词者确实容易流连"花天酒地"。只不过时代迥异，对此评价不一。新中国成立初觉得是"可耻"的，半个世纪后则被称为"风雅"。新文学出身的教授即便写写旧体诗，也只是自娱，不愿公开发表。这一点《朱自清日记》有很好的说明："上午访振铎，振铎谈以'五四'起家之人不应反动，所指盖此间背诵、拟作、诗词习作等事。"④南京诸君则没有这种心理负担，甚至还有刻意张扬的意味。此举作为文化思潮，当年以及今天都不太被认可；可作为教育方式，则不无可取之处。程千帆《闲堂自述》称："我希望有人知道，如果我的那些诗论还有一二可取之处，是和我会做几句诗分不开的。"⑤而谈及胡小石教"唐人七绝诗论"，则是："他为什么讲得那么好，就是用自己的心灵去感触唐人的心，心与心相通，是一种精神上的交流，而不是《通典》多少卷，《资治通鉴》多少卷这样冷冰冰的材料所可能记录

---

① 陈中凡：《悼念胡小石学长》，载陈中凡、柯夫编《清晖集》，书目文献出版社，1987，第301页。

② 参见章品镇：《顺流逐浪 难逃湍旋：记吴白匋教授兼及段熙仲、唐圭璋、陶白、高二适诸老》，初刊《书屋》2000年第12期；又见章品镇《书缘未了》，南京师范大学出版社，2008，第44—45页。

③ 其中牵涉另一位南京大学老人陈中凡（号觉元）。陈衍《长句一首赠觉元》云："子今研究遍四部，考订著作双沉酣。……诗史经传本同物，吾道北矣子其堪。"（见陈中凡《清晖集》，第75页）此赠诗可见北大学生陈中凡的远大志向。1921年8月，陈出任东南大学国文系主任，第二年从北大聘请吴梅前来讲授词曲，为东南大学开创了重视通俗文学的风气，培养了一批词曲教学和研究人才。可实际上，陈于1924年冬离开了东南大学，先后任教于广东大学、金陵大学、暨南大学、金陵文理学院，一直到1952年院系调整后方才任南京大学中文系教授兼古典文学教研室主任，因此，与文人习气很浓的国立中央大学中文系教授趣味不太协调。

④ 朱自清著，朱乔森编《朱自清全集》第九卷，第298页。

⑤ 程千帆：《闲堂自述》，载巩本栋编《程千帆沈祖棻学记》，贵州人民出版社，1997，第11页。

的感受。"①后人总结程千帆先生的诗学历程，特别关注其兼及诗学与考据，"尝试着一种将批评建立在考据基础上的方法"②。换句话说，执着于"诗意人生"的南京教授们专擅旧诗写作，对于从事中国古典文学教学，自有其优胜之处。

五、"创作"能不能教

1937年，全面抗战爆发；同年11月1日，由国立北京大学、国立清华大学、私立南开大学组成的国立长沙临时大学正式开课。第二年4月，学校迁往昆明，更名为国立西南联合大学（简称"西南联大"）。在西南联大，承担中国语言文学课程的，除了文学院的杨振声、朱自清、闻一多、刘文典、游国恩、罗庸、浦江清等，还有师范学院国文学系的朱自清（兼任）、杨振声（兼任）、沈从文、余冠英、萧涤非、李广田等。③半个多世纪后，已经隐入历史深处的西南联大日渐成为国人赞叹、追忆、阐释的"神话"——包括其文学教育。

众多有关西南联大的历史文献中，小说家汪曾祺的三则散文起到了很好的点染作用。谈日常生活的，数《泡茶馆》最为传神；谈学术风气的，《西南联大中文系》很有韵味；谈教授身影的，《沈从文先生在西南联大》更是精彩。"沈先生在联大开过三门课：各体文习作、创作实习和中国小

---

① 程千帆：《两点论：古代文学研究方法漫谈》，载巩本栋编《程千帆沈祖棻学记》，贵州人民出版社，1997，第82页。
② 参见周勋初：《程千帆先生的诗学历程》，《当代学术研究思辨》，南京大学出版社，1993，第84页。周文特别提到此举明显受陈寅恪以诗证史、以史证诗、诗史互证的研究方法影响。"程家和陈家原是世交。千帆先生于寅恪先生谊属晚辈。他一直钦佩陈氏的学问，因此在自己的研究工作中接受其影响，也就是很自然的事。"
③ 参见西南联大北京校友会编《国立西南联合大学校史》，北京大学出版社，1996，第107—120，397—401页。

说史。三门课我都选了——各体文习作是中文系二年级必修课，其余两门是选修。"这篇撰于1986年初的文章，结尾是："沈先生在西南联大是一九三八年到一九四六年。一晃，四十多年了！"[①]也就是说，此文发表时，著名小说家沈从文（1902—1988）仍健在。汪撰文的目的不是怀旧，也不是辩诬[②]，而是探讨"写作"到底能不能教。

作为大学教师，沈从文的教学别具一格。在刊于《人民文学》1986年第5期上的《沈从文先生在西南联大》中，汪曾祺是这样描述沈从文的教学生涯的：

沈先生的讲课，可以说是毫无系统。前已说过，他大都是看了学生的作业，就这些作业讲一些问题。……沈先生的讲课是非常谦抑，非常自制的。他不用手势，没有任何舞台道白式的腔调，没有一点哗众取宠的江湖气。

…………

沈先生教写作，写的比说的多，他常常在学生的作业后面写很长的读后感，有时会比原作还长。[③]

诗人杜运燮当初并没正式选沈从文的课，只是慕名前去旁听。几十年后的追忆，与汪曾祺不谋而合：

[①] 汪曾祺：《沈从文先生在西南联大》，《汪曾祺全集》第三卷，北京师范大学出版社，1998，第463页。

[②] 因刘文典讥笑沈从文这一逸事流播甚广，世人想当然地认定，作家沈从文在西南联大被排斥，整天受窝囊气。其实不然，西南联大内部新文学作家不少，文学活动也很活跃。看沈从文的聘用、开课、晋升以及薪水等状态，没发现受歧视的影子。那段时间，沈从文确实心情不好，主要是受社会环境与文学思潮的影响，与校园政治关系不大。

[③] 同①，第465页。

虽然也曾慕名去旁听过，但讲课的口才不是他的特长，声音很低，湘西乡音又重，有的话听不见，有的听不懂，因此听过几次后，就不想去了。但一直认为他是我的一位好老师。可说是不上课的老师。更确切点说则应该是，在他家里上课的老师。他是一位善于个别辅导和施行身教的难得好老师。我十分爱上这种课。①

为什么不太会讲课的沈从文可以被称为"好老师"？因为"到教室听他的课，甚感吃力，似乎学生听得吃力，他也讲得吃力"；可私下里接触，每次晤谈，聊及文学话题，"都是一次愉快的享受"。②

与因材施教、广受好评的"各体文习作""创作实习"不同，沈从文开设的第三门课"中国小说史"就不怎么受欢迎了。因为西南联大时期的沈从文是很好的小说家，但不是某一方面的专家学者。与受过严格训练的"文学博士"不同，沈从文有很好的文学感觉，但系统地讲授"中国小说史"实乃用非所长。可在中文系的课程体系中，"小说史"比"写作课"重要，这才能理解沈从文为何要"勇挑重任"。

不过假如真像汪曾祺说的，"沈先生不长于讲课，而善于谈天"③，而这种课后的"谈天"又有利于学生写作能力的培养，何乐而不为？汪曾祺于是呼吁："我希望现在的大学里教创作的老师能用沈先生的方法试一试。"④问题在于，今天中国的大学中文系，有多少像沈从文那样经验丰富的作家，又有多少愿意因材施教的教师？

---

① 杜运燮：《可亲可敬的"乡下人"》，载巴金、黄永玉等著《长河不尽流：怀念沈从文先生》，湖南文艺出版社，1989，第210—213页。
② 同①。
③ 汪曾祺：《沈从文先生在西南联大》，《汪曾祺全集》第三卷，第469页。
④ 同③，第466页。

第五讲 "文学"如何"教育"——关于"文学课堂"的追怀、重构与阐释

当年的西南联大，文学氛围很好，"它的文学院不仅出大学者，还出大作家"①。汪曾祺于是感叹："我要不是读了西南联大，也许不会成为一个作家。至少不会成为一个像现在这样的作家。"②为什么这么说？请看其《自报家门》："我读的是中国文学系，但是大部分时间是看翻译小说。当时在联大比较时髦的是 A. 纪德，后来是萨特。我二十岁开始发表作品，外国作家我受影响较大的是契诃夫，还有一个西班牙作家阿索林。我很喜欢阿索林，他的小说像是覆盖着阴影的小溪，安安静静的，同时又是活泼的，流动的。我读了一些弗吉尼亚·沃尔芙的作品，读了普鲁斯特小说的片段。我的小说有一个时期明显地受了意识流方法的影响，如《小学校的钟声》《复仇》。"③这样的文学氛围不全是课堂给予的，更不局限于国文系，是整个历史情境决定的。④

回到开头的提问——创作到底能不能教？西南联大中文系主任罗常培以及 20 世纪 50 年代北大中文系系主任杨晦，都有"中文系不培养作家"的名言。我的辩解是："作家需要文学修养，但个人的天赋才情以及生活经验，或许更为关键。古往今来的大作家，很少是在大学里刻意培养出来的。再说，北大中文系承担培养语言研究、文学研究、文献研究专家的任务，倘若一入学便抱定当作家的宏愿，很可能忽略广泛的知识积累，到头来两头不着边，一事无成。"⑤除此之外，还有一个很现实的问题，我们还

---

① 参见王佐良：《穆旦：由来与归宿》，载政协云南省委员会文史资料研究委员会等编《云南文史资料选辑》第34辑，云南人民出版社，1988，第327页。
② 汪曾祺：《西南联大中文系》，载北京大学校刊编辑部编《精神的魅力》，北京大学出版社，1988，第81页。
③ 汪曾祺：《自报家门》，《在西南联大》，四川人民出版社，2018，第9—10页。
④ 参见谢泳：《西南联大与汪曾祺、穆旦的文学道路》，《西南联大与中国现代知识分子》，湖南文艺出版社，1998，第76—86页。姚丹：《西南联大历史情境中的文学活动》，广西师范大学出版社，2000，第289—297页。
⑤ 参见陈平原：《"文学"如何"教育"》，《文汇报》2002年2月23日。

能找到像沈从文那样认真执着的文学教授吗？

至于沈从文本人二十年后怎么看待当初在西南联大的教学活动，在新版《沈从文全集》中，有两封信可帮助解答这个有趣的问题。1962年10月15日，沈从文写信给在上海师范学院任教的老朋友程应镠，对汪曾祺不久前在《人民文学》发表小说并获得好评深表欣慰，接下来是："人太老实了，曾在北京市文联主席'语言艺术大师'老舍先生手下工作数年，竟像什么也不会写过了几年。长处从未被大师发现过。事实上文字准确有深度，可比一些打哈哈的人物强多了。"[①]1965年11月18日，沈从文再次复信程应镠，继续为汪曾祺之不得志打抱不平："一个汪曾祺在老舍手下工作了四五年，老舍就还不知道他会写小说（而且比老舍还写得好得多），幸而转到京剧团，改写《沙家浜》，才有人知道曾祺也会写文章。"接下来这段话很要紧：

你能有机会教作文，我觉得极可庆幸，为学生得好教师庆幸。务望十分热情十分耐烦十年八年作下去，对国家有益，有长远利益，事情十分显明。我可惜年老了，也无学校可去，不然，若教作文，教写短篇小说，也许还会再教出几个汪曾祺的。[②]

"务望"这句话，沈从文是加了着重号的，可见其对于"教作文"一事确实看得很重。有沈、汪师生的"前呼后应"，我们或许可以得出一个结论：关键不在"写作"能不能教，而在谁来教。

[①] 沈从文：《致程应镠》，载张兆和主编《沈从文全集》第二十一卷，北岳文艺出版社，2002，第245页。

[②] 沈从文：《复程应镠》，载张兆和主编《沈从文全集》第二十一卷，北岳文艺出版社，2002，第489页。

六、词人上"讲台"

创办于 1925 年的辅仁大学先由美国本笃会主持,1933 年归德、美两国的圣言会管理。1941 年 12 月偷袭珍珠港事件爆发后,燕京大学被迫关闭,辅仁大学因德国与日本的特殊关系而得以维持。这所以陈垣为校长、沈兼士为文学院长、余嘉锡为国文系主任、张星烺为历史系主任的教会大学,本就以文史研究见长,抗战中更是着意"提倡有意义之史学",除刊行《辅仁学志》《华裔学志》(第三至第十卷),发表众多学术论文外,还出版了若干文史方面的专著。在那段时间,曾在辅仁国文系任教的教授有高步瀛、沈兼士、余嘉锡、罗常培、魏建功、唐兰、孙人和、顾随、陆宗达、赵万里、王静如、许世英、孙楷第、于省吾、刘盼遂、储皖峰等。①如此名家汇集,对于未能离开沦陷区的青年学生来说,无疑是个福音。"由于辅仁大学是北方沦陷区唯一一所不挂日本国旗、不用日本课本、不以日语为必修课,文理科仍使用原有教材的学校,也是唯一一所为国民政府所承认的高等学府,因此,不少由于各种原因未能转移到内地的知名学者、教授纷纷到辅仁任职,华北地区的热血青年也纷纷以辅仁大学为首选学校。"②在众多辅仁大学的教授中,1938 年方才从燕京大学转入的顾随以讲授古典诗词见长,当初并不耀眼,日后因弟子叶嘉莹等的大力阐扬,方才广为人知。

1920 年毕业于北京大学的顾随,虽然念的是英文系,却对中国古典诗词感兴趣。读书期间,有两件事对其一生影响深远。一是《稼轩词说·自序》说的:"二十岁时,始更自学为词。"二是 1959 年 5 月作《西江

---

① 参见陶飞亚、吴梓明:《基督教大学与国学研究》,福建教育出版社,1998,第240—246页。
② 高时良主编《中国教会学校史》,湖南教育出版社,1994,第208页。

月·五四运动四十周年》所称："四十年前今日，曾排队伍前边。"①这两者的奇妙结合使得顾随对新旧两派文人均有"同情之了解"，并保持长久的友谊。虽毕生以吟诗填词为乐趣，且并没修过鲁迅的小说史课（顾1920年8月毕业于北大，同年12月鲁迅方才到北大授课），但终身服膺鲁迅精神。1923年，顾随发表于《浅草》1卷4期的短篇小说《失踪》被鲁迅选入《中国新文学大系·小说二集》，这件事一直让顾随很得意。至于与冯至等新诗人的交往，更是衍生出若干传奇故事。②

顾随1926年秋开始任教于天津女子师范学校，1929年10月就任燕京大学国文系教职，讲授诗选、词选、骚赋、文学名篇选读和习作课，1938年4月开始在辅仁大学兼课，1940年改为辅仁大学专任、燕京大学兼任（第二年年底太平洋战争爆发，燕大被封）。1953年，顾随由高教部调派至天津师范学院。

特定的政治环境（抗日战争中的沦陷区），特定的文人心态（保持传统士大夫气节）③，配合特定的教学内容（中国古典文学），顾随课堂内外挥洒自如，吟诗、填词、编杂剧，深深吸引了那些热爱古典诗词的青年学生——包括日后为阐扬老师声名不遗余力的叶嘉莹女士。至于学术著述，非其所长，也非其所好。顾随在抗战期间所撰论文，目前仅见收入《辅仁大学语文学会讲演集》第一、第二集的《元曲中复音词演变之公式》《麻

---

① 参见闵军：《顾随年谱》，中华书局，2006，第24页。
② 弟子欧阳中石称，亲耳听顾随谈起，曾和冯至有约："二人的诗都不含糊，为了逊让，二位把旧体和新体分划领域，各守一体，冯先生不再写旧体，顾先生不再写新体。"（参见欧阳中石：《只能仰望夫子不敢忝做学生》，载张恩芑主编《顾随先生百年诞辰纪念文集》，河北大学出版社，1999，第190—191页）据闵军《顾随年谱》考证，这一回忆不太可靠（48页）。
③ 抗战中困守北平的顾随，身陷逆境而不甘沉沦，从未与日伪政权合作，保持了传统士大夫的气节，1943年所撰《书〈老学庵笔记〉李和儿事后》和1945年秋吟成的《病中口占四绝句》，都有很好的体现。（参见陈平原：《长向文人供炒栗：作为文学、文化及政治的"饮食"》，《学术研究》2008年第1期）

花·油炸鬼·馓子及其他》,以及刊《艺文》杂志上的《禅与诗》,而这三篇文章其实都是讲演稿。真正用心用力的著述是其1943年撰写、1947年连载于天津《民国日报》的《稼轩词说》和《东坡词说》。

这两部"词说"确实嘉惠后学,但"采用语录体"与现代中国主流的著述形式相去甚远。《稼轩词说·自序》称,有感于"听者虽有记,恐亦难免不详与失真",方才落笔为文。其实,课堂讲授与书斋著述之间存在很大差异。选择"一如上堂讲课",必定偏于鉴赏,而这在重考据、讲实证的国文系很不吃香。相比步步为营的"论著",顾随更擅长的是天马行空的"口说"。

曾选修过顾随"曲选及习作"课程的黄宗江,日后断言"顾随先生的学问如此博深,今后会有'Guology',会有'顾学'的";理由是:"昔日听顾随先生讲曲,讲到好处,常'跑野马',转论'杨、余、梅'。"[1] 单凭这一描述,读者也能大致了解顾随的讲课风格。可课堂上的成功与学问的博大精深不是一回事。以感发为主,全任神行,一空依傍,讲中国古典诗歌,确实能得其神髓。也正因此,叶嘉莹称:"我以为先生平生最大之成就,实在还并不在其各方面之著述,而更在其对古典诗歌之教学讲授。"[2]

关于顾随的讲课风格,叶嘉莹《纪念我的老师清河顾随羡季先生——谈羡季先生对古典诗歌之教学与创作》一文,有两段描述非常精彩:

凡是上过先生课的同学一定都会记得,每次先生步上讲台,常是先拈举一个他当时有所感发的话题,然后就此而引申发挥,有时层层深入,可

---

[1] 黄宗江:《顾学(GUOLOGY)琐忆》,载张恩芑主编《顾随先生百年诞辰纪念文集》,河北大学出版社,1999,第223—225页。
[2] 叶嘉莹:《纪念我的老师清河顾随羡季先生:谈羡季先生对古典诗歌之教学与创作》,《顾随文集》,上海古籍出版社,1986,第783页。

以接连讲授好几小时甚至好几周而不止。

昔元遗山论诗绝句曾有句云:"奇外无奇更出奇,一波才动万波随。"先生在讲课时,其联想及引喻之丰富生动,就业正有类乎是。所以先生之讲课,真可说是飞扬变化、一片神行。先生自己曾经把自己之讲诗比作谈禅,写过两句诗说:"禅机说到无言处,空里游丝百尺长。"①

以"谈禅"的方式"讲课","飞扬变化、一片神行",现场效果肯定很好,但不是所有学生都能适应。对于有悟性且对古典诗词有特殊爱好的学生,这种课确实终生难忘。

极力推崇顾随讲课的并非叶嘉莹一人,另外两位老学生——研究散文史的郭预衡与专治《红楼梦》的周汝昌,也曾款款深情地追忆:

老师讲课时,讲古人的诗,也讲自己的诗。有时站在讲台上,一语不发,也是无言的诗。因为,在羡季师身上,不仅是学问,更多的是诗。别位老师,也许是字典,是百科全书;而羡季师,浑身都是诗。②

先生一身兼为诗人,词人,剧曲家,文家,书家,文艺鉴赏家,哲人,学者——尤其出色当行、为他人所难与伦比的,又是一位传道授业、最善于讲堂说"法"的教授艺术大师。凡是听过先生的讲课的,很少不是惊叹倾倒,欢喜

---

① 叶嘉莹:《纪念我的老师清河顾随羡苏先生:谈羡苏先生对古典诗歌之教学与创作》,《顾随文集》,第784—785页。
② 郭预衡:《怀念羡季师》,载张恩苣主编《顾随先生百年诞辰纪念文集》,河北大学出版社,1999,第13页。

服膺,而且永难忘掉的。①

以"字典"与"诗"的差异来凸显顾随的讲课风格,这对于长期任教师范大学、熟悉"教学法"的郭预衡先生来说,自然是很高的评价。至于将"教授艺术"放在第一位,不惜压低顾随其他方面的业绩,这一点与叶嘉莹的看法不谋而合。叶氏再三表彰的是"羡苏先生对古典诗歌之教学与创作",而不是其"学术研究"。

1948年,叶嘉莹南下,顾随赠诗并致信:"假使苦水有法可传,则截至今日,凡所有法,足下已尽得之。此语在不佞为非夸,而对足下亦非过誉。"20世纪70年代中叶,叶嘉莹归来寻找恩师,方知顾已于1960年去世。叶嘉莹作为顾随的"传人",牢记恩师"传法"的期望,回到恩师晚年工作的天津,在南开大学讲诗,并于1997年捐赠10万美金在南开设立"叶氏驼庵奖学金",因其坚信:"无论是任何一种学术文化之得以延于久远,都正赖其有继承和发扬之传人,而教学则正是一种薪尽火传的神圣的工作。"②

回溯百年中国大学史,谈及某某"大师",一般是以"著述"为标志。对于大学教授的"正业",即所谓"传道授业解惑",其实没有得到充分的重视。有人口才好,讲台上挥洒自如;有人内秀,更喜欢在书斋里笔耕不辍。二者兼得当然最好,若分而治之,前者必定吃亏。因为,在现代中国大学,教授在课堂上表现如何,只关涉茶余饭后的闲谈,很少作为评价人物的主要标准。这也能理解为何在叶嘉莹奔走呼吁之前,顾随长期被中

---

① 周汝昌:《〈苏辛词说〉小引》,载张恩芑主编《顾随先生百年诞辰纪念文集》,河北大学出版社,1999,第109页。

② 参见叶嘉莹:《多面折射的光影:叶嘉莹自选集》,南开大学出版社,2013,第301页;闵军:《顾随年谱》,第314—315页。

国学界遗忘。从学术史上看,顾随确实算不上"大家",可如果引入教育史的视野呢?重视且擅长"讲课"的顾随、叶嘉莹师徒,给我们出了个难题:所谓的"文学教育",重点到底在"课堂",还是在"书斋"?

近三十年来,奔走于世界各地,为大众宣讲中国古典诗词的叶嘉莹,其讲演颇有乃师之风。据其自述,无论讲诗讲词,她明显地重"性灵"而轻"学问":

一般说来,我自己对于讲课本来就没有准备讲稿的习惯。这倒还不只是因为我的疏懒的习性,而且也因为我原来抱有一种成见,以为在课堂上的即兴发挥才更能体现诗词中的生生不已的生命力,而如果先写下来再去讲,我以为就未免要死于句下了。①

这种不写讲稿、即兴发挥的"表演"难度很大——需要特殊的记性,方能随手拈来;需要丰富的譬喻,方能生发开去;需要生命的体悟,方能入情入理;最后,还需要自家创作的经验,方能真正领略与阐发古典诗词的妙涵。对于叶氏深入浅出、生动细致的讲演,同门史树青、刘乃和均赞叹不已。②目前坊间广泛流传的各种"迦陵讲演集",或许不入专门家的"法眼",但对于传播中国文化,尤其是引领中国人进入古典诗词的幽深境界,意义非同小可。

---

① 叶嘉莹:《迦陵讲演集·总序》,《唐宋词十七讲》,北京:北京大学出版社,2007。
② 参见史树青《〈唐宋词十七讲〉弁言》、刘乃和《〈唐宋词十七讲〉叙论》,均见《唐宋词十七讲》。

七、史家之"诗心"

1949年秋,颠沛流离中,钱穆等白手起家,在香港九龙创办日后名扬四海的新亚书院。四十年后,校庆特刊中收入老校长钱穆的《新亚书院创办简史》。此长文并非新撰,乃根据《师友杂忆》剪裁成篇,只是增加若干识语。其中有曰:"该书为余十年前所撰,虽限于体例,叙述过于简略。然有关新亚之一段,乃余生命中最值得珍视者,凡所记忆,大体无误,略堪新亚师生之参考。"①钱穆本人特别看重自家创办新亚之功业,后世读者也往往被《师友杂忆》中的精彩叙述所感动。这提醒我们,谈论钱穆,除了关注其史家风采,还得兼及其教育理念。②这也是弟子余英时在《〈钱穆先生八十岁纪念论文集〉弁言》中所说的:"考先生前后讲学之所皆已先有成规,独新亚书院之规模为先生自出手眼之创辟。然则先生讲学新亚,不徒在先生个人学术生命中为最显光彩之一页,即在现代中国教育史上亦是一大事因缘也。"③

新亚书院起步十分艰难,据钱穆《敬告我们这一届的毕业同学们》称,第一届新生80多人,接受毕业证书的只有十分之一。④其实,早期学生不太固定,1949年秋季注册42人,1950年秋季注册48人。⑤至于毕业生,手

---

① 参见钱穆:《新亚书院创办简史》,初刊《新亚书院四十周年校庆特刊》,收入《新亚遗铎》,生活·读书·新知三联书店,2004;《诚明古道照颜色:新亚书院55周年纪念文集》,香港中文大学新亚书院,2006。此处引文见《新亚遗铎》,第753页。
② 对于教育家钱穆如何"上溯宋明书院讲学精神,旁采西欧大学导师制度"、强调学问与人生合一,参见陈平原:《大学之道:传统书院与二十世纪中国高等教育》,《岭南学报》1999年新第1期。
③ 余英时:《犹记风吹水上鳞:钱穆与现代中国学术》,三民书局,1991,第244页。
④ 钱穆:《敬告我们这一届的毕业同学们》,《新亚遗铎》,生活·读书·新知三联书店,2006,第28页。
⑤ 钱穆:《校闻辑录》,《新亚遗铎》,生活·读书·新知三联书店,2006,第94页。

头刚好有一册招生宣传用的《新亚书院概况》(1964)，在"历届毕业生名录"中，第一届(1952)只有三人(文史系余英时、陈式；经济系张德民)。对于学校来说，学生贵精不贵多，钱穆常以得意门生余英时的表现为荣。余赴美留学后，钱继续书信指导；本希望余获哈佛博士学位后回母校任教，后又转变主意，支持其留在美国发展。[①]余英时果然没有辜负恩师钱穆的期待，日后先后在哈佛、耶鲁、普林斯顿等名校任教，并且于2006年11月获美国国会图书馆颁发的克鲁格人文与社会科学终身成就奖，在国际学界引起很大震动。

知师莫如徒，1990年钱穆先生去世，余英时当即撰写《犹记风吹水上鳞——敬悼钱宾四师》和《一生为故国招魂——敬悼钱宾四师》，分别刊于《中国时报》和《联合报》，后收入三民书局1991年版《犹记风吹水上鳞——钱穆与现代中国学术》。二文都写得很好，但各有侧重，后者谈学术精神，前者记师生情谊。除了"为故国招魂"的文化理念，其实，钱穆的文章观念同样值得关注。谈及史家钱穆，除了生平著述以及学术气象，一般还会注意其"经学论""子学论""史学论"，但不会提及其"文学论"。[②]单从学术史看，钱穆确实并非文学研究专家；可换个角度，从史学家必不可少的文学修养入手，或许别有洞天。比如，在《一生为故国招魂——敬悼钱宾四师》中，余英时称："钱先生在此书中每写一家必尽量揣摩其文体、文气而仿效之，所以引文与行文之间往往如一气呵成，不着剪接之迹。但读者若不留意或对文字缺乏敏感，则往往不易看得出来。"[③]

[①] 1961年3月27日，钱穆做题为"关于丁龙讲座"的演说，解释为何改变主意，让余英时留在美国教书，他写道："但这个'丁龙讲座'的名义，却实在不同，我心下非常高兴，满想让他去。"(参见钱穆《新亚遗铎》，第300页。)

[②] 参见郭齐勇、汪学群：《钱穆评传》，百花洲文艺出版社，1995。

[③] 余英时：《一生为故国招魂：敬悼钱宾四师》，《犹记风吹水上鳞：钱穆与现代中国学术》，三民书局，1991，第26页。

第五讲 "文学"如何"教育"——关于"文学课堂"的追怀、重构与阐释

另一个得意门生严耕望在《钱穆宾四先生行谊述略》中也称颂其师少年时期"尤爱唐宋韩欧至桐城派古文",日后趋向学术研究,著述"才气磅礴,识力深透,文笔劲悍,几无可比伦"①。

如此擅长文章的史学家,此前在燕京大学、北京大学、北平师范大学、西南联大、齐鲁大学、华西大学、四川大学、云南大学、江南大学等处教书,基本上都是讲"中国通史"或"学术史"。我很好奇,作为新亚书院的创办者,钱穆本人到底讲什么课。查早期新亚书院文史学系中文组课程,计有:"各体文选、英文、哲学概论、政治学、经济学、社会学、理则学、中国通史、中国学术思想史、中国文学史、国学概论、中国文化史、西洋通史、经子选读、文史选读、庄子、史记、论语、孝经、孟子、荀子、中国文字学、散文选读及习作、诗词选读及习作、人生哲学、伦理学。"②史学家办书院,我们会想当然地认为课程应以史学为主;其实不然,新亚书院的课程中,"文章"占很大比重。而且,钱穆本人竟专门为学生讲授"汉代散文"和"魏晋文学"等。这点,若非新亚书院提供历史照片,很难让人置信。

钱穆做出这一选择,或许有师资力量或学生趣味的考虑,但起码是对自家的文学修养很有把握。1963年,香港的人生出版社刊行薄薄一册《中国文学讲演集》,收文十六篇;后增加十四篇,扩充为《中国文学论丛》,1983年由台北的东大图书公司刊行。钱穆的这两册"文学论"大部分是演讲稿,照作者说的,"没有一贯的计划和结构",且因"听众对象不同,记录人亦不同,因此所讲所记,精粗详略各不同"。但观察"自序"中的

---

① 严耕望:《钱穆宾四先生行谊述略》,《诚明古道照颜色:新亚书院55周年纪念文集》,香港中文大学新亚书院,2006,第68页。
② 钱穆:《新亚书院沿革旨趣与概况》,《新亚遗铎》,生活·读书·新知三联书店,2006,第20—21页。

表白，作者对自家讲授文学课程以及撰写相关论文，相当自信：

> 而且讲演究和著作不同，有许多意见，我自知非精密发挥，不仅不易得人同意，抑且容易引起误解。我曾在新亚讲过两年中国文学史，比较有系统，但我在冗忙中，并未能把学生课堂笔记随时整理改定。我又想把平日意见挑选几个重要题目，分别写成专文，先后已写了《读〈诗经〉》《读〈文选〉》，及《略论唐代古文运动》等四五篇，但也是隔着一两年遇兴到，又得闲，才写一篇，终非一气呵成。又不知究须到何时才能把我心中所想写的都络续写出。①

实际上，若将《中国学术思想史论丛》卷一的《读〈诗经〉》《〈西周书〉文体辨》、卷二的《中国古代散文——从西周至战国》、卷三的《读〈文选〉》、卷四的《杂论唐代古文运动》《读〈柳宗元集〉》《读姚铉〈唐文粹〉》等考虑进来，关于"中国文章"，钱穆确有不少独到的体会。

其实，钱穆先生选择开这样的课，还与先生个人的学术经历有关。"自念幼嗜文学，得一诗文，往往手钞口诵，往复烂熟而不已"的钱穆，于新文学兴起后，依旧酷嗜古文不衰，晚年甚至称，"凡余之于中国古人略有所知，中国古籍略有所窥，则亦惟以自幼一片爱好文学之心情，为其入门之阶梯，如是而已"②。由韩柳文章入手，逐渐深入古典世界，最后成为现代中国著名的史学家。

正因早年沉湎韩柳古文及桐城文章，日后虽转为治史，钱穆的著述，即便是考据文，也都着意经营，不会流于苦涩或琐屑。

---

① 钱穆：《中国文学讲演集·自序》，《中国文学讲演集》，人生出版社，1963。
② 钱穆：《中国文学论丛·再序》，《中国文学论丛》，东大图书公司，1983。

理论上，"夫史所载者，事也；事必籍文而传，故良史莫不工文"（章学诚《文史通义·史德》）。可实际上，随着学术分工日剧，很多史学家不屑于也不擅长"经营文章"。像钱穆这样谆谆教诲的，在20世纪中国史学界实在是凤毛麟角："诸位要学历史，首先宜注重文学。文字通了，才能写书。现在只讲科学方法，不通文，不通书，只取一堆材料来做分析考据工夫，认为这便是科学方法了，然而史学则不就如此而止。"①在《科学的古史家崔述》中，胡适曾征引崔述三十五岁那年自陈有志著述而先从熟玩韩愈、柳宗元、欧阳修三家文章入手的书信，然后大加发挥："要知文章虽是思想的附属工具，但工具不良，工作也必不能如意。"②钱穆也提及"昔崔东壁有意作《考信录》，因从头专读韩文三年，此事大可思"，并由此得出与章学诚、胡适相类似的经验之谈："未有深于学而不长于文者。"③

1960年5月，钱穆给时正负笈哈佛的余英时写信，先教他就性之所近，学欧阳修而不学韩柳，接下来是："弟之文路，多看《鲒埼亭集》为近，自全祖望上参黄宗羲《明儒学案》各家之序，此是绝大文字，以黄、全为宗，再参以清代各家碑传，于弟此后治学术思想史行文，必有绝大帮助。"④学问尽可能专深，但同时须力避鸡零狗碎，钱穆建议追摹清初学人那些"虽有未精，然元气淋漓"的"大著作"⑤。正所谓"英雄所见略同"，梁启超在《中国近三百年学术史》中，也极力推崇全祖望之"最会描写学者面

---

① 参见钱穆：《中国史学名著》，生活·读书·新知三联书店，2000，第267页。
② 参见胡适：《科学的古史家崔述》，《胡适文集》第七卷，北京大学出版社，1998，第176—177页。
③ 同①，第255—256页。
④ 余英时：《钱宾四先生论学书简》，《犹记风吹水上鳞：钱穆与现代中国学术》，三民书局，1991，第254—255页。
⑤ 在另一信中，钱穆提及："清人治经须读乾嘉以前，虽有未精，然元气淋漓，乾嘉以后便趋琐碎……读过此等书始有气魄写大部专著，否则总是零碎文字，不能成大著作。"（参见《犹记风吹水上鳞：钱穆与现代中国学术》，第256页）

目"①。作为史学家,能"吃得住大题目",这很不容易,因涉及性情、眼光、趣味以及文章技巧。要说"最会描写学者面目",我以为黄宗羲、全祖望、梁启超、钱穆、余英时,可谓一脉相承。

余英时擅长经世的"大文章",谈起《红楼梦》也都头头是道②;至于状写学人风貌,兼及学问与文章,更是本色当行。若《现代危机与思想人物》(生活·读书·新知三联书店,2005)及《现代学人与学术》(广西师范大学出版社,2006),收录余英时谈论陈寅恪、钱穆、胡适、杨联陞、牟宗三、洪业、严耕望、张光直、林语堂等文,写出了一代学人的学问、人格、精神与气象,殊为难得。其中最为典型的,是论述陈寅恪的学术精神和晚年心境等文。就像余先生所说的:"《论再生缘》与《柳如是别传》中窜进了那么多个人感慨系之而与考证渺不相涉的诗,这是古今中外史学著作中从所未见的变体,然而却是他晚年写史的一大特色。他笔下写的是历史的世界,心中念念不忘的却是生活的世界,而且沧桑之感则贯穿在这些诗章之中。"③不读陈寅恪诗,无法领略其幽深的精神世界,也很难理解其晚年著述之精妙。④可是,如此古典与今典互相纠缠、旧籍与新事持续对话,需要从文入史、由史观文,不是很容易读懂读通的。在这个意义上,强调史家之"诗心",一点也不为过。

---

① 参见陈平原:《从文人之文到学者之文:明清散文研究》,生活·读书·新知三联书店,2004,第190—198页。

② 参见余英时《红楼梦的两个世界》(联经出版事业公司,1978)及刘梦溪《红学》(文化艺术出版社,1990)中对余著的评述。

③ 参见余英时:《试述陈寅恪的史学三变》,《现代危机与思想人物》,生活·读书·新知三联书店,2005,第480页。

④ 1959年7月29日吴宓日记中抄录陈寅恪诗,后有附记:"诸诗藉闲情以寓意,虽系娱乐事而寅恪之精神怀抱,悉全部明白写出,为后来作史及知人论世者告。至其记诵之渊博,用语之绾合,寄意之深远,又寅恪胜过他人处。……要须久久细读方可尽得寅恪诗中之意。"(参见蒋天枢:《陈寅恪先生编年事辑》,上海古籍出版社,1981,第157页)

所谓史家之"诗心",主要不是指陈寅恪论《再生缘》或余英时解《红楼梦》,那是可遇而不可求的;我关注的是,学科严格分化后,史学家如何面对那些文学性的文本——不仅仅将其作为透明的"史料",而是保持神游冥想、体贴入微以及足够的想象力。这就好像我们叩问那些受过系统"文学教育"的学者,有无足够的哲学修养与史学训练,讨论问题时能否超越自家学科的藩篱。

八、文学史家的"情怀"

1928年,日本政府在台湾设立台北帝国大学;1945年台湾光复,台北帝国大学改名为台湾大学,将原本的文政学部分改为文学院与法学院。文学院设中文、历史、哲学三系,而代为规划中文系的是北大中文系教授魏建功。不仅如此,台大中文系早期教员多出身于北京大学,如台静农、毛子水、董作宾、戴君仁、李孝定、洪炎秋、张敬等,再加上任职时间不长但影响极为深远的傅斯年校长,台大的文学教育与老北大有着千丝万缕的联系。其中,1948年8月出任系主任,主持系务长达二十年的台静农,对中文系的稳定与发展贡献很大。

长期担任系主任的台静农,对台大中文系"自由、开放、宽松、包容"学风的营造,起了决定性作用;令不少学生铭记在心的,是台先生对屈原、阮籍、嵇康等狂士的"情有独钟",还有讲述《离骚》《九歌》时那"响亮的皖西口音"。公众更为仰慕或倾心的,则是作为书法家的台静农。散文家董桥曾称,在台静农那些盘曲扭结、充满张力的字里,你明显看出"他的字里有太多的心事"[①]。其实,书斋或课堂上的台先生何尝不是如此?那位将自

[①] 董桥:《字缘》,初刊《中国时报·人间》1990年11月25日;参见陈子善编《回忆台静农》,上海教育出版社,1995,第274页。

家书斋命为"歇脚盦",但一"歇"就是四十多年的小说家兼老教授,其晚年诗稿《龙坡草》最后一首《老去》写道:"老去空余渡海心,蹉跎一世更何云。无穷无地无穷感,坐对斜阳看浮云。"[1]其中的"忧愤"与"无奈",远大于历尽沧桑后的"通达"。

就任台大中国文学系主任之初,台静农撰有《中国文学系的使命》,将各家见解归纳为七派,然后陈述"我个人的意见"。

> 中国文学既是中国文化的一部分,从事于中国文学研究者,也就是从事于中国文化一部分的工作。那么,我们负有"继往开来"的责任;所谓"继往",便是两千多年来我们祖先留下的遗产,我们不能置之不顾,因为每一民族的文化都是由于历史的累积成为整个的,不能从中割裂成为两段的。贵古贱今,固然要不得;相反的,贵今贱古,也是要不得。所以我们对于古文学,我们要发掘它,整理它,甚至以客观的精神去批评它。在这一观点上,我是赞同古文学的研究与新文学的研究并重的。但为学生的兴趣,以及事实上两者不能兼顾起见,学生可于两者选择其一为主科,以研究"古文学"为主科的,则多修有关于古文学的课程;以研究"新文学"为主者,则多选修有关于"新文学"的课程。但从事于古文学研究者,不能不知现代文学的发展;从事于新文学研究者,不能不知中国文学历史演变。至于两方面的课程,尽可能的与外国文学系、历史系、哲学系以及政治经济系沟通。[2]

---

[1] 台珣《无穷天地无穷感》:"大哥病入沉疴之际,仍惦念着渡海,四哥七月去台北看望他时,他仍极为想念曾生活了多年的古都北京和皖西老家,曾深得鲁迅赏识并蜚声文坛的小说《地之子》《建塔者》中的乡土人物,如今情况又如何呢?他是多么想去看看那里的变化啊!然而,他叹息道:'我不行了,走不动了。'大哥是带着未偿的返乡夙愿西去的。"(参见许礼平编注《台静农诗集》,翰墨轩出版有限公司,2001,第70—71页)

[2] 台静农:《中国文学系的使命》,《台静农先生辑存遗稿》,台湾"中研院"中国文哲研究所,1993,第200—201页。

第五讲 "文学"如何"教育"——关于"文学课堂"的追怀、重构与阐释

此文稿的书眉上，有一批注："新文学研究，包括创作，而不以创作为主。"①曾肄业于北大研究所国学门的台静农，乃未名社重要作家，有小说集《地之子》《建塔者》传世；与鲁迅多有交往，1926年编刊《关于鲁迅及其著作》；20世纪30年代连续卷入政治风波，以致三次坐牢；1946年应鲁迅好友许寿裳之邀来台……如此明显的左翼立场，使得其不满足于沉寂的书斋生活；希望开设"新文学"课程，引导学生从事新文学的创作或研究，更在意料之中。可现实的政治环境却让台静农的这一改革计划基本上落空："台先生在任近二十年，除现代文学（如现代散文、小说、诗歌）有所增益外，至其新旧文学研究并重构想，似未能实现。其原因殆有二端：一格于规定及学术环境，更张不易。二是许多来自北大任教台大中文系教授皆是专长研究古典文学。"②很长时间里，台先生闭口不谈自家经历及现实政治，学生们甚至不知道他曾是著名的新文学家。

作为鲁迅的私淑弟子，台静农对文学史研究的方法论感兴趣，这一点也不奇怪。1936年任厦门大学教授时所撰《中国文学史方法论》（凡七讲），现附录于2004年台湾大学出版中心刊行的《中国文学史》。自1903年起，各大学中文系都开设文学史课程，其中有不少学养丰厚的教授，但真有理论建树与方法论意识的却不多。作为有明确史观的文学史家，台静农的工作值得重视。

台先生确有他的文学史观；而在他的文学史书写中也确实寄托了他个人的性情襟抱与生命情调——这个以"人""文"为主体，以时代、社会等其他因素为辅翼，其体系之形成自然应然，其流衍之变易各有因果的史

---

① 文稿载台静农：《台静农先生辑存遗稿》，台湾"中研院"中国文哲研究所，1993，第197—203页，批注见第201页。
② 罗添洪编著《台静农先生学术艺文编年》（自刊本）下册，2007，第439页。

观；以及在历史叙述中，时时呈现述者自我的寄托——这样的书写"方式"与"意志"，似乎都隐然遥接史迁，异曲而同调。在我所见的中国文学史著作中，从未有如此"诗人"之作；换言之，唯台先生此种"史笔"，斯可谓真正的"中国"文学史书写。①

我关心的是，这部文学史讲义既然从任教重庆白沙女子师范学院时就开始撰写，又曾在台大中文系讲授多次，为何迟迟不予刊行。说是治学严谨②，固然也有道理，但似乎不全面。据罗添洪编著《台静农先生学术艺文编年》，1960年，"《中国文学史》初稿完成，分送门人辈为之校阅"。后来之所以耽误，"一则视著述为名山事业，要求过高，自感有所不足，宁搁置以待随时修订而不愿轻易出书""二则由于不愿与后辈争锋"③。后者牵涉具体的人事矛盾，编者不愿细说。实际情况是，眼看早年学生叶庆炳于1966年自印《中国文学史》，并作为台大、辅大教材，台静农就不再修订自家讲义了。④

时隔多年，重读台静农的文学史讲义及相关论著，最为感人的，或者说学术上最有价值的，当属其关于魏晋文章及文人心态的论述。《静农论文集·序》称："关于文学者，有《魏晋文学思想述论》，而意有未尽，乃写《嵇阮论》，两篇可比照观之。后人多喜魏晋人襟度，实因生值乱

---

① 何寄澎：《叙史与咏怀，台静农先生的中国文学史稿书写》，载台湾大学中国文学系编《台静农先生百岁冥诞学术研讨会论文集》，台湾大学出版中心，2001，第182页。
② 黄启方《我所尊敬与亲近的台老师》称："讲授文学史多年，手上也有一部自撰的文学史，却始终不肯拿出来，多家出版社向他争取出版，他仍然以未臻完善婉拒了。"（参见林文月编《台静农先生纪念文集》，洪范书店，1991，第152页）
③ 罗添洪编著《台静农先生学术艺文编年》（自刊本）下册，第494—495页。
④ 参见何寄澎：《〈中国文学史〉编序》，载台静农著，何寄澎、柯庆明编辑整理《中国文学史》上册，台湾大学出版中心，2004。

第五讲 "文学"如何"教育"——关于"文学课堂"的追怀、重构与阐释

朝,不得已托迹老庄,故作放诞,有所逃避尔。"①而《嵇阮论》中,有这么一段:

史传说他们两人读书多,最好老庄,岂止是好,而且要从行为表现出来。因此他们与何、王不同,宁可戕贼自己,而以放达的生活,嘲笑礼教,冷观权威,同时他借此伪装以保全生命;那么,他们的颓废行为,是武器,也是烟幕。②

深刻洞察魏晋文人"放达的生活"以及"嘲笑礼教"背后的忧愤与执着,这一点,与鲁迅的《魏晋风度及文章与药及酒之关系》不无相通处。《嵇阮论》没标注发表时间,而《魏晋文学思想述论》则刊于1956年12月《文学杂志》第1卷第4期,其引刘师培而不引鲁迅,放在当时的语境,完全可以理解。就像鲁迅多次校勘《嵇康集》,台静农之喜欢谈论阮籍、嵇康,毫无疑问,也是别有幽怀。③老朋友牟润孙1985年撰《书艺的气韵与书家的品格》,甚至将"旷达而不任诞"的台静农,说成是"《世说新语》中人"④。

长期任教台大中文系,入室弟子的回忆最多,也最值得期待。在大学里修过台静农"中国文学史"和"楚辞"两门课的林文月,日后追忆:

---

① 台静农:《静农论文集·序》,《静农论文集》,联经出版事业公司,1989。
② 台静农:《嵇阮论》,《静农论文集》,联经出版事业公司,1989,第96页。
③ 施淑《台静农老师的文学思想》称:"选择嵇康阮籍为评论对象,其中道理,只需看台先生的生平、著作,连同他的书艺,当即不言而喻。"(参见林文月编《台静农先生纪念文集》,第222页)
④ 牟润孙《书艺的气韵与书家的品格》称:"静农为新文学大作家,工书,能画,善刻印,也写古文与旧体诗。性恬静,淡于名利,毫无忮求之心。既擅创作,又研究中国文学史有所心得,而未尝汲汲以成绩问世,利固非他所重视,名他也不去求。我常说静农是《世说新语》中人,但他旷达而不任诞。"(参见牟润孙:《海遗杂著》,香港中文大学出版社,1990,第367页)

"台先生的乡音，等我们听惯后，倒也觉得十分自然。奇怪的是，到现在，《离骚》《九歌》中的一些章句，我自己心中默读时，不带些皖北的腔调还不容易呢。"[1]单说台先生教书"比较着重启发性"，还是略嫌苍白；早年"虽注册在女子文理学院，事实是向清华、北大、师大各校去旁听"，日后成为台大中文系同事的张敬，其描写最为生动：

老师为人可说是"刚毅木讷"一型。上课讲书不是能言善道的高手。如胡适之先生讲词的起源，侃侃而谈没完没了；如陈寅恪先生由《长恨歌》一扯到《唐书》几卷几句，其闭目合睛而记诵分明，弄得两个助教在旁查书的手忙脚乱；如钱玄同先生的文字学由某一字的金文、甲骨而至六书种种的手写指画，神采飞扬；如高步瀛先生讲唐诗的朗诵析解、声震屋瓦；如俞平伯先生讲清真词的娓娓动听；老师都比不上，但较之范文澜先生《文心雕龙》之绍兴话方言；周作人先生"近代散文"音量低沉传不到二排座位以后；魏建功先生"声韵学"之声嘶力竭；以及朱自清先生《诗经》的依注讲解，了无新意种种；台老师究竟与众不同。特别是他对学生的鼓励和提携。[2]

所谓"刚毅木讷"，除了状写当事人的性情，还有就是口才不太好的代名词。从诸多回忆文章看，台静农讲课，有趣或无趣的"闲话"不多，靠"借题发挥"来弄得满堂笑声，那不是他的风格。台先生的课堂很安静，因为据1961年进入台大中文系念书、修过"中国文学史""楚辞"和"中国小说专题"三门课的吴宏一称：

---

[1] 林文月：《台先生和他的书房》，《联合文学》1985年第11期。
[2] 张敬：《伤逝：追悼静农老师》，林文月编《台静农先生纪念文集》，洪范书店，1991，第69—70页。

台老师无论上哪一门课，都是向来不讲闲话，大多的时间，用来抄写黑板。他的板书，和他平日的书法一样，苍劲中略带秀娟，煞是好看。老实说，台老师是不懂得说话技巧的人，所以他的课，通常是他静静地在黑板上抄写他的讲义，学生静静地在讲台下记笔记。①

西南联大时期，朱自清也是这么讲课的，之所以不断写黑板，除了性格木讷，还有就是，那时资料匮乏，教师的讲课笔记极为难得。另外，我猜想，台教授作为书法家，很在意、也很享受板书的乐趣。长期在国立中央大学、金陵大学、南京大学讲授文学史、书法史的胡小石先生，也是著名书法家。老学生追忆时，也都特别提及其板书："胡先生的板书是最有特色的。书法家在黑板上写的字同样具有很高的价值，许多学生喜爱并学习先生的书法，大都来自板书。……先生的板书同学们都不舍得擦去。"②

九、师生怎样"对话"

任何文学课堂都是由教师与学生共同构成的，教师不是面对空白的墙壁说话，学生也并非毫无反应。真实的课堂上，不管采用何种教学法，师生之间多少总有互动。但在已刊的各种回忆录中，往往只见教师忙碌的身影以及慈祥的笑容，至于学生则成了纯粹的听众。这是因为回忆录这一特殊文体决定了学生们仰视的目光；若是反过来，白发人为黑发人撰写悼念

---

① 吴宏一：《侧写台先生》，林文月编《台静农先生纪念文集》，洪范书店，1991，第42页。另，柯庆明《那古典的辉光：思念台静农老师》也提及台静农的板书"有一种令人说不出来的'美'"，参见林文月编《台静农先生纪念文集》，第172页。
② 鲍明炜：《胡小石先生教学回忆录》，载郭维森编《学苑奇峰：文史学家胡小石》，南京大学出版社，2000，第77页。此外，同书郭维森、吴翠芬二文，也有类似的描述，见《学苑奇峰：文史学家胡小石》，第172、185页。

文章,反而很不正常。不否认当初的课堂上,师生本就不平等,掌握"话语权"的教师凭借讲台"高高在上",一直处于有利位置,但在实际的教学活动中,获益的主要是学生。

所谓"教学",包括教与学、习与得,整个活动的关键不是教师的表演能力,而是学生的收获程度。这点决定了课堂不同于剧场,好看之外,还得实现特定的教学目标。在这个意义上,引入学生的视野十分必要。在半个世纪前的中国,曾经有过一场"教育改革"的实验,让学生成为舞台主角,任其自由飞翔,挥洒才华。这场实验的利弊得失值得我们反思。这里仅以当初最出风头的北大中文系文学专门化1955级集体编著"红色文学史"的故事为主要案例,探讨师生之间良好合作的可能性。

说来令人难以置信,在当代中国学界影响深远的游国恩等主编的部颁教材《中国文学史》,其底本竟然是北大中文系几十位大学生一个月的"集体写作"。在这部四卷本教材出版前,人民文学出版社曾刊行《中国文学史大纲》。书前的"说明"称:"这个大纲是我们编写《中国文学史》教科书的依据,它是以北京大学中文系一九五五级集体编著的《中国文学史》为基础,并吸收各校中国文学史的教学经验和国内专家学者研究的成果而写成的。"[①]这册"大纲"以及日后正式刊行的四卷本教材,都是署"游国恩、王起、萧涤非、季镇淮、费振刚"主编;其中的费振刚乃北大中文系1955级党支部书记,是作为学生代表入选的。由此可见部颁教材与"红色文学史"的关系非同一般。

这部"红色文学史"(1958年由人民文学出版社刊行、北京大学中文系文学专门化1955级编著的两卷本《中国文学史》,因封面为红色,俗

---

① 游国恩、王起、萧涤非等主编《中国文学史大纲·说明》,《中国文学史大纲》,人民文学出版社,1962。

称"红色文学史",这既是写实,也是象征),属于一个特殊的时代,其生产过程极为神奇,此前此后都不可复制。凄风苦雨的"反右运动"刚刚过去,紧接着就是热火朝天的"大跃进",而高校的"大跃进"又是以"拔白旗插红旗"开道的。1958年9月29日,北大召开"科学研究大跃进丰收大会",特别表扬"中文系学生写的《中国文学史》上册和《文学研究与批判专刊》(1—4辑)已出版";第二年9月12日的北大校刊报道:"中文系师生组成的修改该系55级集体编写的《中国文学史》的编委会,已将该书修改完毕,作为向国庆十周年的献礼"①。此书出版后,得到政府的大力表彰,国务院副总理陈毅感谢学生们送书的美意,称工作忙碌,无暇细读,提不出什么意见;而中共中央政治局候补委员康生明显将此书作为政治斗争的工具,回信称:"学生可以写书,而且可以写像《中国文学史》这样大部头的书,这在两年以前,是不可设想的。……特别是一些右倾机会主义者,总是害怕和反对新生事物和新生力量。他们在新生事物面前,评头论足,百般刁难,大泼冷水。当去年你们编写的《中国文学史》第一次出版的时候,也有过这样或那样的议论,说你们写的书这也不行,那也不好。但是,你们在党的支持和鼓舞下,没有被这股右倾歪风邪气所吓倒,今天又重写了这部一百二十万字的新著。书摆在人们的面前,事实上打破了人们的怀疑,右倾机会主义者对你们的各种仇言也不攻自破。"②

这可不是一个孤立的奇迹,而是一场声势浩大的政治运动,各个名校的大学生都在执政党的号召下大破大立,实践"政治挂帅"下的"教育革

---

① 参见王学珍等主编《北京大学纪事》上册,北京大学出版社,1998,第532、538、547、549页。
② 陈毅、康生给北大学生信,参见《战斗的集体:北京大学中文系1955级毕业纪念》(自刊本),1960,第1—2页。

命"。与此类似的集体写作起码还有北京大学中文系1955级《中国小说史稿》编辑委员会编著的《中国小说史稿》（人民文学出版社，1960）、北京大学中文系文学专门化1955级《近代诗选》小组选注的《近代诗选》（人民文学出版社，1963）、北京大学中文系文学专门化1955级集体编著的《毛泽东文艺思想概论》（初稿，未公开刊行）、北京大学中文系文艺理论进修班编的《文艺学引论》（油印本，1956）、北京师范大学中文系1955级学生集体编写的《中国民间文学史》（人民文学出版社，1958）、复旦大学中文系现代文学组学生集体编著的《中国现代文学史》（上海文艺出版社，1959）、复旦大学中文系1956级中国近代文学史编写小组编著的《中国近代文学史稿》（中华书局，1960）、复旦大学中文系1955年文学组编的《中国现代文学史资料编目》（复旦大学图书馆，1960）等。此外，还有北京大学中文系谢冕等六位同学合作撰写、连载于《诗刊》上但没来得及出版单行本的《新诗发展概况》，以及北京大学中文系1955级语言班编的《汉语成语小词典》（中华书局，1958），等等。

　　谈论这些代表一个时代政治和学术风云的作品，需要"同情之了解"。不妨先摘引几段平实的文字，看这些神奇的书籍是如何诞生的。《近代诗选》书前冠有长达41页的前言，其结尾处交代编书的过程："一九五八年秋，在全国继续大跃进的形势鼓舞下，在系党总支的领导与支持下，紧随着《中国文学史》出版之后，我们本着不断革命、继续跃进的精神，成立了《近代诗选》选注小组，开始对近代诗歌进行比较广泛的选注工作。……我们整个工作是在师生合作下进行的，老师有季镇淮教授，青年教师李绍广先生也参加了部分工作；学生主要有孙静、杨天石、孙钦善、陈丹晨、陈铁民、刘彦成、李坦然，此外还有一些同学参加了一定的工作。季镇淮教授指导全书工作的进行，也参加了具体的选注工作，并于最后审订了全书。"①参与编写《中国小说史稿》的李汉秋,日后在《集体著书有故事》中称:"四卷本文学史出版向国庆十周年献礼前后,我们有二十多位同学转入编著《中国小说史稿》。编委会由四人组成,其中学生三人是黄衍伯、张菊玲和我;当时已注意老师的指导作用,所以也特请吴组缃教授参加编委会,分工由我经常联系。从此我成了镜春园吴宅的常客,在吴先生直接指导下走上治小说史之路。"②日后成为北大教授的马真,在《忆〈汉语成语小词典〉的编写》中称,当初文学专门化大有成绩,语言班十七位同学不甘落后,在魏建功、周祖谟两位教授的指导下,也在努力创造奇迹。"《汉语成语小词典》收成语近三千条,我们从开始编写到定稿交出版社,前后只用了二十天时间,如把资料、语料的准备工作时间包括进去,前后也只用了一个半月的时间。"此书于1958年出版后多次修订,"至今已发行数千万册"③。以上文章,摘引时略去其怀念青春岁月或反省编书利弊,目的是暂时搁置价值判断,还原当初的语境,酿造一种"气势"。

在"大跃进"期间众多"集体写作"中,以北京大学中文系文学专门化1955级编著的《中国文学史》最为著名,可作为典型案例剖析。该书前言称,封建学者和资产阶级学者"由于他们历史的、阶级的局限性,并没有写出一部真正科学的文学史"。通过学习马克思主义、拔白旗插红旗、完成思想改造,"我们这些站在党的红旗之下的无产阶级学术的新兵",终于充满自信地出发了。"我们这部文学史区别于一切资产阶级学者的文学

---

① 北京大学中文系文学专门化1955级《近代诗选》小组:《近代诗选·前言》,《近代诗选》,人民文学出版社,1963。
② 李汉秋:《集体著书有故事》,载谢冕、费振刚主编《开花或不开花的年代:北京大学中文系55级纪事》,北京大学出版社,2001,第215页。
③ 马真:《忆〈汉语成语小词典〉的编写》,载谢冕、费振刚主编《开花或不开花的年代:北京大学中文系55级纪事》,北京大学出版社,2001,第218—219页。

史的地方"就在于:"我国民间文学以铁的事实和内在的真实力量,雄辩地说明了它在整个中国文学发展中的决定作用";"文学是社会现象,是基础的上层建筑,每一时代的文学面貌是由当时的社会经济基础所决定的";"文学总是一定阶级意识的反映,是为一定阶级的利益服务的,它只能是阶级斗争的工具,而不可能是超阶级的什么东西";"既然文学只能是有利于某一阶级而不利于另一阶级的,那么,在评价文学时,政治标准第一的原则就是必须坚持的"。依据这四大法宝,年轻的大学生开始轰轰烈烈地"重写文学史"①。

这部《中国文学史》的下册有一热情洋溢的后记,宣告几十位大学三年级学生,用一个月时间,写出了一部七八十万字的文学史。"是啊,按照老'皇历',只有教授专家们才能著书立说,我们这些年轻人——大学三年级的学生,行吗?"结果呢,真的行,因为"党坚决支持了我们的大胆倡议,党给了我们信心和力量"。具体做法是:"为了做到政治挂帅,使文学史编写工作能在无产阶级鲜明的红旗下胜利进行,我们首先展开了马克思列宁主义文艺理论的学习,经过了大鸣大放大争大辩,资产阶级的伪科学更加原形毕露了。"②

这部"红色文学史"因符合主流意识形态,一开始便得到政府的大力支持。第二年,为了向中华人民共和国成立十周年献礼,修订版的《中国文学史》(黄皮本,四册)刊行。该修订本校正了不少极端言论,如关于现实主义与浪漫主义、关于人民性、关于民间文学的论述,均有所调整。③

---

① 北京大学中文系文学专门化1955级集体编著《中国文学史》上册,人民文学出版社,1958,第1—9页。
② 北京大学中文系文学专门化1955级集体编著《中国文学史》下册,人民文学出版社,1958,第698—700页。
③ 参见北京大学中文系文学专门化1955级集体编著《中国文学史》第四册,人民文学出版社,1959,第431—445页。

前言及后记中，除了强调"在文学史研究中我们坚决贯彻了阶级观点、历史唯物主义观点和人民性的观点，从而把文学史研究初步建立在科学的基础上"，再就是说明有六位教师（游国恩、林庚、吴组缃、冯钟芸、季镇淮、陈贻焮）参与修订。①正是这一师生合作，使得修订本取得较为理想的效果。

因先后编写《中国文学史》《中国小说史稿》《近代诗选》等，北京大学中文系1955级声名远扬。1960年毕业时，这一年级编印了一册纪念集，题为《战斗的集体——北京大学中文系1955级毕业纪念》。②此纪念集共183页，分七辑，收文三十四则，多是关于编写文学史的报道及经验总结。扉页题诗是："革命斗争中长大／群众运动里开花／咱们五五级／走的是红专道／骑的是跃进马／听的是党和毛主席的话／此去扬鞭万里／一生为祖国画最新最美的图画。"除了《陈毅同志来信》《康生同志来信》，接下来是《光明日报》社论、《中国青年报》社论、《北大校刊》社论，还有北大校长陆平、北大中文系系主任杨晦、中文系党总支书记程贤策的总结报告，再就是作为先进集体代表的1955级学生陈素琰、费振刚在不同会议上的发言，以及以北京大学1955级《中国文学史》编委会（或支部书记费振刚）名义撰写的十一篇发表在各大报刊上的文章，讲述"一本插红旗的文学史的诞生"，以及新一代大学生如何"在战斗中学习和成长"。再接下来是季镇淮、杨晦、冯钟芸、彭兰、陈贻焮等教师谈如何参加《中国文学史》修订。整个纪念集，除两篇谈《中国小说史稿》，其余都是围绕如何编撰《中国文学史》来展开。

---

① 参见北京大学中文系文学专门化1955级集体编著《中国文学史·前言》《中国文学史·后记》，见《中国文学史》第一册第2—3页、第四册第447页。
② 北京大学图书馆藏有1960年8月北京大学中文系1955级全体毕业生"赠给亲爱的母校图书馆"的《战斗的集体：北京大学中文系1955级毕业纪念》。

引几则报道或总结,看奇迹是如何诞生的。1960年8月2日,学生代表费振刚在中国作家协会理事(扩大)会上作专题发言,介绍中文系学生如何在党的路线指引下,"不但能跃进,而且能持续跃进",具体成绩如下:"也正是在党的不断革命思想的教育下,我们年级同学在老师帮助和兄弟年级协作下,配合着文艺战线斗争和系内教学的需要,在短短的两年里,除了出版并修订了《中国文学史》外,还编写了《中国现代文学史》《中华人民共和国文学史》《中国小说史稿》《近代诗选》《马克思列宁主义文艺理论资料汇编》《毛泽东文艺思想概论》等书,共约八百万字。同学们通过集体科研,不但大大提高了业务能力,而且思想得到了改造和锻炼,共产主义思想大大发扬。"[1]至于北大报道组撰写的《在红专大道上成长的战斗集体——记教育大革命以来的中文系1955级》则称:"在整个编书的过程中,他们一遇到问题,就去翻毛主席著作。特别是《在延安文艺座谈会上的讲话》,同学们都反复阅读了好多遍。"除了毛泽东思想指引,很多书没读过怎么办?很容易,"大家凑起来,这一部你读过,那一部他读过,大家都没读过的,每人各分几本去读。"[2]靠分工读书,迅速占有资料,这个经验在本书中多次提及。如《在战斗中学习,在群众运动中成长!》提及群众运动的力量是无穷无尽的:"像在修改文学史时,在五个月中,我们共读了五千五百七十多部古典文学作品和作家专集,四百八十多篇文艺理论著作和专题论文。这样大的工作量,不是少数人在这么短的时间可以完成的。"[3]做学问的人都明白,一个人读一百本书和一百个人各

---

[1] 费振刚:《在战斗中学习,在群众运动中成长!》,载《战斗的集体:北京大学中文系1955级毕业纪念》(自刊本),1960,第58—59页。

[2] 参见《在红专大道上成长的战斗集体:记教育大革命以来的中文系1955级》,载《战斗的集体:北京大学中文系1955级毕业纪念》(自刊本),1960,第174、168页。

[3] 同[1],第63页。

读一本书,效果是不一样的。当初说过类似的话的,不仅是青年学生,比如,1958年郭沫若答北大历史系师生信:"就如我们今天在钢铁生产等方面十五年内要超过英国一样,在史学研究方面,我们在不太长的时期内,就在资料占有上也要超过陈寅恪。"①

历史大潮汹涌,谁也无法阻挡,北大中文系系主任杨晦也曾撰文推介教育革命成果:"例如55级文学专门化的七十几个学生,在去年十月完成了《中国文学史》的修订工作之后,又编写出版了50万字的《中国小说史稿》和30万字的《近代诗选》,并同现代文学史教师以及二年级学生合作完成了《中国现代文学史》教材的编写任务。最近又编写了《文艺理论》教科书的初稿。"②可私下里,杨晦很不以为然。据刘烜回忆,四卷本献礼书出版后,报刊上尽是表扬文章,杨先生却大泼冷水,"一次,班上费振刚学长拿了一篇总结经验的文章征求杨先生意见,杨先生厉声说:'你们怎么也搞这些东西,当心害了自己!'""杨先生发现1955级学风不好,经常批评。这在当时是十分难得的,因为那时的1955级成了新生力量。……此外,杨先生多次问道:'你们到底是先写文章再翻原著,还是先看原著再写评论文章的,这要搞清楚。'"③好在那时的北大学生能受教,没人去告密,否则,性情耿直的中文系系主任杨晦先生处境将十分艰难。因为,那毕竟是政治斗争,而不是一般的学术争鸣。

---

① 郭沫若:《关于厚今薄古问题:答北京大学历史系师生的一封信》,《光明日报》1958年6月10日。
② 杨晦:《用马克思列宁主义革命的批判的精神彻底进行中国语言文学的教学改革》,初刊《文汇报》1960年7月10日;参见《战斗的集体:北京大学中文系1955级毕业纪念》(自刊本),1960,第24页。
③ 刘烜:《杨晦先生和北大中文系55级》,载谢冕、费振刚主编《开花或不开花的年代:北京大学中文系55级纪事》,北京大学出版社,2001,第249—250页。

当初朝气蓬勃的大学生，历经半个世纪的风雨洗礼，终于借一册《开花或不开花的年代——北京大学中文系55级纪事》，进行追忆与反省。日后经历不同，对于那段青春岁月，那个"战斗的年代"，也会有不尽相同的理解与诠释。曾任中国社会科学院文学研究所所长的张炯称："这一年我不但参加了许多劳动，果然把神经衰弱治好了，而且在年级党支部的领导下，参加了编写《中国文学史》的工作，文学专业三个班的同学齐心协力，日夜奋战，在三十多天的暑假期间便写出80万字的两卷红皮文学史，成为全国文教战线'大跃进'的标志性产物。……像所有的同学一样，这个工作给我以科研的很大锻炼。而且，毕业后，我被分配到中国科学院文学研究所工作有密切关系。"①曾任民盟第七届、八届、九届中央副主席、辽宁省政协副主席的张毓茂，在《燕园忆旧》中提及："四十年过去了，尘埃落定，今日回顾，我们那部文学史是带有极浓的'左'的色彩的。……然而，不管怎么说，对我们年轻学子是一次特殊的学术训练，还是有积极作用一面的。今日学术界著名的专家，像孙玉石、谢冕、孙绍振、张炯、王水照、黄修己等，都是当年编写这部文学史的骨干或积极参加者。"②至于北大中文系教授张少康则感叹，因极左路线的影响，很多不够"积极上进"的同学被发配到无法施展才华的地方。张少康说道："和他们相比我是幸运的，因为我被留在系里工作了，也许是因为我担任了我们年级集体编写的《中国文学史》和《中国小说史》编委的缘故。"③这就回到一个核心问题：谁在追忆？讲述北大中文级1955级故事的，是否都

---

① 张炯：《忆往昔，风华正茂》，载谢冕、费振刚主编《开花或不开花的年代：北京大学中文系55级纪事》，北京大学出版社，2001，第47页。
② 张毓茂：《燕园忆旧》，载谢冕、费振刚主编《开花或不开花的年代：北京大学中文系55级纪事》，北京大学出版社，2001，第57—58页。
③ 张少康：《三班杂忆》，载谢冕、费振刚主编《开花或不开花的年代：北京大学中文系55级纪事》，北京大学出版社，2001，第120页。

属于成功人士？作为大时代的幸运儿，他们有没有意识到自家的局限？审视半个世纪前的那场教育实践，能不能以比较超然的目光来对之给予公然评判？

有一点很明确，即北大中文系1955级的成功，是大时代的产物，故必须放在整个中华人民共和国的政治史上来论述之，而不能仅仅限于一己之得失与悲欢。首先必须提及的是，此举对于师长的伤害。黄修己称："说起55级，首先就要提到'红色文学史'。55级所以出名，靠的是'红色文学史'。这'红色文学史'是应该否定的，事实上在我们的心中也早就把它否定了。那是'大跃进'头脑发热的产物，是为学术领域'拔白旗、插红旗'效力的，是对教学秩序和学术规范的破坏。"[①]而刘登翰在追忆《新诗发展概况》的撰写过程时，也提及："我所在的中文系56级3班，先是围绕王瑶先生的《中国新文学史稿》，展开了一波蛮横的'批判'，紧接着就在中文系党总支的统筹下，在55级撰写《中国小说史》的同时，分工撰写《中国古代戏剧史》和《中国新文学史》。"[②]

实际上，人民文学出版社在刊行"红色文学史"之前，曾推出四册由北京大学中国语文学系编辑的《文学研究与批判专刊》。第一辑收十五文，主要批判林庚、游国恩的学术思想；第二辑收十六文，依旧以游国恩、林庚为主要批判对象；第三辑收十六文，集中批判王瑶《中国新文学史稿》；第四辑收十一文，批判刘大杰、郑振铎、朱光潜、陆侃如、钟敬文等。这些批判文章有青年教师撰写的，但大部分是中文系学生以某文学社或某年级的名义"集体写作"的。第一辑前言说明了这套书的特点："今年三月

---

① 黄修己：《自言自语说自己》，载谢冕、费振刚主编《开花或不开花的年代：北京大学中文系55级纪事》，北京大学出版社，2001，第20页。
② 谢冕等：《回顾一次写作：〈新诗发展概况〉的前前后后》，北京大学出版社，2007，第11页。

十日，校党委发出开展双反运动的响亮号召，一夜之间，中文系群众贴出大字报一万两千张，大量揭发了形形色色的资产阶级思想。""几位老教授受教育部委托编写《中国文学史》，写了两年没有完成，三年级学生在一个月内就完成了。""这中间最显著的是对资产阶级学术思想的批判。从一年级到四年级的本科生、研究生和青年教师在这方面进行了紧张的战斗。"①在文学和语言两方面，北大中文系学生共撰写了一百多篇批判文章，编成了《文学研究与批判专刊》四辑和《语言研究与批判》一辑（后者未见刊行），主要针对老教授们的"资产阶级思想"。

当然，"批判"也可以是一种"对话"，可那个时候的北大师生能否借助这一当局发动的"大批判"，而获得良好的合作与互动，我很怀疑。当然，这也取决于各自的境遇及性情。同是教授，作为主要批判目标的王瑶，与作为团结对象的季镇淮，他们俩的感觉是很不一样的。日后留校任教的孙静、孙钦善、孙玉石，都曾提及编写《近代诗选》时，师生之间如何通力合作："就这样，我们既是师生，又是学术上的诤友，正是这种新型的师生关系，奠定了我们日后愉快合作的基础。"②可如此"新型的师生关系"是特定时代造成的，其中不无扭曲的成分，之所以各方感觉不错，与季镇淮先生的脾性有关："季先生待人谦和，治学严谨，言传身教，使我们获益匪浅"③；还有一个原因同样很重要，那就是："1958 年 55 级编写《中国文学史》的时候，因为不是'拔白旗，插红旗'被'拔'的对象，（季镇淮）先生是与冯钟芸教授一起参加了的。……文学史完成后，

---

① 参见《文学研究与批判专刊·前言》，北京大学中国语文学系编辑《文学研究与批判专刊》第一辑，人民文学出版社，1958。
② 孙静：《石韫玉而山晖：深切悼念季来之（镇淮）师》，载夏晓虹编《季镇淮先生纪念集》，北京大学出版社，1999，第62—63页。
③ 孙钦善：《大学生活三部曲》，载谢冕、费振刚主编《开花或不开花的年代：北京大学中文系55级纪事》，北京大学出版社，2001，第141页。

第五讲 "文学"如何"教育"——关于"文学课堂"的追怀、重构与阐释

先生又参加并指导了《近代诗选》的编注工作,撰写了序言。"①

除了从政治史上反省,作为当事人的大学生,半个世纪后,他们如何看待这一特殊的"学术训练"?黄修己追忆:"我参加'黄皮'书的编写,执笔'陶渊明'等章节,现在已不敢去看当年写的东西。我对陶渊明毫无研究,手上只有一本王瑶先生编的《陶渊明集》。先生经考证依照创作时间排序作品,用来特感便利。然而仅读此书就敢大发议论,想起来特感到脸红。"②袁良骏谈及运动中,中文系1956级4班的同学如何被鼓动"藐视资产阶级学术权威",又怎样接受"拔白旗"任务时写道:"争取三个月内写出10篇批判游国恩的文章,向党献礼。""几个月后,一套大红封面的《学术批判论文集》出来了,共4册,我的《游国恩先生的所谓"人民性"》赫然在目,收在第二集。然而,我毕业留校后,再也不敢看这篇所谓'文章',一提起这场'闹剧'也难禁面红耳赤。"③

大概是长期研究《野草》的缘故,鲁迅研究专家孙玉石在谈及当初合作撰写《新诗发展概况》时,采取一种"决心自食"的姿态。

写文学史,面对的是历史、是死去的人;写《概况》,面对的是现实,是活着的人。除了思想理论上的错误以外,还增加了一种不惜伤害历史,伤害历史当事人,乃至伤害自己老师,以保护自己书写的政治"正确"和"安全"的卑怯心理,一种为不犯错误而附和强权政治理论的犬儒心态。这些深潜性的东西,就不能都简单地用出于政治热情、头脑简单、受错误

---

① 孙玉石:《还原了一个平平常常的我:怀念季镇淮先生》,载夏晓虹编《季镇淮先生纪念集》,北京大学出版社,1999,第77页。
② 黄修己:《自言自语说自己》,谢冕、费振刚主编《开花或不开花的年代:北京大学中文系55级纪事》,北京大学出版社,2001,第21页。
③ 袁良骏:《我们为何拔游国恩先生的"白旗"?》,《中华读书报》2009年10月14日。

理论影响所能解释的了。因此我常想，参加红皮《中国文学史》编写者，特别是一些主要关联者，包括我自己在内，至今有时还在夸耀地谈论、享用那时获得的"战斗里成长"的"成绩"和"荣誉"，而却很少，甚至几乎没有更深层次的自赎和反思，很少有一种深深的内疚与忏悔，这是一个问题。①

在谢冕、孙绍振、刘登翰、孙玉石、殷晋培、洪子诚等合撰的《回顾一次写作——〈新诗发展概况〉的前前后后》中，有很精彩的对于那个年代的政治、文化以及文学氛围的描述，但最让我震撼的，是孙玉石严厉的自我批判。

20世纪50年代的北大中文系确实有很多名师，其文学课堂必定十分精彩；但我更关心的是那场不算成功——即便不说完全失败——的教育实验。对于遭受批判的教授来说，虽很不愉快，但比起"文化大革命"风暴来，还是缓和多了；至于当初风光无限的大学生，因受极左思潮的影响，缺乏必要的学术训练，也是一个很大的遗憾。翻看当年刊行的体现革命小将激情的"批判集"，哑然失笑之余，心情十分沉重。确实，在1955级的大学生中，出现了不少学术名家，但我相信，他们是经历过一番深刻的自我反省，调整研究思路与学术立场，方才走出"大批判开路""主题先行"以及"错把汇编当著述"的陷阱的。

质疑教授的无上权威，强调学生的独立意识，这些都没错；只可惜，当初的教育改革实践，被纳入疯狂驰走的政治运动"战车"。因此，如何建立新型的师生关系，开展良好的师生对话，实践理想的"文学教育"，对于20世纪的中国人来说，依旧是个谜。

---

① 谢冕等：《回顾一次写作：〈新诗发展概况〉的前前后后》，第38—39页。

十、因"追怀"而获得的"思考"

讨论何为"理想的文学教育",为什么不直接立论,而是倒着说,从后人的"追忆"入手?最直接的理由是:倘若没有王瑶对朱自清《新文学纲要》的整理与阐释,没有程千帆对南京师长们诗意人生的赞叹,没有汪曾祺对沈从文教学方式的描述,没有余英时对钱穆及新亚书院的怀想,没有叶嘉莹为其师顾随的奔走呼吁,就没有今天我们所熟悉的多姿多彩的"文学课堂"。在我看来,所谓"传统",只有当它被不断追忆与阐释时,才真正具有生命力,也才能介入当下的教育改革与文化建设。

当然,"追忆"需要契机,何时被提起,何者被追怀,如何借题发挥,怎样刻意压抑,所有这些都值得深究。之所以从19世纪末康有为的万木草堂,一直讲到21世纪初北大学生的自我反省,涵盖20世纪中国诸多地区、大学、教授,目的是让读者了解,"文学课堂"是可以如此五彩斑斓——既不像档案数字那么冰冷,也不像理论推演那么僵硬。讲述这些曾经存在的"文学课堂",本身就是一种价值判断。没有被提及者不等于不存在或不重要(也许知情人过早去世,也许相关资料意外失落);但若被再三提及,必定有其特殊意义。当事人的着眼点不太一样,或有感于读书时大师云集,"现在想起来,确实是一种非常难得的机会"[①];或体悟到"先生的生命进入了我的生命,而发生了塑造的绝大作用"[②],说者当然别有幽怀,听众更是感叹不已。

[①] 程千帆:《闲堂自述》,巩本栋编《程千帆沈祖棻学记》,贵州人民出版社,1997,第6页。
[②] 余英时:《犹记风吹水上鳞:敬悼钱宾四师》,《犹记风吹水上鳞:钱穆与现代中国学术》,三民书局,1991,第13页。

不管是着眼于"感恩",还是希望提出"问题",所有感人至深的"追忆"其实都是相当脆弱的。因为,再好的讲述者也都可能"失忆"或"失真"——这就需要研究者借助各种历史资料,加以辨析与校正。借用唐人李商隐那谜一般的《锦瑟》:"此情可待成追忆,只是当时已惘然。"关于大学生活的各种追忆与叙述,很迷人,但也很脆弱,值得后人格外珍惜——在引述时质疑,在追摹中回味,在鉴赏处反省。

大学校园里的"文学",除了作为科系、作为专业、作为课程之外,还有作为修养、作为趣味、作为精神的一面。故,称其"关系重大"一点都不过分。本文从众多"追忆"入手,重构曾经有过的"文学课堂",探讨"文学"到底该如何"教育"——从宗旨到精神到方法。在回溯历史、察看前人足迹的同时,逐渐形成自家关于"文学教育"的见解。比如,关于"学院内外"、关于"课堂上下"、关于"古今之间"、关于"文与学"、关于"写作训练"、关于"文史兼修"、关于"师生对话"等,虽属举例,却也不乏普遍性。

晚清以降的中国大学,总的趋势是重"学问"而轻"教学"。学问好但不会讲课的(如刘师培),问题不大;反过来,很会讲课但极少著述的(如罗庸),可就大大吃亏了。当初声名远扬,然而时过境迁,很容易被遗忘。汪曾祺提及西南联大中文系:"还有一堂'叫座'的课是罗庸(膺中)先生讲杜诗。罗先生上课,不带片纸。不但杜诗能背写在黑板上,连仇注都背出来。"[①]在一般人眼中,只有薄薄一册《鸭池十讲》,作为名教授,未免有点

---

① 汪曾祺:《西南联大中文系》,载北京大学校刊编辑部编《精神的魅力》,北京大学出版社,1988,第79页。

寒碜。①但这与罗庸的文学教育观念有关:"文学本来是极活泼的东西,其所寄托在文字,而本身却散在生活的各方面。假如上堂就有国文,下堂就没国文,那就失去了国文的目的。"罗庸因此而提倡"打成一片的国文教学法",即将国文教学与人格陶冶合而为一。②如此将全副精力集中在教学中的教授,即便著述无多,依旧值得敬重。

如何在大学里讲授"文学",古今中外,没有一定之规,可以追摩的,只有前人的足迹。那些充满激情与灵性的"课堂",凭借老学生的"追忆",得到了部分重现。已经成为著名教授的老学生们,之所以津津有味地讲述早就隐入历史深处的"文学课堂",除了借此构建学术谱系,更是希望与当下的学术界或教育界进行对话。作为后来者,我们因前辈的"追怀"而获得真切的"历史感",同时,也获得某种"方向感"。

在大学的所有课堂中,"文学教育"本该是最为独特、最具诗性、最有情调、最不可能整齐统一的。它可以培养一代人的审美趣味,也可能隐藏着一个时代的政治风云;可以酝酿一场新的文学革命,也可能预示一代人的精神危机……如此可大可小、可雅可俗的"文学教育",是一个实践的过程,只能在特定时空中展开,且并非当时就能收效,其得失成败有待几十年后老学生们的追忆与评判。如此说来,在一个注重市场、讲求实效、蔑视玄思的时代,借追怀、重构并阐释那些曾经存在的"文学课堂",

---

① 郑临川《罗庸论魏晋南北朝文学与唐宋文学·后记》称:"曾遇见一位受先生培养后来有了点名气的学者,他坦率向我提到,先生以名教授身份竟无一本学术专著出版,未免使人深感遗憾。但是我想,世界上的超级教授,莫如孔子与释迦,可他们生前一个说'予欲无言',一个说'几十年我没有说过什么',何尝亲自著书立说。"(参见郑临川记录、徐希平整理:《笳吹弦诵传薪录:闻一多、罗庸论中国古典文学》,上海古籍出版社,2002,第376页)

② 罗庸:《国文教学与人格陶冶》,《新人生观·鸭池十讲》,辽宁教育出版社,1997,第20—32页。

来为危机四伏但又充满魅力的"文学教育"寻找突围策略，不失为一种取巧的办法。

2011 年 3 月 24 日
（根据讲座录音整理，有删改）

第六讲
走进分子世界
——从分子磁性谈起

高 松

作者简介

高松，理学博士，教授，中国科学院院士、发展中国家科学院院士。中山大学党委副书记、校长。第十四届全国人大常务委员会委员。2016年5月至今，兼任中国科学技术协会第九届、第十届全国委员会副主席。1988年至今，任北京大学化学系、化学分子与工程学院助教、讲师、副教授、教授。1995—1997年，作为洪堡学者，在德国亚琛工业大学无机化学研究所访问研究；1998—1999年，作为求槎学者，在香港大学进行合作研究。2011年，新加坡国立大学访问教授。2007年，当选为中国科学院化学学部院士，同年当选为英国皇家化学会会士。2013年，当选发展中国家科学院院士。曾任北京大学党委常委、常务副校长，华南理工大学党委副书记、校长。主要从事磁性分子及其在量子信息科技和生物医学等方面应用的研究，在磁电有序分子固体、分子纳米磁体和磁性分子的量子相干操控等方面做出了创造性的贡献。2006年、2011年和2019年分别以第一、第四和第二完成人获得国家自然科学二等奖，2013年获何梁何利基金科学与技术进步奖。

内容介绍

化学是在分子层次研究物质的组成、结构、性质、转化的科学，是与材料、生命、信息、环境、能源、地球、空间和核科学等密切交叉和相互渗透的中心科学，是发现和创造新物质的主要手段。化学作为一门具有创造性的科学，为人类认识物质世界和人类的文明进步做出了巨大的贡献。在这一讲，高松教授会从磁性分子的角度与我们探讨分子世界的奥秘、化学学科的发展与前沿领域，以及化学的核心内容。

视 频 节 选

第六讲　走进分子世界——从分子磁性谈起

今天我要讲的题目是"走进分子世界"。我主要是想和大家谈一些自己对化学的认识，谈一些自己对化学研究的体会，另外介绍一些关于化学学科发展的观点。因为我本人是研究分子磁性的，所以我想从以下三个方面来谈：首先，我会从分子磁性的角度来谈谈对化学以及化学研究的认识；其次，我们再谈谈化学的前沿领域包括什么，着重讨论一下化学的核心内容是什么；最后，我会简单地向大家介绍一下北京大学化学教育和研究近一百年的情况。

在第一部分分子磁性方面，我主要想讨论两个问题：一是候鸟的飞行是否由"分子指南针"来定位，二是单个的分子能否成为磁体。首先，我想从指南针谈起，向大家介绍一下最近在生物研究中比较热的一个领域，就是候鸟的导航是否利用了分子指南，这并不是我研究的领域，但这是一个非常有意思的问题，是一个化学、物理和生物交叉的一个问题；然后我会向大家介绍一下我自己研究的领域，就是单个分子是否可以成为磁体。

提到指南针，我们都很熟悉。大家都知道指南针在中国古代最早被称为司南，但司南是由什么材料制成的呢？当时司南的主要材料是磁铁矿，它的主要成分是铁的一种氧化物——四氧化三铁，这个化合物大家应该非常熟悉。司南最早记载于北宋沈括的《梦溪笔谈》，他说这种铁的氧化物被磨成针状就可以指南，他还准确地记录了地磁偏角。古希腊人也很早就发现了磁铁矿，古希腊的哲学家泰勒斯曾经将这种矿石描述为"灵魂之石"。泰勒斯是古希腊七贤之一，他的著名学说之一是万物的本源是水。磁铁矿是人类最早发现的磁性材料，近些年来，纳米科学和纳米材料有了极大的发展，人们制备了各种形貌的四氧化三铁纳米晶。其实，人们在一些细菌的体内也发现了规则排列的四氧化三铁纳米晶。刚才我提到有些动物可以确定方向，一种学说就是认为动物的体内有这种磁性的物质，对地磁场有感应。

四氧化三铁的晶体外形是规则的八面体，但这种物质在化学的结构上是怎样的呢？它具有反尖晶石结构。其实我们并不需要了解很具体的结构，但我们知道这里面同时包含三价铁和二价铁，但它们处在不同的位置，并且这两个位置上的磁性离子的磁矩是相反的，如果 A 位置的磁矩是朝上的，那么 B 位置的磁矩就是朝下的。在结构中有两个朝上的磁矩和一个朝下的磁矩，其作用的结果就是三者的矢量加和。这样的磁结构就是，一个亚晶格中磁矩的取向朝上，另外一个亚晶格中磁矩的取向朝下，但因为两者大小不同，它们作用的结果是有剩余磁矩的，这类磁体我们叫它亚铁磁体。四氧化三铁这个亚铁磁体在 580℃ 以下的磁矩是有序排列的，所以，我们在室温以下就可以观测到它能够吸引别的磁性物体。

其实，世界上所有的物质从某种意义上讲都是磁的，物质对磁场的响应可以分为两种，一种是磁场对其有吸引的作用，另一种是磁场对其有排斥的作用。磁场对四氧化三铁就有强的吸引作用，而磁场对很多顺磁的物质则有弱的吸引作用。我们通常意义上讲的磁体是指磁有序的材料，也就是说在某个温度下材料中所有的磁矩都是有序排列的，这个时候我们称之为磁体。这是我们讲的狭义上的磁体，但是刚才我们说所有的物质要么对磁场有吸引作用，要么对磁场有排斥作用。最典型的对磁场有排斥作用的应该是超导体，大家都知道磁悬浮列车，这是一种由排斥作用造成的极端情况，超导体对磁场有很强的排斥作用。世界上大部分的物质是抗磁的，对磁场有弱的排斥作用，如果将一个青蛙放在一个场强大约是 20 T 的磁场中，强磁场就可以把青蛙浮起来。两位英国物理学家在 1997 年进行了这个实验，他们还进行了理论计算，恰好能平衡重力的空间是一个很小的区域，磁场对它的排斥作用可以恰好平衡其重力。这个实验在 2000 年获得了"搞笑诺贝尔奖"，这个诺贝尔奖的得主之一是 Geim，他在 2010 年因为石墨烯方面的研究获得了诺贝尔物理学奖，他们用胶带去撕石墨并得到了石墨烯，实际上这样的事情世界上有很多人在做，但是 Geim 得到的是单层的石墨烯。

刚才我们介绍了四氧化三铁的磁结构，实际上现有的磁性材料还有其他的磁有序类型。如果材料中所有的磁矩都向同一个方向排列，就是铁磁体；如果是一半朝上、一半朝下，磁矩完全被抵消掉，就是反铁磁体；还有一类相邻的是反铁磁的相互作用，但磁矩不是平行排列的，而是有一个角度，根据磁矩的矢量加和可以得到一个剩余磁矩，在有序温度以下其磁性表现和铁磁体是相似的。磁有序的材料常常有以下特征：它们能够产生一个磁场，能够表现出自发磁化，并且磁有序行为需要在某一个临界温度以下表现出来，在临界温度以上则表现出顺磁行为。自发磁化是指不加磁场或者很小的磁场就能够使物质磁化。我们以前也许见过磁滞回线，这种回线可以描述磁体的软和硬。现在工业上用得最多的是稀土永磁材料钕铁硼，这种磁体的磁滞回线是方形的，比较胖，这种磁体是硬磁体，磁化之后磁场退到零，还能保持很高的磁矩，只有加了反向的很大的场，才能使磁矩退到零，这个场叫作矫顽力。如果这个回线是一个很瘦的形状或者根本没有 loop，这种磁体就是软磁体。它们各有不同的用途，铁的一些氧化物常常表现出软磁的行为。

迄今为止，元素周期表上所有元素中只有四种元素的单质在室温或室温以上能够表现出铁磁有序行为，它们是铁、钴、镍和钆。我们目前用的磁性材料大都是它们的化合物，如铁、铬的氧化物或稀土的金属间化合物。大家知道，铁－铬－铁的金属多层膜表现出的巨磁阻效应，Albert Fert 和 Peter Grünberg 的相关研究获得了 2007 年诺贝尔物理学奖。巨磁阻效应就是指磁性材料的电阻会在磁场下发生变化，这种变化和不加磁场的时候相比有很大的不同，这就可以作为磁存储的材料。这个现象于 1987—1989 年在实验室被发现，它很快被应用到计算机领域中硬盘的高密度存储。

前面讲的一些内容，从第一个磁石到后来讲到的金属间化合物都是原子基的磁体，这些在我们生活中应用得比较广泛，比如电机、汽车中都需要这种磁体。最近我们国家发展得比较快的是风力发电，风力发电的电机就需要用到钕铁硼。之所以这些材料会有这样的磁性，是因为原子的磁矩，原子磁矩的来源主要是电子，虽然原子核也有贡献，但主要是电子的自旋和轨道的贡献。我们今天这一讲原来是安排在 11 月 11 日，这一天对于磁性材料来说是有象征意义的，因为这一天是单身节。对于磁性材料来说，它们表现出磁性是由于存在"单身"的电子，也就是没有配对的电子。原子形成化合物的时候电子总是倾向于配对的，仅有少数物质的电子没有配对，只有某些元素在化合物中的电子没有配对，对于过渡金属来说是 d 电子，对于稀土金属来说是 f 电子，对于非金属来说是自由基的 p 电子。

对于分子的磁性，磁有序也有不同的类型，其磁性来源也是电子的自旋以及轨道的贡献。如果把我们刚才讲的传统的磁性材料，比如氧化物以及合金不断地做小，它们会表现出一些独特的性质，它们会从体相多畴的性质变成单畴的性质，再小一些就会变成由少数自旋组成的一个体系，现在许多科学家都在关注这样一个体系。既然可以从大到小，我们也可以人为地从小到大拿一些磁性的离子把它们连起来，做成一个团簇分子。这样的团簇或聚集体会有什么样的性质？我们需要探讨的就是这样一类磁性的分子。在 1993 年，法国的一位科学家 Oliver Kahn 教授写了一本书，详细地介绍了这个领域的理论基础以及各个方向的进展。后来美国的 Miller 教授以及意大利的 Gatteschi 教授分别编著了一些这方面的新书，大家如果感兴趣可以读一读。

2010 年 10 月初，我们在北京组织召开了第十二届国际分子磁体会议，在会议上大家关注了许多新的问题，包括把自旋载体连成三维结构是否可以做成类似氧化物的磁有序材料，并且使其有序温度达到室温以上。自 20 世纪 80 年代以来，全世界很多课题组都致力于做这种高有序温度的材料，但是进展并不是很大，因为这种材料要求磁性载体之间在三个方向上都要有强的相互作用。包括我们一会儿主要要讲的内容，就是单个孤立的分子、分子链甚至孤立的离子能否表现出类似磁体的行为，比如磁滞回线。大家关注的另一个主要方向就是一些多功能的磁体，包括光、电以及铁电的性质。如果想要发现一些新的体系和新的现象，我们需要研究分子的磁性质和结构有什么样的关系。

我们每时每刻都需要呼吸空气，空气的主要成分是氮气和氧气，我们在呼吸的时候感知不到呼吸到的氧气是顺磁的。刚才我们提到过，所有的物质都会对磁场有响应。几年前，一位法国的教授在我们的实验室进行过一个实验，他把钕铁硼的磁体放入液氮中再拿出来，我们看不到液氮在磁体中间，因为液氮是抗磁的；但是如果放入液氧中再拿出来，我们就可以看到液氧被吸引到磁体上，并且用我们的肉眼就可以看到。因为氮气的电子都配对了，所以表现出抗磁性，而氧气的分子轨道中有两个没有配对的电子，所以表现出了顺磁性。

我们再看看这个问题——候鸟靠什么来导航？大量的生物和化学的研究认为，这些鸟类的体内存在一种分子，这种分子对磁场很敏感，在光的诱导下可以产生一种自由基对。如果自由基对的两个自由基之间作用比较强，它就处在单重态，也就是抗磁的，类似于刚才的氮气分子；如果自由基之间作用比较弱，自由基对就处在三重态，就是顺磁的，类似于刚才提到的氧气分子。这种分子体系在光的照射下就会产生这样的自由基对，这种自由基对在很弱的磁场下，比如地磁场，就会发生单重态到三重态的转换。也有人拿化学模型体系来研究类似的问题，比如用类胡萝卜素、卟啉和富勒烯的复合物形成的一个"给体-受体"的体系，用绿光去照射，也会产生自由基对，这种自由基对会对磁场产生响应。但是这种自由基对的机理只是一个模型，这种信号怎样传递给神经从而起到导航的作用，我们目前还没有认识清楚。今天讲到的这个问题是我们在文献上看到的一些结果。现在光敏的分子有很多，有没有办法做出一些对磁场很敏感的分子？这个问题实际上就源于候鸟的导航。

这样我们就初步回答了第一个问题，已经有模型支持候鸟在飞行过程中确实是利用这样一种能够产生自由基对的分子进行导航的，这可以看成是一种"分子指南针"。还有一些动物的体内有四氧化三铁纳米晶，它们也可能利用它进行导航。

我们来看第二个问题，这种磁性离子通过连接可以做成各式各样非常漂亮的大的团簇分子，但是这样的分子表现的磁性是什么样的行为呢？它们的尺度介于宏观与微观之间。我们知道经典物理可以解释宏观世界的现象，而量子物理则是针对小到一定尺度以下的物质。人们在20世纪90年代初的时候发现有一类这样的团簇分子，如Mn_{12}分子，这种团簇分子确实表现出了磁化强度的量子隧穿效应，这类单分子的量子态可以应用于量子计算。如果单个的分子表现得像一个磁体一样，就可以用单个分子作为磁存储单元，其磁矩朝上和朝下分别代表 0 和 1，用这样小的磁记录单元可以极大提高磁存储的密度。比如 Mn_{12} 分子被磁化以后，在 1.5K 的时候可以保持这个磁化状态三年之久。这个分子为什么可以有这样的性质？满足什么条件的分子可以表现出类似磁体的行为？这是我们今天介绍的第二个问题。

我们通过研究发现，成为一个磁体需要满足三个条件。第一个条件是分子应该有一个很大的磁矩，就是磁的基态很大。打个比方，如果让一个很胖的人翻过来，变成头朝下，他就需要翻过一个很大的能垒，大的自旋基态就像是胖子，你想改变它的状态就很难。第二个条件就是磁矩要有单轴的取向，磁矩要么朝上、要么朝下。这两个条件都满足的话，如果想要翻转该分子的磁矩，就需要越过一个高的各向异性能垒，能垒越高，出现磁滞行为的温度也就越高，在这个温度以下我们就可以观察到慢的弛豫，越过这样一个能垒需要很长时间。第三个条件就是分子间没有相互作用，其磁行为是一个真正的单分子的行为。因此，有大的磁矩，磁矩有单轴的取向，而且分子间没有相互作用，就是一个分子表现出类似磁体行为的要素。我们学校 29 楼门前有一个"民主与科学"的雕塑，这个雕塑其实很好地描述了一个分子成为磁体的要素。科学（Science）的词头字母 S 可以代表大的自旋基态，民主（Democracy）的词头字母 D 可以代表零场分裂参数。

迄今为止，人们合成了成百上千种团簇分子，但是最高的各向异性能垒也就是 80 多 K，几 K 甚至 1K 以下我们才能观察到磁滞行为。这是我们组前段时间得到的一个化合物，4 个三价 Mn 和 3 个三价 Dy 形成的一个轮状的分子，三价 Mn 和三价 Dy 的磁矩都比较大，并且它们的各向异性也都比较大，但问题是把它们组合到一个团簇分子中，每一个离子易轴的方向可能并不一致，它们的各向异性就被相互抵消掉了，所以整个分子很难达到很高的各向异性。因此，我们只有在这个分子温度很低的时候才能观察到磁滞回线，而且非常小。

刚才我们提到的是团簇分子，假如把磁矩连成链，每一个磁矩的各向异性沿着同一个方向，这种各向异性链叫作 Ising 链，也就是易轴的各向异性链。美国哈佛大学的 Glauber 教授很久以前就预言过这样的链会有慢的磁弛豫行为。Glauber 教授因为在量子光学领域的贡献，于 2005 年获得了诺贝尔物理学奖。这个预言在 2001 年的时候实现了，意大利佛罗伦萨大学的 Gatteschi 等发现，一个孤立的亚铁磁链表现出慢的弛豫和磁滞，这个链的各向异性能垒有 100 多 K，相当高。现在这样的链状分子大约有二三十例，我们研究组在 2003 年得到了第一例同自旋的单链磁体。

刚才我们讲到团簇分子的各向异性难以控制，实际上我们并没有搞清楚单个离子的磁性质，特别是稀土离子，比如说 Dy 离子在某种配位场环境下，配位场的对称性和强弱对单个离子的各向异性有什么样的影响。在 2003 年的时候，日本科学家 Ishikawa 做了一个三明治夹心状的化合物，中间是稀土离子，两边是酞菁的二价阴离子，有 8 个 N 与稀土配位，形成了一个四方反棱柱的配位结构，局域的分子对称性点群是 D_{4d}。他在比较高的温度下观察到慢的弛豫行为，出现这种慢的弛豫行为可能还是需要一些条件，一个是比较大的基态的磁矩，另一个是基态和第一激发态之间有大的能垒，这种基态被称为 Ising 的基态，而其他的稀土不具有这样的基态，因此观察不到慢的弛豫行为。2008 年，西班牙的 Coronado 教授的研究组得到了一个 8 个氧配位的 Er 化合物，局域的对称性也是 D_{4d}，他得到了类似的结果。

下面介绍我们组最近的一个工作。我们研究的实际是一个非常简单的化合物，由 3 个乙酰丙酮阴离子和 2 个水分子配位，配位的环境也是四方反棱柱。我们可以看到，这个化合物、稀释的化合物，以及稀释的化合物加场的时候都会表现出慢的弛豫行为，而且也有磁滞回线；但是这个磁滞回线与我们前面的回线不一样，我们在零场的时候观察不到矫顽场。这是因为在零场附近的时候有一个不随温度变化的弛豫过程，这个过程我们称之为量子隧穿过程，我们认为这是因为磁性离子之间还是可能存在偶极-偶极作用，稀释以及引入外磁场会抑制这种作用，我们就观察不到这种弛豫过程了。通过配位场分析，我们发现这个化合物确实满足刚才提到的条件，它有大的基态磁矩，并且基态和第一激发态的能级差也比较大，这个能级差与我们实验得到的结果也是相符的。最近美国加州大学伯克利分校 Long 教授的研究组也得到了单个锕系离子 U 的单离子磁体。

我们组最新的一个工作是做全碳配位的，而不是由 N 或者 O 配位的单离子磁体。在这个例子中，配体是两个环烯分子，一个是五元环的环戊二烯，另一个是八元环的环辛四烯。这种化合物我们做了几种稀土离子的，最有意思的是 Er 的化合物，我们发现它有两个热激活的弛豫过程，各向异性能垒比刚才我们提到的单链磁体还要高，大约有 200 K 到 300 K，在低温的时候也存在不随温度变化的量子隧穿过程。同时，我们在 4 K 到 5 K 的时候就能观测到磁滞。这个化合物是一个比较强的顺磁物质，因此在室温的时候，比较大的单晶样品也可以被磁体吸引。

刚才我们讲了几个例子，团簇、单链或者单个离子在满足刚才提到的条件下都能够表现出磁体的性质。那么这样的单分子磁体能够用到什么地方去呢？有一个非常"年轻"的领域，就是分子自旋电子学，用这样的单个分子有可能构造出分子自旋晶体管、分子自旋阀等器件。这样一个分子磁性的领域如果和现在的超快光学和电子学结合，应该都可以发展出新的分子自旋电子学。我们正在做的分子磁性这个领域则为分子自旋电子学的发展提供了物质基础，现在我们需要作进一步的研究，去了解这样的单个分子在单分子的状态下有怎样的导电性质，加磁场和不加磁场的导电性质有什么不同之处。我们可以在此基础上构造一些器件。最近人们还发现了一个 Fe_4 的单分子磁体，把它放在表面上能够测到单分子层的磁滞回线，这个磁滞回线是通过 X 射线磁圆二色的方法测到的，通过这个磁滞回线也能观察到隧穿的过程。2010 年 11 月 18 日，《自然》杂志上有一篇报道，有人进一步研究了单分子层中易轴的取向是什么样的，以及这个取向对磁滞回线和隧穿的影响。我们最近也得到了一类 Fe_4 的分子，这些分子是手性的单分子磁体，在低温的时候表现出的磁性和他们报道的性质也是比较类似的。

我们研究组这些年的研究主要是对体相晶态材料的研究，下一步的研究是要和物理或者表面化学的科学家通过超高分辨的 STM 来看单个分子的行为。这里面也有很多问题，我们并不知道哪些分子对于构造分子自旋电子学的器件有用，但是如果是能够表现磁体行为的单分子磁体或者单离子磁体，我们就可以研究它们在有磁场或没有磁场的情况下的输运行为。但是把一个分子放在表面上并看得到它本身就不是一件容易的事情，还有分子与周围分子以及基质表面的作用等，这都需要我们通过高灵敏的技术去研究。

关于磁性分子，我介绍的这几个例子说明，传统的长程有序的磁体是需要三维的连接的体系，但是单个分子、孤立的分子，甚至孤立的离子也能够表现出类似磁体的行为，比如说有磁滞。但是想得到这样的分子还是需要我们搞清结构和性质之间的关系，这样我们才能设计出表现期望性质的磁体。我们可以看到，分子磁性的领域与物理学、材料学以及化学内部本身有很多交叉的地方，现在化学的前沿领域也都是一些交叉的领域，但是在交叉的领域中也有很多化学问题，包括怎样设计合成这样一些分子。想要合成这样的分子，就需要我们理解结构与性质之间的关系，在分子层面上理解结构与性质之间的关系也是化学的核心问题。所以，通过这样一个对磁性分子的研究，我们可以看到这个学科在不断地与其他学科交叉融合，同时这也涉及了很多化学的核心问题。

下面我们回到对化学的理解。这个学科实际上是在分子层面上研究和理解物质的组成、结构、性质和转化。性质包括化学反应性和物理性质，比如我们前面讲到的磁性就是物理性质。对化学来说，最重要的还是物质间的转化，也就是如何把一种物质转化为另一种物质。化学核心的概念和内容包含了以下三个方面。第一个方面，我们要理解是什么样的作用使原子拉到一起形成分子，这就是化学键，也就是分子内的相互作用。现在的很多化学研究，特别是生物和材料方面的研究更关注分子间的作用，以及弱的相互作用对于结构和性质的影响。总而言之，分子内、分子间的作用是化学所关注的核心内容之一。第二个方面，就是合成与反应，这是与物质的转化相关的。从本源上讲，化学就是研究物质之间的变化，研究转化的机理和过程是什么，怎样设计能得到目标产物，材料和药物的合成、化石能源的有效利用都和合成与反应相关。第三个方面，就是结构和性质的关系，除了几何结构，还包括电子结构及其与性质间的关系。化学与其他学科最显著的区别在于，化学不单纯是认识天然物质是什么，有怎样的结构和性质，更重要的是创造新物质。天然的磁铁矿之所以让人们感到好奇，就是因为它隔着一定的距离可以产生力的作用。后来人们就去研究这样的天然物质，认识到了它的组成是铁和氧，认识到了它的晶体结构和亚铁磁的磁结构，于是才有了人们对于磁性的理解，然后人们就根据这样的理解合成了新的亚铁磁体。能够创造新的物质是化学与其他学科最本质的区别。物质间的转化一直是化学的核心，古代的时候不论是西方还是东方，化学家研究最多的是炼金术和炼丹术，这就是在探寻物质间的转化。我们知道牛顿是伟大的物理学家和数学家，但他晚年花了很多时间来研究化学，研究物质的转化，研究怎样炼金。据说他的头发中汞的含量严重超标。他研究的就是怎样把一种元素转化为另一种元素。现在我们知道，这是不可能的。通常来说，原子是化学家进行分子建筑和转化的最小单元。

现在我们在日常生活中，包括国家重大的规划中常常看不到化学，好像在公众的眼中，化学的出现总是和污染联系在一起。实际上，我们现在要解决当今世界的任何主要问题都离不开化学，这包括疾病、能源、环境等相关问题，创造新的材料也都和化学密切相关。2007年美国的国家研究委员会出了一本书，回顾和展望了美国化学研究的状况、化学的优势和挑战。他们把化学分为分析化学、大气化学、生物化学、化学教育、无机化学、大分子化学、材料科学与纳米化学、核与放射化学、有机化学、物理化学、理论与计算化学。这样的分类体现了化学现有的领域以及和其他学科的交叉融合。还有一本书叫 Beyond the Molecular Frontier，中文译名为《超越分子前沿》。实际上我今天的报告本来想用这样一个题目，就是"超越分子前沿"。我过去在其他不同的场合也用这个题目讲过。这本书由我们学院的陈尔强教授和其他几位老师一起翻译出版了。这本书主要也是探讨现代的化学和化工在各个领域面临的主要挑战，包括合成与生产、物质的化学与物理转化、物质的鉴定分离和成像、物质结构的测量、理论与计算建模、材料设计、大气与环境化学等。这本书写得比较全面，描述了当今化学的主要研究领域、前沿方向，与生命、材料的交叉融合是这本书的显著特点。我想与大家分享一个观点。哈佛大学的 George Whitesides 教授有一个关于化学学科发展的观点，他认为目前化学还处在婴儿阶段，很多问题我们还不清楚，比如说分子和分子间如何进行反应，我们还没有一个清楚的理解。目前我们只知道最简单的反应的途径是怎样的，但是稍微复杂一点的反应的过程是怎样的，人们都还不清楚。在未来，化学是会重生还是消亡？我们可以看看物理学和生物学的发展。在 20 世纪，物理学的发展有着从牛顿的经典力学到量子力学的突跃式发展。在 20 世纪 50 年代，分子生物学也有突跃式发展。这种革命性的发展在 20 世纪的化学中没有发生，尽管 20 世纪的化学在人类食物供给、药物合成等方面起到了重要的作用，但是化学的发展没有实现这样的飞跃。这种革命性的发展和进步需要两个驱动力：一个是许多实验的现象用现在的理论解释不了；另一个则常常取决于其他科学技术的革命，比如核磁、激光、质谱、X 射线衍射等，这种技术的突破也会带来化学上的进步和发展。化学的研究在过去更多局限于某一学科的二级学科或者三级学科，有越分越细的趋势。但是在最近的一二十年，化学的发展更倾向于学科间的交叉融合，包括化学与生命科学、化学与材料科学等。但是化学在这里扮演的角色到底是领导者还是追随者呢？现在还不好说。

前两年，教育部、科技部、中国科学院、国家自然科学基金委员会组织编写了一套书——《10000 个科学难题》，这套书的化学卷收编了约 200 个问题，看了以后还是会给我们很多的启发，化学还是有很多问题没有解决。

美国国家自然科学基金会原来是按照二级学科给化学资助的，我们的国家自然科学基金委员会也是这样分类的，但是从 2009 年暑假开始，美国国家自然科学基金会把化学分成了八类，其中有四个属于核心基础化学,四个是与其他学科交叉的领域。核心基础化学包括化学合成和结构、化学动力学和机理、化学测量和成像,还有理论模型和计算方法。多学科交叉的研究方向包括环境化学、生命过程的化学、化学催化、大分子和超分子以及纳米化学。这样的重组也反映了化学领域的不断变化和与其他学科的融合。

不管怎样改变,我认为虽然化学的发展有交叉融合的趋势,但是在交叉融合的过程中,化学的核心概念和内容没有变,化学的核心内容还是分子层面的物质转化、结构和性质的关系。联合国将 2011 年确定为国际化学年,主题是"化学:我们的生活,我们的未来"。届时世界各地都会组织各种各样的活动,我们国内的中国化学会、中国科学院化学学部都会组织许多活动,主要是希望大家通过这样的活动更多地了解化学是怎样的一个学科。

我再简单介绍化学学院的一些基本情况。现在不知道是什么原因,有些媒体也在报道,说是"理科去清华,文科在北大"。实际上这是一个完全错误的观念。1910 年,京师大学堂开始办分科大学,就是分专业,当时的专业就有格致科,包括化学、物理、地质。化学学院的前身是格致科化学门,1910 年第一次招了 7 个学生,1917 年开始招研究生,招了 14 人。1919 年,北大化学系成立。新中国成立前,北大化学系的兴盛期应该是 20 世纪 30 年代,曾昭抡先生做系主任的时候,北大化学系招揽了许多优秀的人才,他们在研究和教学方面都实施了不少具有引领性的改革。20 世纪 50 年代院系调整,北京大学、清华大学和燕京大学三校的化学系合并为新的北大化学系。从 20 世纪 50 年代开始,北大化学系就一直是全国教育和研究实力最强的化学系。1994 年,北大化学系更名为北大化学学院。一百年来,北大化学系有很多优良的传统,包括教育与研究并重、理论与实验结合、基础科学与应用科学的结合等。几年前，我的导师徐光宪先生获得国家最高科学技术奖，主要是因为他在串级萃取理论方面的研究。我们现在的教师队伍有 30 位杰出青年基金获得者，有 15 位长江特聘教授，各个学科都有一批年轻且优秀的学术带头人。我们是全国化学院系中唯一一个 5 个二级学科都是重点学科的化学院系。2010 年 5 月，我们做了一个百年纪念的庆典，当时美国化学会、英国皇家化学会、日本高分子学会和其他许多化学教育与研究单位以及我们的 1600 多名校友，都来庆祝我们北大化学学科创立一百周年。美国化学会的《化学化工新闻》（Chemical & Engineering News）在 8 月初还对我们化学学院的情况进行了专门的报道。这期间，也有几本杂志出了专刊纪念我们北大化学学科创立一百周年，包括《先进材料》《亚洲化学》《配位化学评论》和国内的《物理化学学报》。一百年来，北京大学化学学院培养了 15000 多名本科生和研究生。在北京大学化学学院学习和任教过的两院院士有 44 名，加上兼职教授则总共有两院院士 66 名。他们为科学进步和社会发展做出了贡献。

　　我今天从一个非常小的角度，就是分子磁性的角度来讨论两个问题，一是分子能否成为指南针，二是单个分子能否成为磁体。再一个，就是结合化学学科的发展，谈一下化学的核心是分子层面上物质的组成、结构、性质和转化。我就介绍这么多，谢谢大家。

2010 年 12 月 2 日

（根据讲座录音整理，有删改）

第七讲
思辨与生命
——以孔子和庄子为例

王　博

作者简介

王博，北京大学哲学系毕业，哲学博士，教授、教育部长江学者特聘教授。现任北京大学党委常委、副校长、教务长，第八届国务院学位委员会委员，国务院学位委员会第八届哲学学科评议组召集人，教育部高等学校哲学类专业教学指导委员会副主任，国际哲学团体联合会执委会委员。主要从事中国哲学研究，出版著作有《老子思想的史官特色》《简帛思想文献论集》《易传通论》《庄子哲学》《中国儒学史·先秦卷》《入世与离尘——一块石头的游记》等。主持《儒藏》编纂工程、《中国解释学史》等重大项目。参著《中国儒学史》《中华文明史》，分获北京市第十二届哲学社会科学优秀成果特等奖和教育部第五届高等学校科学研究优秀成果奖（人文社会科学）二等奖。在《中国社会科学》《哲学研究》《中国哲学史》等刊物发表百余篇中英文学术论文。

内容介绍

哲学是一门关于心灵的学问。汉字中的"哲"原本就是从心的。这并不是一个抽象而空洞的心灵。孟子说:"心之官则思。"哲学通过"思"把生命和世界联系在一起。离开思的哲学是无法想象的,而离开生命和世界的哲学是苍白的。东西方的哲学或有不同,但哲学家们都通过"思之探索"创造着生命及世界的意义。本讲以孔子和庄子为例,讨论不同的"天人之思"如何成为不同生命姿态的基础和根据,并奠定了中国哲学作为生活之道的特色。

视 频 节 选

第七讲　思辨与生命——以孔子和庄子为例

我想起半年前曾读过一本书，作者是一个美籍华人，书名是《孔子与保罗——天道与圣言的相遇》。我读这本书时就在考虑一个问题，孔子是中国春秋末期的思想家和教育家，儒家学派的创始人，保罗是《圣经》中的人物，被历史学家公认为对早期基督教会发展贡献最大的使徒，被称为基督教的第一个神学家，如此对这两人进行比较合适吗？但后面想想似乎又有些合适。至于原因，和本文一样，可以分为严肃层面和诙谐层面，在此先从诙谐层面讲。因为孔子本身排行第二，他还有一个哥哥，而老子则是道教的天下第一，如果这么比的话对孔子是不公平的，那我们可以选择道教天下第二的庄子和孔子比，这样就是第二和第二之间的比较了。

今天的题目是"思辨与生命——以孔子和庄子为例"。这个主题一是牵扯到我个人的专业或者说我所从事的职业，二是牵扯到我最喜欢的两个人，两个哲学家。我选择这个题目同时还有两个目的：一是跟各位朋友一起谈谈我对哲学的理解，二是跟大家呈现两种不同的生活方式或者说生命的姿态。

首先来谈第一个问题，我对哲学的理解。

哲学是一个很尴尬的学科，为什么这么说呢？中午我们和招生办的老师们还就哲学系的招生问题进行了沟通。因为哲学系的本科生招生面临着很困难的局面，报考哲学系的人太少了。我不知道报考北大哲学系的人数是不是最少的，但肯定不是最多的。我相信这背后一定有原因，而很大一部分的原因是大家对哲学的误解。而对哲学的误解，我认为最重要的问题不在于我们的孩子，虽然他们对哲学是有偏见，像我女儿就说她们中最优秀的学生都学数学，次优的就学社会科学，最差的学哲学。更重要的是家长，即孩子的父母。所以在和招生办老师的沟通中，他们就建议我们去中学给中学生作宣传，但我当时就想能不能给中学生的父母作宣传，告诉他们什么是哲学。当然，这是一件很困难的事情。

说到哲学，大家就会想到抽象、空洞、高深、玄妙……总之就是不切实际的。曾经别人问我是做什么的，刚开始我还很老实地回答说是学哲学的，大家就觉得很奇怪，后来就被大家逼得只能回答说是学历史的，但后来我又发现历史也很别扭，最后我就说我是中关村卖电脑的，结果所有人对我都心怀敬意了，说我"了不起，高科技"。大家以前看我就像看一个怪物，但我一说我是中关村卖电脑的，我突然间就变得很受欢迎了，大家觉得我从事了一个很好的工作。我不认为我是一个怪物，但他们拿我当怪物看，这是谁的错？我们的朋友们？社会中不了解哲学的人？哲学家？好像都不是，但我认为如果哲学被边缘化，我所谓的边缘化是说它远离人们生活的中心，包括社会和世界的中心，这跟它自身的品格有一定的关系。那么这个品格是什么？这个品格就是我第一个要讲的。

看到"思辨"这两个字，也许你们会想到逻辑，因为逻辑本身是很思辨的概念，不过坦率地讲，我对逻辑知之甚少。1986年，我曾经一度有机会去做逻辑学研究生，但阴差阳错地又失去了这个机会。现在想来，这对我来说未尝不是一件幸运的事情，因为我亲眼看到逻辑"吞没"了很多人，"吞没"了很多的生命，就像老虎一样把一个人、一个鲜活的生命吞掉了。这听起来似乎很恐怖，其实我想说的是，很多活生生的有智慧的人一进入逻辑世界之后就突然改变了样子,他们的才华、他们的兴趣等似乎都被湮没了,就像一个猛子扎到了无底洞里,永远也找不到边界。而哲学本身就是一个注重逻辑的专业,我们有非常好的老师,但我也知道,我们的逻辑课经常会让学生感到头疼。我们在讨论院系课程设置时就一直有同事建议,应该将逻辑课的难度设定为最容易的等级。当时我听到最有趣的一个说法是我们的一个学生提出的,他说如果逻辑课有逻辑老师那么帅就好了。我觉得我们的逻辑老师如果听到这个说法之后会哭笑不得,他是我们哲学系非常著名的一个帅哥,可是这么帅的老师讲逻辑课时,同学们就会觉得这个课程没有老师可爱。不过那是很显然的,因为逻辑课本身的内容会让人觉得有一点点迷惑甚至是折磨,为什么呢?因为它是思辨的、纯粹的东西。但我想强调的是,如果离开思辨,哲学就不纯粹了,那么就没有人能给哲学一个很好的定义,也没有人能给它一个哲学家们会接受的定义。

但无论如何,哲学有一个显著的特点,即它会对我们的生命、对我们的生活、对我们的知识、对我们的道德,包括对存在本身进行追问,而这个追问永远没有尽头。那么从这个意义上讲,哲学家是一直走在路上的人。各位听到我这样讲的时候,是不是对学哲学的人有一点同情心?当我们很多人都在家里休息的时候,我们哲学家却一直在路上,一直在思考!那么哲学家都在思考什么?生活的意义,这是一个老生常谈的说法。我是谁?从哪里来?又要到哪里去?世界的本质是什么?大家看看,这些问题实际上都是一些"吃饱了撑的"的问题,是正常人不大会追问的问题。那么从这个意义上讲,哲学家是不正常的。事实也确实是这样的,有很多的哲学家,特别是西方的哲学家,对正常人而言就是很奇怪的人。很多哲学家一辈子都在很孤独地生活,变得像疯子一样。那他们为什么会变成疯子呢？最简单的一个理由就是思辨，他们总在追问永远没有答案的问题。各位，当你每天都在追问一个没有答案的问题时，你就会知道疯子是怎么炼成的。

从这个意义上来讲，中国的哲学家会好一点，因为中国的哲学家，不管哪个学派的，都有一个很大的特点。什么特点呢？用哲学的话讲叫"知止"，他们知道应该在哪个地方停下来，因为他们知道如果放任自己不停地追问的话，是永远没有尽头的。我很欣赏中国哲学家这样的态度，而拥有这种态度的诗人，同时也是哲人。陶渊明就是这样一个典型。他说："好读书，不求甚解。"很多人认为这句话，特别是"不求甚解"，是消极的、需要被批评的东西，但是我认为这真的是一个非常健康的态度，也是一个非常有智慧的态度。因为任何事情，如果你不停地追问，那到最后你就会完全疯掉了。我记得有一次读《红楼梦》的时候，看到宝玉和黛玉的追问，当宝玉看到黛玉在落花流水的边上抹眼泪时，他看呆了，但之后他就开始思考，思考几十年后黛玉这样一个如花似玉的美人会去哪里，几十年后这个园子会去哪里。如果这样想的话，百年后"才斋讲堂"会去哪里？它可能消失了，或许会有另一个讲堂。这样不停地追问可能是没有意义的，所以我们就需要有一个界限，需要这样的"知止"。当然，"知止"并不是说他们真的认为"自辨"有尽头。事实上，有时候思辨对很多人来说是件很快乐的事情，而只有跟生命相通的思辨，有时候是沉重的。

我跟各位讲一个人，他的名字是金岳霖，是我们北大的一位前辈。他也是一个很怪的人，他把自己所有的智慧都献给了更"不靠谱"的学问——逻辑和哲学，于是他的生命就这样被"吞噬"了，或者说是被装满了。他说哲学不过是一场游戏，我不知道各位听到这个说法后是什么反应，我最初听到这个说法时，非常不理解！哲学什么时候变成一个游戏了？但如果进一步切入哲学的思辨本性的话，那也许这句话就会得到更多的认同。哲学是一个游戏，是什么游戏呢？是一个思想的游戏，是一个分析的游戏，抑或者是一个对话的游戏。所以，有时候你会发现，哲学是挺有趣的，它能把说话当成是一种游戏，而这里面却承载着太多的东西。如果你坚持说它表达了一种规范、一种很高尚的东西，那这个时候的哲学和你把它当作游戏时是不一样的。

其实当我们仔细思考他的说法时，我们就可以把哲学的思辨演绎到极致。当你投入地、快乐地做一件事时，你就会把它看作是一个游戏；而游戏的心理不是不在乎，而是恰恰相反的，是一种享受的、正面的态度。因此，在我看来，金岳霖是很享受他所从事的逻辑和哲学专业的。如果你去读他写的《知识论》和《论道》，那他必定是参与其中的，因为那是他思想的游戏。从这个角度来讲，哲学家完全可以在很抽象、很空洞的地方通过思辨寻找属于自己的快乐。

但是我今天讲的主题之所以是"思辨与生命"，是因为我并不喜欢或者说我并不希望思辨总是抽象和空洞的，或者是很纯粹的，所以我想把思辨拉回来，拉回到地上，拉回到生活中，拉回到生命中！这样的思辨就有了一个中心，而这个中心就是生命，就是生活——其实就是生存。这时的思辨就像是风筝一样，被一条线牵引着，任何时候总有东西让它牵挂，再也不可能无休无止地飞到未知的地方去了。

其实在很大程度上，我们在某些时刻把它丢失了。我记得在若干年前，有一位法国的哲学家曾经写过一本关于哲学的书，中文版叫《作为生活方式的哲学》。当我们像这位哲学家那样去理解哲学时，那哲学是什么？哲学就是非常贴近生命的东西，也许是我们每个人都离不开的东西，可是离开也没问题，就像古人曾经说过的"道"。"道"是什么东西？就是

"虚也""不可离也"。不过这是见仁见智的一个问题，你可以不了解它，但这并不妨碍你的使用，就像你没有学过语法，但是你说话却完全符合语言规范的逻辑。同理，你可以没学过逻辑，但你的思维一定是符合逻辑的；虽然你没有学过哲学，但哲学并没有抛弃你，这就是哲学的美德——你可能不喜欢哲学家，但哲学家却是喜欢你的。我认为如果结合这个道理再看中国哲学的话，我们就会发现中国哲学从始至终都是作为生活指导或生命指导存在的；而中国哲学家的思考，无论是直接地对生命的思考，还是抽象地对天地的思考，都永远离不开"生活（生命）指导"。因此，从这个意义上来讲，我愿意为哲学给出属于我自己的一种描述，而不是定义。定义是什么？定义就是你给出的一个非常强势的概念。描述则是我从一个角度出发，对某个物品的想法，但并不意味着它就是这样的事物。这也体现出对一个哲学家而言最重要的一个品质——自知之明，我无法定义哲学，就像我无法定义生命或生活一样。

那么这个描述是什么呢？这个描述就是哲学也许有两只翅膀，一只是思辨，另一只是生命，而更重要的是这两只翅膀是一体的、不可分的——思辨总是基于生命，而生命总是奠基在某种思辨的基础之上。那么哲学家跟一般人的区别在什么地方呢？事实上，哲学家与普通人最大的区别就在于他们是对生活有某种自觉的人。比如"吃喝拉撒睡"，一般人的"吃喝拉撒睡"可能仅仅是"吃喝拉撒睡"，但哲学家的"吃喝拉撒睡"都是自觉的，是经过思考的。经过思考是什么意思呢？就是他们的"吃喝拉撒睡"都是被翻来覆去折腾后安顿出来的"吃喝拉撒睡"。这就是我对哲学的一种理解。

我今天的第二个任务就是要向各位澄清两种生活方式，两种非常不同的生活方式。

第七讲 思辨与生命——以孔子和庄子为例

首先谈一下我为什么要选择将孔子和庄子进行对比，而不是孔子和老子，或者孟子和庄子。因为在我看来老子是一只"老狐狸"。老子思考的主要对象是什么呢？是政治世界，特别是权力世界。那这个政治世界是一个什么世界呢？是和我们隔着遥远距离的一个世界，这个距离大概超过了地球和火星的距离。也因此，我们读老子时，也许没有那么强烈的亲切感，退一步讲，也许会与他产生另外的某种共鸣，但这个共鸣一定不如我们和庄子之间的共鸣来得强烈。那庄子是一个什么样的人呢？他是一个对权力世界完全不感兴趣的人。到目前为止，我们的基本身份是学生和老师，也即传统意义上的士人，属于士人群体。而严格来讲，老子不属于这个群体，但庄子属于这个群体。不过庄子属于士人群体中的特殊类型——隐士。孔子是什么人呢？在我看来，孔子是一个非常典型的、正常的士人。因此，我认为他真的能感受到对方生命的存在以及心灵的跳动。那孟子呢？在我看来，孟子的很大一个特点就在于他的狂，他具有非常强的攻击性，因此我愿意和他保持一点距离，虽然我知道在某个时刻需要这样的一种生命。这和个人性格有关，想想孟子的豪言壮语——"夫天未欲平治天下也，如欲平治天下，当今之世，舍我其谁也？"这是孔子两辈子都说不出的话。因此，后来对孟子非常赞赏的宋儒就说孟子英气逼人。先有英气才有圭角，什么叫圭角？就是棱角。什么是棱角呢？其实就是如果你的头撞到某个地方，你会很疼，然后你就会躲避这个地方；如果你身上充满棱角，别人会不会也会躲避呢？会的，因为别人总觉得不舒服。我很欣赏孟子的狂，充满英气和圭角的狂，可我更喜欢孔子的混沌。宋儒曾经有个比喻，叫元气。元气是中国古代哲学中一个非常重要的，也非常有特色的概念。元气是什么样子呢？元气就是没有分解的混沌。混沌没有分解的话，怎么会有圭角？又怎么会英气逼人呢？但如果说孔子没有英气，那可

211

能就错了。他是圣人，是中国文化史上最著名、最伟大的圣人。如果没有英气，他怎么可能会拥有这样的地位？但很重要的一点就是他有英气，却又不让别人感受到那个英气。这是他的智慧！因此孟子和孔子两相比较，我更喜欢孔子；老子和庄子两相比较，我更喜欢庄子。我更愿意把我最喜欢的这两个人进行比较。有人可能会说，这不是"拉郎配"吗？事实上，我相信很多人都听说过一个比喻——关公战秦琼，讽刺那些不切合实际来作比较的人。有时候我们作的哲学比较也会有一些关公战秦琼的感觉，比如拿中国的一个例子和西方的一个例子进行比较，在这些例子中，孔子、老子的使用频率还是很高的，而很多比较确实是"拉郎配"。但孔子和庄子的比较不是"拉郎配"，为什么呢？因为他们每个人的心中都有对方！

很多人应该知道崇尚精神恋爱的哲学家柏拉图，他认为最美好的恋爱不是存在于男人和女人之间。他的意思不是李白所说的"相看两不厌，只有敬亭山"的那个意思，而是说最美好的恋爱存在于两个哲学家之间，存在于两个伟大的灵魂之间。庄子的心中始终是有孔子的，在庄子的书中抬头不见低头见的一个人就是孔子。那庄子为什么总是谈孔子呢？他们虽然属于两个不同的文化，但就像一块硬币的两面，他们谁也离不开谁。就好比一块玉，有人说他喜欢玉的这一面，但你自然也了解玉的另一面。又比如说一个坟地一定会有两端，而孔子和庄子就像这个坟地的两端，当一端完全消失，另一端也就消失了。所以当孔子消失的时候，庄子就失去了存在的意义和理由。《庄子》中就有关于孔子及其最得意学生的内容，你经常会发现，孔子一会儿是庄子的代言人，一会儿是庄子调侃的对象。当然按照心理学的理论，一个人很喜欢调侃另外一个人时，他其实是很喜欢那个人的；当一个人经常去贬损另外一个人时，他的心里也一直是装着那个人的。所以，在庄子的寓言中，孔子的形象大量出现，不是作为背景，而真的是作为他生命中最重要的部分出现。

那孔子是谁？孔子是庄子最重要的对话者，但什么样的人才有资格成为庄子的对话者呢？我们知道庄子是非常骄傲的，骄傲到"独与天地精神相往来"，在他看来，没有人配得上和他说话。可是在他看来，所有人中有一个人最有资格和他谈话，这个人就是孔子，由此可知孔子在庄子心目中的分量。那么孔子呢？他的心中有没有庄子？有人会说，老师，庄子比孔子晚生了一百多年，孔子的心中怎么可能会有他呢？我说孔子心中有庄子，但此时的庄子不是一个实际生活的庄子，而是代表着一种灵魂、一种思想，代表着一种对世界和生命的思考和理解，在某种意义上也是对这个让人无奈的世界的一种逃避、一种解脱，也可以说是一种超越。孔子在他很无奈的时候，也曾经有过类似庄子的想法。比如，孔子说："道不行，乘桴浮于海。从我者，其由与？"子路是孔门七十二贤之一，是孔子忠实的门生，是一个很勇敢的人，也是我自己非常喜欢的人。他说，老师你要去海边玩儿我陪你，孔子说其实他并不懂自己的心。子路不懂，那谁懂？庄子懂，庄子懂他的心。在"道不行"时，庄子不是浮于海，而是四海内外都可以浮于海，都是可以流动的，这就是庄子。从这个意义上讲，庄子不过是孔子生命中某一状态的放大。孔子曾经还发出过同样的一种感慨："子欲居九夷。或曰：'陋，如之何？'子曰：'君子居之，何陋之有？'"他的弟子们有些不理解，说那个地方很偏僻。那孔子为什么会有这样的一个想法？其实它跟前面的"乘桴浮于海"表达的心情是一样的。一个人如果不停地追求某种理想，而那种理想又永远不会实现的话，他难免会疲惫，甚至是心灰意冷。这时他可能想要短暂地逃避，但也许一瞬间，这个想法就又消失了。

所以，庄子在孔子的生命中是一个"小人"，一个"小小的人"，是孔子某一时段的状态，可是庄子把它放大了，放大到"一个整体的人"的大小。所以说孔子的心中有庄子，也正因为如此，我会把这两人放在一起比较。这种比较有一个最大的好处，就在于能够呈现出两个非常不同的方式，但又受控于相同观念的生命力。

不过如果仅仅讲生命方式的话，那不是哲学。我不仅要跟各位讲生命的方式，更重要的是要和各位来简单讨论生命和生活方式是建立在什么样的思辨基础上。这种思辨不仅包括对人的理解、对生命的理解，更包含了对世界，比如对天的一种理解。它是内在相通的，正是这种内在的相通才构成了哲学家这样的生活。

孔子的生命是一个什么样的生命呢？政治和道德构成了孔子生命中最重要的两个部分。众所周知，孔子的一生是革命的一生、战斗的一生、孜孜不倦的一生！孔子一生一直想要进入权力世界，但总跟权力失之交臂。通俗地讲，孔子就是一辈子都在想着做官的人。但严肃地讲，孔子一直想参与到实际的生活世界，特别是以政治和道德伦理为中心的生活世界。而事实上，孔子在他差不多五十岁时获得过一次短暂的从政机会，并且做到了司空和大司空，但这次的政治生涯太短暂了，也就两三年的时间。他还没有来得及在权力世界传播他的思想，他的舞台就已经消失了。孔子很是不甘心，自此开始了长达十五年之久的流浪生活。人生七十古来稀，而孔子作为一个五十多岁的老人（起码相当于我们现在的六十多岁），不在家里待着，还要去不同的国家流浪。为什么？为了推行"道"。那"道"又是什么东西？简单来讲就是理想。为了他的某种理想，孔子经历了太多的磨难，好几次都差点死掉。那他到底是为了什么呢？背后又牵扯到什么呢？实际上这牵扯到孔子对生命和世界的理解。正是因为这种理解，孔子有时候甘愿冒着被别人误解的风险去做一些甚至让他自己都不喜欢自己的事情,我举几个例子。

有两个乱臣贼子,一个叫佛肸,一个叫公山弗扰,都是背叛了自己的君主的人。他们背叛了自己的君主,就向孔子招手,说给孔子一个位置,让他辅佐他们。这两次招手孔子都动心了,而在这两个关键时刻是谁阻止了他?又是子路!所以我说子路在孔子的弟子中是一个不可或缺的角色,他真的是孔子的保镖,并且不是那种有四肢没大脑的保镖,而是既有四肢又有大脑的保镖。但值得我们思考的,是孔子那种不可遏制的政治冲动。也有很多人花很多笔墨去演绎这样的一个段子,比如从电影《孔子》中,我们看到了世人的悲哀和无奈,看到的是一个知识分子想要实现他的理想就不得不向现实妥协,甚至是向有点肮脏的、有点龌龊的、有点冷酷的世界妥协。

孔子想见南子吗?我相信南子即便不是孔子最不想见的一个人,也至少在他不想见的黑名单中排名前三。可是孔子见了,最不想见但又不得不见,这是什么?是不得已,是无奈。可是孔子为什么要无奈?为什么要不得已?为什么庄子就可以不见?因为他们选择了不同的生活,而他们之所以会选择不同的生活,在于他们对生活本身的不同理解。这种对生活的理解牵扯到孔子对人之根本的理解。那什么是人?孔子理解的人到底是什么?我认为最重要的一点是,人就是要忍。

人者,忍也。当然孔子没有说过这句话。对于这个公式,我可以用一个非常有逻辑的方式去解释,不过这个逻辑方式包含着某种游戏的味道——"人"加上"二"。个人是一个抽象的人,"人"加上"二"之后就不一样了,就比我们亲切多了,因为我们看到了两个人。也就是说,人是以两个人的方式存在的,这事实上就是在对抗孤独的或独立的个人,是一个纯粹的生命的拒绝。那人的本质是什么？人的本质就在于它是以两个人的方式存在的。但当我们说两个人时，其实不是指固定的两个人。比如儒家的五伦，都是两个人，比如君臣、父子、兄弟、夫妇、朋友。这只是两个人的组合，可是这些不同的两个人组合到一起就是整个世界，这里包含着孔子对人的本质的最深体验，而这种体验可以在《论语·微子》第十七篇中找到。

《微子》的这一篇值得好好去读，因为这里面提到了很多人，很多那个时代的隐士就是把自己藏起来，跟世界玩"躲猫猫"的人。当时的隐士对孔子和他的学生的生活进行了嘲弄，孔子就和子路表白自己的心迹，说隐士们的嘲弄是不对的，又说他即便是面对隐士不断的嘲弄，也一定要坚持自己的生活。他曾经说过一句非常有名的话："鸟兽不可与同群，吾非斯人之徒与而谁与？"这句话是什么意思呢？其实就是人对自己的身份的一个确定——我是谁？我是以何种方式存在于这个世界上？也许大家会说我是我，但孔子就告诉你，你不是你，你离开了别人什么都不是。我也不是我，离开了别人，离开了世界，我也什么都不是，或者说根本就没有我。而且人注定是和鸟兽有分别的，而这个区别也一直都是儒家特别强调的。其实这不是说儒家看不起鸟兽，他们强调这种区别主要是确认自己的身份，在本质上是为了给自己一个定位。

"鸟兽不可与同群"，这个"群"字非常重要。因为人是"群"中的一个存在，在"群"中生活是人无法逃避的命运。即便你一个人隐居在深山老林中，你还是在人群中生活，为什么呢？因为你的心始终惦记着那个滚滚红尘。比如前一阵子网上炒得很火的一个北大毕业生，无非就是说他带着太太到深山老林中生活，而这会儿要回归都市、人群的事。我相信他在过所谓隐居生活时，心中想的是权力，是别人，是滚滚红尘，是繁华的北京城，所以他回来了。言归正传，一个人，即便他每天和鸟兽在一起，他养很多狗、很多猫，但这些鸟兽都不属于他，他也不可能从这些鸟兽身上获得认同感。所以在"存在"这个意义上，孔子说："吾非斯人之徒与而谁与？""与"是什么？是"相与"，就是大家都在一起，谁都不是孤独的。庄子就不一样了，他曾经说："同与禽兽居，族与万物并。"所以，庄子心中有孔子，而且他就是要和孔子唱对台戏，这样才能吸引更多的人注意这个话题。

这就是孔子的一个体验，换言之，就是人是在群体中生活的，那就会产生这样一个问题——我应该如何去面对别人？我前面讲过，对孔子来说，两个人构成了世界，而这个"人"字所表现出来的价值不是别的，而是一个人应该以什么样的姿态去面对另一个人？有人说是恨。恨也许可以，但恨只能解构人的本质，是一种毁灭性的姿态。而孔子说是爱。可是爱是什么？仁者爱人，爱其实不是别的，爱就是两人一体的感觉。两人一体不就是"从"字吗？于是这个"从"字就具备了新的意义。你看这么简单的一个字，我们从中真的是可以思辨出很多的含义。它包含着两个人的含义，那它的第二个含义是什么呢？这两个人是两个一体的关系。什么叫两个一体？就是说我们是不同的，但是我们是一体的。比如，我们的左手和右手是不同的，可是它们是一体的；再比如，我们的手和脚虽然距离很远，但也还是一体的。

所以，爱是什么？我强调的爱不过是一种一体的感觉！因为当你爱一个人时，你会知道那个人不是你生命之外的人，他就在你的生命之中，就是你生命中的一部分。这就是两个人的含义，换言之，如果一个人在你生命之外，你肯定不爱他。

那么爱表现在什么地方？我们知道爱可以表现在若干地方。对贾宝玉来说，爱可能是体贴，所以他对所有人都很体贴，尤其是美女，这是贾宝玉爱人的表现。爱变成了恨也是有可能的。对孔子来说，爱则表现在对群体的安顿上。那人怎么安顿自己呢？对孔子而言，我们只有在安顿别人的过程中才能够安顿自己。这是一个什么样的思辨啊！大家如果读《论语》的话，就会发现孔子实际上是一个纯粹的人，一个高尚的人，一个脱离了低级趣味的人，一个大公无私的人！从《论语》中，我们看到孔子时时刻刻想的都是别人，没有自己，他是道德典范。他的学生曾经问孔子他的志向是什么，孔子回答得非常干脆简练——"老者安之，朋友信之"。没有空话、套话、大话，这就是孔子，他安顿的是老者，是少者，是朋友。那他自己呢？他给自己的更多是修己，这从他回答另外一个学生有关君子的问题中可以看出。他说对君子而言，最重要的一点是修己，君子要以"静"的态度来修身，来整理自己。

那么或许有人会问，圣人不爱自己吗？这是一个非常有趣的话题。回答这个问题之前，我再和各位做一个古代儒者们做的文字游戏。我们看两个字，"仁"和"义"。这两个字是有区别的，"仁"是我中有别人，"义"是别人中有我。为什么后来儒家讲一个字叫"仁"，讲两个字叫"仁义"？因为"仁"是用来对别人的，"义"是用来对自己的。"义"是某种原则。所以以孔子为代表的儒者是怎样的一种存在呢？引用毛主席的八个字，就是"严于律己，宽以待人"。

"君子修己以安人"，君子要修行，但他修行的目的是安顿别人。换言之，君子修行后要安顿的并不仅仅是自己的兄弟、爹娘，而是整个世界。哪怕别人远在南极，哪怕别人住在广寒宫里面，你也要安顿他，这就是君子。对孔子来说，这些是很困难的事情，连古代的圣王可能都做不到，但这并不妨碍它成为孔子的理想。这就是孔子在思考中演变出的爱的态度。

不过需要注意的是，对孔子乃至整个儒家来说，这种爱不是抽象的、平等的爱或兼爱。兼爱是什么爱？就是无差别的爱，就是不拿自己当外人的爱，比如把别人的爹当作是自己的爹。可是孔子的爱不是兼爱，他很现实。这里的现实没有任何批评的味道，而是要说明他洞察到了真实的世界与真实的人性，所以他把爱放在一种秩序中间。这时就不得不提儒家的"义"。"义"最基本的意思就是恰当。没有义，你的爱可能就是不恰当的，这时抱着爱的姿态去面对别人和世界时，我们给别人添的是麻烦，所以我们需要为这种恰当提供一个外在的规范，就是"礼"，就是秩序。以"群"字为例，它左边是一个"君"字，右边是一群羊，这不就是名分吗？这不就是秩序吗？而这个"君"是什么呢？这个"君"就是领头羊。那么右边的一群羊和左边的领头羊就区分开来了，而既然区分了领头羊和一群羊，那对它们爱的姿态就是不一样的。

请大家注意，称呼中表现出来的名分也是思辨能力的重要表现，比如我们中国人对亲属关系的细致分析。比如兄弟，有堂兄弟，是叔叔的儿子；有表兄弟，是姑姑家的儿子。堂兄弟和表兄弟是不一样的。一个是"堂"，门内的自家人；一个是"表"，表面的兄弟。而我们对堂兄弟和表兄弟的爱的分量也随着这种称呼决定了。这就是"字第"，而它仍然来自"群"对"人"本质的一个确认。

从这样的思考中，我们很显然会发出一个疑问，即在我们的生命中是不是先天就具有这个东西？这是一个真正的问题，而这个问题又永远是需要思辨才能解决的问题，并且我们永远不可能用解剖的方式去获得答案。因为从小孩子身上，我们根本得不出结论。一旦把人的本质确定为群，并由群引申为爱，由爱引申为秩序的话，这时一定需要一个结论——我们每个人都不是赤裸裸地来到世界上。那么我们来的时候心里面有什么？这是关乎我们作为人的本质的一部分。孟子说，人心中有四个坚持，就是"仁义礼智"。他的这个结论是怎么得出来的呢？这是思辨的结果，而这种思辨来自对某种生活方式的支撑，是他选择一种生活方式的原因所在。孟子和孔子一样，为了推行自己的政治主张周游列国，那是一件非常艰苦的事情，可是为什么他们会选择这样的生活呢？因为他们需要这种生活，不是他们自己需要，而是这个世界需要。也只有这样的人才有可能去支撑这样的一种生活方式！而为了支撑这样的生活，他的心中必须要有一个东西，这时如果沿着这个思路继续思考，他一定会认为我们与生俱来的心一定有某些固有的东西，而这种东西支撑着我们的生命，比如"仁义礼智"这些最基本的东西。当这些最基本的东西确定了的时候，你就会发现我们的这个世界是实在的。"实在"是一个很典型的哲学语言，和我们经常使用的形容词没有直接关系。

那什么叫"实在"？实在就是很靠谱的、很真实的东西。那为什么说这个世界是靠谱的呢？因为我们有一个很实在的心，就像孟子讲的那样，我们有恻隐之心，我们有羞辱之心，我们有辞让之心。这样的一个有关"心"的结论一定会被人推理出来。但这难道是我们对世界的唯一理解吗？这难道是我们唯一可以想象到的生活方式吗？这难道不是我们逃避的生活吗？

不，有一个人，有一个聪明绝顶的人一生都没有逃避，他就是庄子，他给了我们另外一个答案。我经常开玩笑讲，孔子是哪里人？孔子是山东人，而山东人有个显著的特点就是做人很厚道、很仗义。庄子是哪里人？是河南人，而河南人有个显著的性格是很忠厚，文明的积淀很深厚，很有智慧、很高明。那高明是如何体现的呢？高明体现在莫名其妙的冲突上。我们都生活在这个世界上，可是大家看到的世界是一样的吗？当然是不一样的。我偶尔会将 2008 年奥运会的标语"同一个世界，同一个梦想"调侃为：如果你认为我们都生活在同一个世界里面，那就等于说你在做梦。其实我们根本就不生活在同一个世界里，你能想象孟子和庄子生活在同一个世界中吗？你能想象孔子和老子、韩非生活在同一个世界中吗？肯定不能。以孔子和庄子为例，孔子生活在什么地方？生活在春天的山东。那庄子呢？庄子生活在秋天的河南，这肯定是不一样的。所以，我们实际上生活在不同的世界中，而我们也因此会对这个世界产生不同的思考，做出不同的选择。庄子经常被称作是一个美人，这个美人是一个冰美人。他和孟子不同，孟子是一个血气方刚的汉子，是康巴汉子。

那庄子为什么会是一个冰美人呢？他是一个难得的即便你不喜欢，也会让你着迷的一个人。你可以不喜欢他的生活，可以不喜欢他关于生活的思考，也可以不喜欢他的哲学，但你一定会被他吸引。他为什么会有这样的魅力呢？因为他太有才了，但是他是"装有才"。他不是出类拔萃，而是与众不同。出类拔萃是什么意思？出类拔萃是指在正常的轨道中比别人好，孔子就是出类拔萃，而与众不同则是跑偏了。庄子真的是与众不同，因此他可以远观，但不可近观。这是冰美人给我们带来的印象，冰美人的冰是很冷的。庄子的笑我们是永远见不到的，他始终戴着厚厚的面具，即便是笑了你也看不到。这个面具是与生俱来的，所以他叫庄周，"装"得很周到，一点缝隙、一点漏洞都没有。

那他这样的一个人为什么不对别人笑呢？这里又牵扯到庄子是一个什么样的人的问题。他是一个"目中无人"的人。当一个人目中无人的时候，你怎么会期待他会对你笑呢？当一个人真的"目中无人"的时候，他的世界就是一个"无"和"有"的世界，是什么都没有的世界，他的心里只有自己。这点和孔子不同，因此，当孔子把人的本质看作是一个人群中的一个时，当孔子把安顿别人和安顿世界看作是自己无法逃避的使命和责任时，庄子给出了一个完全不同的思考和选择。

在谈论庄子的思考和选择之前，我先讲个故事，是《史记·老子韩非列传》中的，这个故事在庄子自己的书中也有。这个故事讲的就是，有一天，某一个君主带着重金去聘请庄子。如果是孔子的话，这个君主就得偿所愿了，但很不幸，他碰到了庄子。庄子说，走开，你不要污染了我，不要玷污了我。庄子不是不知道权力和财富在某些人心目中的可贵，可是庄子这样说的时候，他是想说，这些东西跟人的生活有什么关系？换句话说就是，他为什么非要像孔子一样？他为什么要权力世界、要生存，为什么非要去承担对他人的一种责任和使命？庄子后来打了一个比方，是牛和猪的一个比方。谁是那头牛？孔子就是那头牛。其实很多人都是那头牛，崇祯皇帝是那头牛，韩信是那头牛。牛真的是很风光、很显赫，但有一天它们会被拉到祭台，献给天神。如果你是一个牛人，你随时要准备牺牲。此时，大家就知道其实庄子有另外一个选择。庄子说，为什么不做那头猪？猪有属于它自己的快乐——那种自得，那种自由自在。各位同学，我相信你们在未来的生活中会不断感觉到自由和权力之间的冲突。

那什么地方最不自由？权力世界。什么地方最自由？离开权力的世界。它们两个是天然相对的牛的世界和猪的世界。庄子非常清楚地意识到这两种生活方式之间的不同乃至于对立，所以，他自觉地拒绝了牛的生活而选择了猪的生活。他真的做了那头猪，他做的又是一头什么样的猪呢？他做的是一头完全"目中无人"的猪，不仅"目中无人"，而且"目中无猪"。庄子的世界只有这头猪，只有他自己。猪和人不一样，当人只能在群体中存在时，猪也许能自得其乐地在某个地方享受属于它自己的那份快乐。

庄子和孔子最大的不同是什么呢？庄子从根本上体验到人是孤独的，人不管多么想要跟别人在一起，他最终还是孤独的。当孔子讲我们人有能力将心比心，有能力快乐着别人的快乐、悲伤着别人的悲伤时，庄子说这都是胡扯。因为他认为人根本就没有这个能力，怎么可能知道别人的心事，怎么可能去快乐着别人的快乐，又怎么可能去悲伤着别人的悲伤？比如在你最快乐的时候，是没有人可以跟你分享的，因为当你把自己100%的快乐分享给别人时，别人只回给你1%，另外99%是"羡慕嫉妒恨"。当你把自己生命中最悲痛的东西告诉别人时，别人只是给你几行清泪，之后他就开心地去过自己的生活了。此时，你会发现我们虽然处在人群中，可是我们每个人归根到底都是孤独的，我们根本没有能力完全了解别人。换言之，就是当孔子说，我们应当以爱的姿态来面对世界时，庄子很清楚、很干脆地告诉我们，我们没有能力去爱别人。这简直就是晴天霹雳！我们那么多人都想去爱别人，作为父母时想爱孩子，作为孩子时想爱父母，作为兄弟时想爱姐妹们，可是庄子说：我们根本没有这个爱的能力。爱的无能，这真的是一个非常大的问题。

其实，我觉得庄子是因为爱怕了，所以才得出这个结论。他以前真的爱疯了，但后来他很伤心，于是就说他自己没有爱的能力，所有人都没有爱的能力。大家应该都知道庄子那句脍炙人口的话——"子非鱼，安知鱼之乐"。这不是庄子提出来的问题，是庄子的好朋友惠施提出的问题，但我们所有人都知道，这个寓言中的所有问题都是庄子提出来的。有人说那不是庄子说的，那庄子就说这真的证明了"子非鱼，安知鱼之乐"。你不是鱼，你怎么知道鱼是快乐的？你不是我，你怎么知道我是快乐的？我不是你，所以我不知道你是快乐的。你不是鱼，你一定不知道鱼是快乐的。这就是一种思辨，但这种思辨背后通向的却是越来越孤独的自我。

所以，如果我们能成为庄子的话，我们就都解脱了。我们根本不需要去揣摩别人，因为再揣摩你也揣摩不透，与其这样，不如就放弃吧。于是庄子放弃了。庄子放弃了谁？庄子放弃了别人。所以，你如果和庄子一起生活的话，就等于是和影子一起生活。庄子不仅放弃别人，他也放弃了整个世界，在他的世界中最重要的是"无"。一个人在达到这个境界前，他一定拥有过某些东西，甚至是非常刻骨铭心的。庄子在达到这种"无"和"有"的境界之前，肯定曾经拥有过理想和梦。可是庄子长大了，他发现他那么努力地想要去为别人承担和奉献时，收获的是一无所有。就像我们突然之间爱上了一个人，而且爱了好几年，但对方弃我们而去，我们收获的是一无所有一样——曾经豪情万丈，归来却是空空的行囊。于是他有了很大的飞跃。什么飞跃呢？从曾经的"有"变成了"无"。庄子最大的一个本领就是化实为虚，于是那些曾经实实在在的东西在庄子的世界里就变得非常不靠谱了，变得没有根基了。庄子的那个世界是什么样子的呢？引用庄子学生的一个概括，就是"变化无常"。你会留恋一个变化无常的世界吗？你会执着于一个变化无常的东西吗？你会执着于一个转瞬即逝的美好事物而让自己伤痕累累吗？庄子就说，你为什么非要伤痕累累地执着于那个事物呢？它是最不靠谱的、最变化无常的一个事物，这有什么价值和意义？

那么"无"是什么？佛教讲"无"，讲"空"，但这里的"无"和"空"不是什么都没有，面对这个看起来实实在在的世界的穿透力，你就会发现这个世界是空的。这时大家就知道为什么庄子是一个冰美人了，因为他把所有的东西都掏空，剩下的只是空心了。这就是"无"，尽管躯壳在这里，人在这里，可是他的心已经被掏空了。也就是说，所有的这些东西都是不靠谱的，是变化无常的，这时你就达到了"无"。因此，对庄子来说，生命就完全具有了一种跟孔子不一样的概念和意义。

你是谁？我不知道我是谁。这就是最标准的庄子的答案。他不知道自己是谁，如果他知道自己是谁的话，那就不是"无"，他就不是虚的。他是从哪里来的？他从"无"中来。他要到哪里去？他要到"无"中去。因此，对庄子来讲，生命是什么？生命不过是在两个"无"中间的一个偶然的、具体的、有形的物质。当然这里的两个"无"其实就是一个。这就是庄子，庄子在他妻子死的时候没有哭，这不代表庄子是冷酷无情的，更不代表庄子是冷漠的。因为只有当一个人缺乏爱时，才叫冷漠，但庄子不是缺乏爱。因为当你说缺乏爱时，实际上你已经在肯定爱这个事物的存在了，但作为坚信着"无"的庄子，他根本没有爱，也没有恨，没有喜怒哀乐，所以他是无情的；但他绝对不是残酷无情的，也不是冷酷无情的，他认为这些情感都是没有意义的、是多余的。所以，不仅他妻子死的时候他不哭，即便是他自己死了，他也不会哭。这只和哲学有关，这只和我们如何理解这个人有关。在庄子的世界中，人生的尽头是什么？只有"无"。天的尽头是什么？"天"字中的捺转个弯就是"无"。

所以，林黛玉是很凄惨的——"天尽头，何处有香丘？"她就是想不开。但是对庄子而言，天的尽头是"无"，一个"无"字一了百了。我很喜欢庄子的《齐物论》，这是一本思辨生命的杰作，是一个关乎生命的思辨，是建立在思辨上的一个生命。庄子说："有始也者，有未始有始也者，有未始有夫未始有始也者；有有也者，有无也者，有未始有无也者，有未始有夫未始有无也者。"这是一个什么样的心理？这就是一个哲学的心理，他愿意刨根问底——有始也者，既然说有了开始，那在开始之前，就还有一个没开始的时候，有未始也者，那如果是未始也，那有夫未始也者。

不过什么叫"始"？在谈论这个字之前，我想先谈一下"认祖归宗"。

比如现在很多人很喜欢讲国学这个中国传统的东西，很多人都很喜欢读，为什么会存在这个现象呢？因为我们需要了解自己是从什么地方来的。比如一些人的父母在他们很小的时候就过世了，而他们长大之后就总想知道自己的亲生父母是谁，这就是认祖归宗。那他想寻求什么呢？就是从哪里来的感觉。所以，当我们相信有开始时，我们就在寻找一种确定性。毕竟对太多人来说，没有确定性是很难生存的，所以我们需要一个确定性，我们需要知道自己从哪里来，到哪里去。以我自己为例，我老家的祖坟是非常有秩序的，到我这里已经是第六代了，而我每次去看的时候，就会产生一种确定感，我知道我一定会到那个地方去的，所以一种很踏实的归属感就油然而生。

所以我们会发现，一个正常的人总是不断地寻求着确定性。你为什么非要有一个办公室？你为什么非得走入婚姻？你为什么需要很多的东西？因为这些是确定的东西。一般来讲，大部分的哲学不管它们之间是如何的不同，它们都是在给你确定性。

西方的哲学追求那么多的本体，而不管这个本体是什么样子的，它带给你的确定性是一样的。但是有一天，有一个狂人尼采说上帝死了，你不知道他粉碎了多少人的梦想，他粉碎了多少人曾经留恋的确定感。他突然间就把我们扔到了另一个世界，那个世界是一个不可靠的世界，需要自己拯救自己。庄子可能真的就是要摧毁这种确定性，因为他的世界是变化无常的。他进一步向寻求"有"作为根基的人们提出："有"之前是什么？还是"有"吗？如果是"有"，那这个"有"之前又是什么？如果还是"有"，那这个"有"之前又是什么？总有一天会是"无"的，那"无"之前又是什么样？"未始有无"。

庄子就是这样摧毁了这个"有"的世界。从这点上来讲，庄子是冷酷的，他把我们魂牵梦绕的东西全部都毁灭了。但是我们仔细想想，庄子讲得有没有道理？庄子最后达到的最高的生命境界是什么？是无极。换句话说，当你把整个世界都毁灭的时候，难道你会指望自己把自己留下吗？不可能。神人无功，圣人无名，我们其实可以不必纠缠于功名，如果你纠缠了，你就不是庄子了，因为庄子一以贯之的就是这个"无"。

所以生命中最重要的是什么？无！那什么是"无"？就是扔掉全部。也因此，庄子是一个解构主义者，他真的解构了所有。他解构了人，解构了义，解构了礼，解构了智，解构了所有的道德和秩序，解构了这个世界曾经以为的那些最可靠的东西。当你看到《齐物论》时，当你读到类似的文字时，只要你读懂了，你一定会产生一种差异感——方生方死，方死方生，方可方不可，方不可方可。当我们很多人在强调生和死的区别时，当孔子的学生问孔子什么是死时，孔子说"未知生，焉知死"，生死哪有分得那么清楚的时候？当学生问孔子某件事能不能做，孔子说这件事坚决不能做时，庄子却说"方生方死，方死方生"。生是什么？生就是死。死是什么？死就是生。所以对庄子来说，向死而生太小儿科了！比如你今年马上就要四十五岁了。那这是生还是死？这既是生，又是死。因为你多活一年也就意味着你会少活一年，你多吃了一口饭也就意味着少吃了一口饭。这就是庄子，被看透了的庄子。我们所有人都在说甜言蜜语时，庄子说那是忽悠，甜言蜜语的后面是什么？是非常冷酷的、冷漠的东西。比如爱你一万年，那一万年的背后呢？"方可方不可，方不可方可"，什么叫可？什么叫不可？对还是错，是还是非？究竟是是还是非，谁又能分得清是非呢？

庄子是一个什么样的人？他是一个大处着眼的人。庄子不从局部细节看这个世界，他从高处看这个世界，也就是说他在看这个世界之前要先飞起来，要上九万里。当我们真正到九万里高空看世界时，这个世界是什么？什么都不是。他看得见北京大学吗？看得见王博和各位同学吗？看不到，这就是大处着眼。那庄子最后的生命变成什么样的生命呢？淡淡的。有人说什么叫淡？淡得不能再淡，没有任何想法，这就是淡，这就是庄子。为什么这么说？因为庄子首先从思想上把世界解构了、放下了，在这点上他和孟子不同，孟子的心里有"仁义礼智"等，而在庄子看来，最本质的心是虚，什么都没有。像我们同学心里面有很多的东西，要考托福，要考GRE，要保研，要找朋友，要找工作，要挣钱等。但庄子就会告诉你，这些东西都不是你能拥有的，你出生的时候它们都不在你身边，你死的时候它们在你的生命中也不会有任何的痕迹，你是虚的。

那么请各位注意，一个真正像庄子的人就把它们放下了。庄子是一个什么样的人？我经常用八个字概括庄子——"化实为虚""举重若轻"。生命中沉重的东西，到庄子这里，都变得轻飘飘的，像《阿甘正传》中飘浮的那根羽毛，很轻。他举重若轻，是非善恶、美丑大小、各种各样人们纠结的事到庄子这里就被解构了、消失了。所以庄子有一门独门的武功，既不是九阳真经，也不是九阴真经，那它是什么呢？是屠龙术。他解构了一切，毁灭了一切。

庄子讲了一个故事，他说有一个人花了很多钱，又花了三年的时间去学习一门技术，这门技术叫作屠龙术。三年之后他毕业了，拿到了决斗的证件。然后有人跟他说，现在他可以跟龙去决斗了，可是他发现他找不到对手，因为这个世界没有龙。如果你仅仅看到故事的这个地方，看到文字的尽头，那么你还是没有看进去。因为文字的尽头是思想的开头，一个人的思想如果仅仅停留在文字，那不叫思想，即使勉强称之为思想，那也是在牢笼中的思想，只能称之为"金丝雀的思想"。"文字的尽头是思想的开头"又是什么意思呢？庄子让我们注意一点。哪一点？尽管这个世界没有龙，但是我们经常会制造出一些龙来。孔子、老子不都是龙吗？唐宗宋祖、成吉思汗不也都是龙吗？可是庄子有一种武功叫屠龙术，他会把它"杀掉"。他让我们每个人都有机会明白这些龙其实都不是真龙，是假龙，而这个世界原本没有龙，所谓的龙都是人为制造出来的，是需要被毁灭的。所以庄子就把龙给毁灭了，不但把龙毁灭了，把龙子龙孙也全都给灭了，这就是屠龙术。也因为只有他有屠龙术，他才可以化实为虚，他才能过一种轻飘飘的生活，而这种轻飘飘的生活就是逍遥游。什么叫"遥"？那是一个很远很远的地方，但是这个"很远很远"不是物理空间意义上的远，而是一种心境。即便你坐在教室里，也不妨碍你在很远很远的地方。但是那个地方有没有好姑娘？庄子说有。当庄子说有的时候，他无非是吸引我们这些俗人去那个地方，当你去的时候发现没有，就会质问庄子，说他骗人，庄子说她在前面，然后你再往里走，你还没有找到，庄子说她还在前面。就像喜剧《等待戈多》里讲，戈多今晚十点钟会来二教，但十点钟戈多没有来；对不起，是明天十点；第二天还是没有，那就是后天十点……然后一直这样延续。

2011 年 12 月 1 日

（根据讲座录音整理，有删改）

第八讲
植物和人类
——植物科学的今天和明天

许智宏

作者简介

许智宏，中国科学院院士、发展中国家科学院院士，北京大学生命科学学院和现代农学院教授、中国科学院分子植物科学卓越创新中心研究员。曾任北京大学校长、中国科学院副院长、中国科学院学部主席团成员、国家教育咨询委员会委员、国际植物组织培养和生物技术协会主席、联合国教科文组织人与生物圈计划中国国家委员会主席、中国植物生理与植物分子生物学会理事长、中国细胞生物学会理事长，中国植物学会副理事长，中国生物工程学会副理事长。许智宏教授的研究领域为植物发育生物学、植物组织和细胞培养、植物生物工程，已经发表论文、综述、专著共240多篇（册），代表作有《植物生物技术》《植物发育的分子机理》《植物激素作用的分子机理》等，曾获中国科学院自然科学一等奖、国家自然科学三等奖，1988年被评为国家有突出贡献的中青年专家，并获得英国诺丁汉大学、加拿大麦吉尔大学、澳大利亚墨尔本大学等多所著名大学的荣誉博士。

内容介绍

植物及其多样性为人类生存提供了基本的物质基础，丰富了人类的生活。当前全球面临的很多重要问题，包括粮食安全、食品结构和营养、人类健康和新药开发、新能源开发和利用、环境保护等，都与植物有关。随着人们在分子和细胞水平上对植物生长发育和形态建成、光合作用、生物固氮、代谢和养分利用、植物抗病虫害和抗逆境等过程及其调控的研究愈发深入，根据人类的需求定向进行"植物设计"将成为现实。植物科学家应与农学家、生态学家和环境专家共同应对全球气候变化、农业可持续发展、能源和环境方面的问题，为发展低碳农业、开发新型能源植物和工业原料、提供健康食品、开发药物、合理利用土地和水资源、改善环境提供思路和新的技术，为地球和人类的可持续发展做出贡献。

视 频 节 选

第八讲 植物和人类——植物科学的今天和明天

很高兴有机会来给我们的研究生作演讲。我在想讲什么,如果讲我在生科院讲过的生命科学知识,讲得太深大家就会没有兴趣,会打瞌睡。想来想去,我觉得还是讲植物和人类的生活比较合适,因为这个问题我也比较熟悉,自己也是从事植物生理研究的。我希望这个讲座能比较轻松一些,虽然我会讲到很多很严肃的问题,但是希望在轻松的沟通中大家能够了解植物跟我们人类是一种怎样的关系。

大自然有形形色色的植物,大家走在校园里就可以看到。校园的景色非常漂亮,像大树、灌木、草,高等的、低等的都有。我们首先看到的常常就是植物的叶子,叶子通常是绿色的。很多植物有非常漂亮的叶子。我们看红叶,实际上红叶也不止一种,很多植物的叶子到秋天都会变红,也有些植物的叶子一年四季都是红的,例如枫树的有些品种就是如此。有类植物属于观叶植物,这类植物因其叶子的形状、颜色十分美丽而受到人们的喜爱。我们吃叶菜类蔬菜主要就是吃植物的叶子。叶子最大的功能是光合作用,它把照射到我们地球上的太阳能转化成化学能,这是地球上规模最大的化学反应。

大家都知道植物有茎,它支撑着植物的生长,同时其中的维管系统也是植物运输水分和养料的主要通道。植物也有形形色色的茎,猴面包树的树干长得像个大肚子,木质疏松,利于贮水。木棉树的茎上长满了刺,那个刺硬极了,也不知道为什么长刺,是怕猴子爬上去?反正很奇怪。有的茎变得肉质化了，像仙人掌，它已经没有叶子了，叶子退化成了刺，但是它的茎替代了叶子的功能，它的茎干会变得很绿，而寄生植物菟丝子的茎长得像胡须一样。因此，植物的茎也有各种各样的形状。

植物的根吸收养料和水分，草原的地下根系的生物量可达地上部分的2～3倍。植物还有形形色色的根，比如亚热带的榕树。榕树有很长的气生根，它们会不断往下生长，吸收空气中的水分和养料。一棵树的气生根碰到地面就扎进土里，并长出新的树干，新生的树干可以支撑原来的大树，所以榕树可以长得很大，形成一木成林的景观。

还有一种根叫板状根。在巴西的亚马孙森林里，一些热带植物长得很高，这些植物的巨大的板状根有很好的力学结构，能够支撑它巨大的植物体，水来或者是风来它都不会倒。我国的西双版纳也有这样的植物，老乡有时候就从板状根上锯下一块圆形的木材当轮子用。还有气生根，比如热带的很多兰花就靠气生根来吸收空气中的水分和养料。热带雨林的雨季几乎每天都有雷阵雨，打雷过程中形成的含氮化合物就被这些气生根吸收了，这些含氮化合物就足以使它们取得足够的营养，帮助它们生长。

自然界中植物的每一个器官都长得非常奇妙，而且在自然界中还有很多怪事。自然界充满了生存斗争，老虎要把兔子这些食草动物吃了，大鱼要吃小鱼。实际上，植物也有生存斗争，比如在西双版纳的热带雨林，我们经常看到的一个现象是榕树会靠着别的树，把那个树包围起来逐步往上长，最后自己长得很丰满，被包围的树就死掉了，这就是热带雨林中的绞杀现象。榕树可以通过这个方式长得非常高，依靠别的树一直往上长。

不同植物的年龄可以相差很大。沙漠地带的短命植物在雨季来临时可以迅速生长，在几周时间内完成生命的全过程，在开花结实后死亡。有的树年龄可以很大。北大的校园里面有很多百年以上的古树，大约有300

株，我想全国没有哪一所学校的校园有这么多的古树，或者有比我们校园的树年龄更大的。记得我当学生的时候，在北京的西山进行野外实习，住在一座古庙里。古庙的院子里就有一棵银杏，树龄大概有一千多年了。有些植物会在不同的年龄阶段长出不同的叶子，我们可以根据这个来判断它的年龄。从生命的角度讲，越是靠近地面，大树茎干上长出来的芽在生理上就越年轻，越是到顶上叶子就越老，树干基部的芽长出的叶子的形态明显不同于树干上部的芽长出的叶子。一些水生植物长在水面下的叶子与长出水面的叶子的形状也明显不同。这在植物学上被称为"异形叶"，实际上很多植物都会有这种现象。我们到西北地区去看胡杨，胡杨也有这样典型的异形叶特征，桑树也是。

我们再来看花。对于植物来说，花是一种很神秘的器官，因为植物并不是一开始就有花的。很多高等动物，像脊椎动物的器官在妈妈肚子里的时候就有了，生出来以后这些器官就会长大、发育。但是植物不一样，植物的种子里有胚根、胚芽，可以看到叶原基，但是没有花，植物只有长到一定的发育阶段才会开花结果。自然界也有很多花，有的长得很漂亮，有可以泌蜜的蜜腺，能释放出各种不同的香味，从而吸引昆虫给它传粉。有的花会散发很怪的味道。比如在印尼有一种寄生植物叫大王花，大王花的花很大，直径可达1米左右，故有"世界花王"之称。它晚上开花，花的味道特别臭，这种味道晚上能吸引远处的蛾子和蝇给它传粉。

花是很神奇的，比如热带的龙舌兰，它通常长得并不高，生长十到十二年后开花，花序的梗高达6～12米，开花后就会死亡。花梗所产汁液可用于制造有名的墨西哥龙舌兰酒。另外还有很多奇怪的现象，一些鳞茎类植物长出来就开花，开完花以后再长叶子。特别是在欧洲，这一类的植物有很多，春天的草地上一大片全是美丽的花。而很多寄生或腐生植物根本就没有叶子，比如中药材天麻，这是一种兰科植物，天麻的块茎与蜜环菌（一种真菌）会在地下形成共生关系，天麻的块茎长到一定大小时就会开花。在野外我们会看到天麻的块茎上长出一串花来，于是我们就知道这个地方的下面有一个天麻的块茎。

有的花不怕冷，比如说冬天的梅花、青藏高原的雪莲花，它们在温度很低的环境中也可以开花。我们吃的很多东西都是植物开花结果的产物，而有些植物的花本身就可作为食物，如黄花菜、花椰菜等。花同时也是我们生活环境的一部分，我想如果没有了花，这个世界就会变得非常单调、枯燥。

大家知道北大在不同的季节有很多不同的花，最近我和生科院的副院长顾红雅教授一起编了本《燕园草木》。北大校园里有各种各样的植物，我觉得这些植物都很漂亮，虽然外国的大学也有很多植物，但是回过头想想，还是我们的燕园最漂亮。因为我们的燕园有历史，走到哪里都可以讲出一个故事来，所以这本书也记录了一些有关人文的内容。北大的校园，特别是春天，的确是很美的。比如说我们看到六院的紫藤开出的一串串紫花，办公楼的门口有几棵大的银杏树，女生宿舍楼前也有银杏树，一到深秋，满树金黄。实际上，我们的校园也体现了这种植物的多样性。

还有一些奇怪的花，比如我们经常吃的黄瓜、南瓜。大家应该知道，这些葫芦科植物的花有雌花和雄花之分。对大部分植物来讲，雌蕊和雄蕊长在一起，形成两性花；但是一些植物的雌花和雄花是分开的，甚至不在同一棵植株上，这种现象在植物学上被称为"雌雄异株"，如猕猴桃、罗汉果。银杏树是我们比较常见的植物，但并不是每一棵银杏树都结果子。这个地方有一棵银杏树是雌的，即使在一公里以外有一棵是雄的，花粉也可以靠风吹过来，促使雌树结果。当然也有例外，我记得我老家无锡的一个庙的门前有一棵古银杏树，有五百多年了，小时候我记得那棵银杏树是雄的，但是过了很多年再回去，我发现那棵雄的银杏树也长出果子来了。原来有几个分枝变成雌的了，但不是整棵树都变了。在自然界中，这种自然转化的事件也会发生在动物身上。比如说黄鳝，黄鳝年幼的时候是公的，长大以后就变成母的了。

植物开花后结果，要结果就必须要授粉，这个授粉现象也是很奇特的。在几千年前古埃及的墓里，就有法老拿雄花序给雌花授粉的图像，两三千年前人们就知道给植物授粉是十分重要的，虽然那时候他们并不知道这是什么原理。自然界的授粉有各种各样的途径。水稻、玉米靠风来传播花粉，所以它们被称为"风媒花"。也有很多植物靠昆虫来传播花粉，如蜜蜂、蝴蝶、飞蛾、蝇类等，蜜蜂和蝴蝶通常在白天传播花粉，晚上授粉常常靠飞蛾和蝇类，这类花被称为"虫媒花"。实际上可以授粉的还有蝙蝠、蜂鸟等动物。

大家知道兰花是地球上最多的一类植物，种类有很多。由于其结构精巧，不同的兰花往往都有特定的昆虫来授粉。不同种类的兰花使昆虫的进化发生了相应的改变，这也体现了动物和植物之间非常巧妙的关系，这在生物学上叫"协同进化"。达尔文对这个现象进行过很多研究，他对兰花的结构与不同传粉媒介的奇妙关系进行了观察，并出版了专著《兰花的传粉》。

植物开了花，授了粉，那就要结果了。粮食也好，水果也好，我们吃的东西绝大多数都是种子或果实。西双版纳植物园还有一种原产于非洲的植物——神秘果，它的果肉酸涩，含有一种糖蛋白，吃了神秘果再吃酸的东西口中也是甜甜的，不觉得酸，所以人们给了它神秘果这个名字。不少热带、亚热带植物还有一个特点，就是它们会在很粗的树干上开花结果，如榴莲、菠萝蜜、榕树等。果子有各种各样的形状。比如棕榈，包括椰棕、油棕，不同的棕榈有很多不同类型的种子，有大有小，其中最大的要属塞舌尔群岛特有的海椰子，它需要二十到四十年才会开花，最大的种子有 42 公斤。

生物界还有一类寄生植物，它们自己不干活，叶子也已经退化了，体内已经没有进行光合作用的叶绿素了，从进化上讲，它们实际上已经高度地退化了。它们靠吸器长在另外一种植物上吸收养料，使自己更好地成长，比如上面讲到过的菟丝子。它也是一种中药，到了夏天同学们仔细观察会看到它的颜色都是黄黄的，附着在别的植物的茎上面。

植物也并不是只吃素，也有一类植物会吃一点虫子。植物主要靠光合作用制造自己的养料，但是也需要吃一点荤的，改善一下生活。有的植物叶子上长了很多像牙刷一样的毛，昆虫一上去就被粘住了，然后分泌的酶就把昆虫消化了。又如猪笼草，昆虫一掉下去，它就把上面盖住，底下的消化酶就把昆虫消化了。有的猪笼草很大，小的耗子都能够掉进去。所以，我们的大自然真是千姿百态！

植物跟我们人究竟有什么关系？植物是我们食品的主要提供者，我们平时吃的实际上都直接或间接地来自植物，我们吃的肉也是由食草的动物转化过来的。这样算下来，植物大概为我们提供了 90% 的能量和 80% 的蛋白质。

历史上，大概有 3000 多种植物是可以作为食品的，大自然可以吃的植物大约有 7 万多种，但我们没吃那么多。随着人类文明的发展，我们要实现机械化，要提高产量，现在真正大规模种植的农作物仅有 150 多种。主要的粮食作物就是水稻、小麦、玉米、马铃薯。最大众化的蔬菜品种就是卷心菜、大白菜、花椰菜、西红柿、黄瓜等，中国人吃的蔬菜种类是相对比较多的。现在世界人口已经到了 70 亿，到 2050 年会接近 90 亿。最近我看到一个报道，预测到 21 世纪末，世界人口会达到 150 亿，这就大大超出了地球可以容纳的总人数，这是非常大的挑战。

所以说，人类正面临着非常严峻的考验，我们有没有办法解决人类面临的问题？人口增长需要食品，谈何容易！我们全世界的耕地还在减少，环境、气候等很多情况都不利于农业发展，自然灾害更加频繁。全世界现在至少有 10 亿人口处于饥饿状态，由营养不良导致疾病或死亡的人数也很多。人类正面临很严峻的情况，由于能源危机，现在很多国家把农作物用于生产工业燃料，美国这几年把大量玉米用于生产燃料酒精，然后加到汽油里，欧洲也用油菜籽生产生物柴油，这样就使农业方面的压力增大了。我们在纸张方面的消耗也很大，就拿中国讲，虽然我们可以通过使用计算机减少用纸量，但是实际上我们各方面的用纸需求依旧很大。现在大家都要用手纸和其他各类生活用纸，包括包装材料，用纸消耗量很大。而且我们学校多了，用的教科书多了，这都会大大增加对木材的需求量，中国已经成为世界上最大的木材进口国。世界森林面积的减少必然对全球的环境产生很大的负面影响。

随着二氧化碳增加，全球气候的变化给我们的居住环境和农业生产都带来了很多不确定因素。最近，1970 年诺贝尔和平奖获得者——"绿色革命之父"诺曼·布劳格去世了，他讲过一句话让我印象很深，他说饿着肚子不能带来和平。我们当学生时国家正处于困难时期，晚上肚子饿了，什么都做不成，只能躺在床上瞎聊天，画饼充饥。基辛格的看法就更厉害了，他说：谁控制了石油，谁就控制了所有的国家；谁控制了粮食，谁就控制了人类；谁掌握了货币发行权，谁就掌握了世界。这个话讲得还是很透彻的，所以粮食决定了一个国家的话语权。中国有 13 亿人，我们粮食不够吃怎么办？所以粮食问题对中国而言是个很大的挑战。

20世纪90年代末，美国的莱斯特·布朗写了一篇名为《谁来养活中国》的文章，这篇文章在国际上引起了很大的争论。这篇文章主要讨论的就是中国的发展是和平发展还是会带来动乱。有人认为中国的人口增长得太快了，如果粮食不够吃，中国就会到国际市场买粮食，中国一买粮食，国际市场上的粮食价格就会大涨，其他发展中国家就没有足够的粮食。当然，我想中国的科学家对这个事情还是比较冷静的，中国的粮食生产肯定是个大问题，但这并不意味着我们就没有办法来养活我们现在的人口。将来只要我们大力发展农业和科技，将人口控制好，我们生产的粮食就养得活我国的人口。

当然这里面有很多的挑战，下面我结合有关问题讲一讲我们的农业生产面对的问题是什么。大家都知道品种对于农业来说至关重要，它是保证粮食安全的基础。国际上粮食总产量中增产的80%是依靠单位面积产量来提高的，而60%～80%的单位面积产量的提升需要依靠良种的推广。我们国家的品种对粮食增产的贡献率约为40%，虽然比国际上低，但也是蛮高的了。①

美国在过去这么多年来在化肥的使用上没有增加太多的成本，但是玉米的产量还在不断增加，它靠的是什么呢？靠的是单位面积的产量增加了，而单位面积产量增加又主要靠的是品种的改良。我们中国克服了很多困难，粮食实现了连续七年增产，单位面积的产量最近四年已经相当稳定了。中国的粮食产量直接跟耕种面积有关，所以温总理说我们一定要确保中国的18亿亩耕地这个底线不能动，其中16亿亩种粮食。我们对粮食的需求量仍然很大，我们的科学家想要提高单位面积产量，但问题是化肥用得太多，很多优良品种都需要较多的肥料。不光是氮肥，钾肥、磷肥也不够，这些肥料都要进口。随着病虫害的增加，我国农药的使用量也已是世

---

① 目前我国的品种对粮食增产的贡献率已达45%。

界第一。那我们怎么培育新农作物？最好不需要那么多的化肥、农药，这样对环境比较友好，新型农作物最好还能高产、抗病，还要有好的品质，这对农作物育种是很严峻的挑战，但同时也带来了很多的机遇。

下面，我想讲讲关于药物方面的内容。植物为我们提供了很多药物。水杨酸是最古老的药物。很多感冒药、退烧药里面都有阿司匹林这个成分，这是一种很重要的药，它的结构很简单，我们现在可以用化学方法来合成。奎宁是抗疟的药物，但有很强的副作用。我们中国发明了青蒿素，它是从黄花蒿里面提取出来的，这种植物很普遍，秋天我们校园里开小黄花的就是这个植物。很多人对花粉过敏，实际上它也是一个过敏原，但是它的确很重要。我们的老祖宗有很多关于它的记载，它可以退热，可以治疗疟疾。现在科学家通过探索最终分离出青蒿素，而且把结构弄清楚了。青蒿素的发现是世界公认的重要成果，青蒿素也是世界卫生组织向发展中国家推广的能高效治疗疟疾的药。屠呦呦因此获得了诺贝尔奖和美国的拉斯克临床医学研究奖，这很不容易。

红豆杉中的紫杉醇是公认能很好地治疗妇女肿瘤的药物，但问题是它的含量太低了，人们只能从树皮里面提取，所以我国西部地区一些地方的红豆杉的树皮一度被剥光了。人们将提取后的初提物拿到国外加工并纯化，这破坏了我国的资源，对我们的环境造成了很大的影响。科学家也在实验室里合成了紫杉醇，但步骤太多、成本太高。现在人们想通过其他方法来解决这个问题。我们会经常吃薯蓣，也就是山药，中国人知道山药是有滋补效果的，但是山药的种类有很多。南美洲有一种山药跟我们吃的山药不太一样，早在1942年，美国发现这种山药里面有可以用来生产避孕药的原料，所以新中国成立以后我们也大量从山药中提取原料来生产避孕药。

为什么我们很多的药都来自植物？科学家已经知道，我们中国人有使用中药的传统，我们的老祖宗已经通过很多实验发现有6000多种中草药可以治病，这是一个天然的宝库，也是老祖宗留给我们的宝贵遗产。西方研究药物都是到世界各地采集标本，采回来就提取，而中国的老祖宗已经替我们尝过了百草，并鉴定出来有6000多种是有用的，所以我们可以把网收得很小，好好研究这6000多种中草药。

当然我们也研究得很不透彻，比如说刚才讲的黄花蒿，它是生产青蒿素的重要原料。我们民间就有"三月茵陈四月蒿，五月砍下当柴烧"的说法，意思是这个蒿到五月份就没有有效的成分了，就像柴一样。中医为什么要讲究道地药材？因为特定的生态环境和生长状况对中药有效成分的积累至关重要。

科学家现在在研究在什么情况下可以促进植物有效成分的积累。我在科学院当研究生的时候，我的老师在做人参的细胞培养，老师跟我讲，南京种出来的人参可能就成了"胡萝卜"。也就是说，虽然它可能和其他人参长得一样，但是它没有了药用价值。这里面有很多的问题是值得我们今天的科学家来研究的。实际上很多植物中的有效成分都有一个代谢过程。这些成分是怎么合成的？我们只有了解了特定代谢产物的合成过程及相应的基因，才有可能控制特定成分的合成和积累。

为什么那么多的药都是从植物中产生的呢？人们通过分析发现，我们在生活中用的很多药就是植物的次生代谢产物，它是相对于初生代谢产物而言的。光合作用形成的淀粉、脂肪、氨基酸、蛋白质就叫初生代谢产物，这些产物经过变化变得更复杂了。一开始谁也不知道这些产物究竟对植物有什么用处，它们的结构很复杂，有很多类，像生物碱、萜类化合物等就大概有10万多种次生代谢产物。我们人类筛选出来的药大部分都属于这一类，都是植物的次生代谢产物。现在人们通过基因组分析发现，烟草基因组中大概有 286 个是与次生代谢有关的基因，P450 基因就与次生代谢直接相关。因此，植物能为我们提供很多有用的药物或合成药物的前体。

比如说我们的萜类化合物大概有 5 万多种，聚酮类化合物有 1 万多种，它们都是天然产物，是许多药物的活性成分。但问题是自然界的资源太匮乏了，化学合成又很困难，刚才提到的紫杉醇的合成要几十步，靠合成的方法简直贵了不知道多少倍，所以到目前为止我们还只能从植物中天然获取这些成分。生物学家也在想有没有新的办法可以提高产量。目前，青蒿素的代谢途径人们已经弄清楚了。怎么使一个化合物一步步变成另外一个化合物？那就需要酶。大家知道生物学中每一个化学步骤都有特定的酶来催化，把这些酶弄清楚了，这些酶的基因我们也就弄清楚了。现在科学家可以把它最关键的几步放到一起来操作。比如从北大到天安门的路太窄了，有几段是关键的，我们可以先把这几段拓宽一点。生物学家做的事情就是把关键步骤的效率提高一点，把十字路口打通，这样产量就提高了，这就得通过基因操作来实现。上海交通大学的唐克轩教授做了非常漂亮的工作，他通过这个办法把青蒿素在植物中的含量从原来的 1% 提高到了 2%，最高的可达 2.8%，目前他已经在湖南进行了大面积的田间实验，他是通过转基因的办法来实现的。

当然，生物学家更希望在未来采用合成生物学的办法，根据我们的目标来设计新的生物体。比如说我刚才讲的次生代谢产物，如青蒿素、紫杉醇的前体等。把合成途径弄清楚了，我们就可以将相应的基因从植物中搬到别的生物中，然后靠工业发酵的办法使微生物大量生产我们需要的药物或药物的前体，这样就不用树砍了，也不用剥树皮了，这当然是目前非常新的研究领域。

植物是可再生资源的基本来源。植物给我们提供了各种各样的原料，如生物柴油、燃料醇、我们平时烧的柴。煤也是古代植物的化石。还有棉花、麻和淀粉等，这些都是从植物中来的，而且植物的一个特点就是可再生。大家都知道能源危机使人们寄希望于开发新的能源植物，例如巴西就用甘蔗来造酒精。巴西的甘蔗种植面积很大，人口也没有我们这么多，甘蔗种好了一收就可以用好几年。前面我们讲过，油菜籽在欧洲可以作为生物柴油的原料。油棕就是东南亚国家的一种棕榈树，油棕的产油量很高，油棕的油是可以食用的，是食品工业的重要原料，这种油在工业上也可以作为生物柴油。木薯是非洲人的主食，南美洲的很多国家和我们中国南方也有木薯，木薯的产量很大，它的淀粉含量很高，可以作为生产酒精的原料。大家可能没有见过木薯是什么样子的，它可以在非常贫瘠的土地上生长，非洲、南美洲和东南亚的发展中国家的不少贫困地区的人们就将木薯作为主食。但是它有一个缺点，就是一些品种的木薯的块根含有少量的氰化物，对我们的健康不利，所以人们在食用前必须对其进行一定的处理。还有甜高粱，这种高粱的茎干很甜，在一些不种甘蔗的地区，很多小孩子过去都把它当甘蔗吃。因为甜高粱的茎干含糖量很高，人们可以通过发酵用甜高粱生产酒精，它也可以作为饲料使用。

这几年比较热门的还有芒草，小时候我们把它当柴火烧，它长得很高，芒草长得高的时候能长到 7 米，甚至更高，因此它的生物量很大。芒草的一个特点是纤维素含量特别高，能在很多贫瘠的地方生长，很多科学家寄希望于芒草，希望它能成为我们重要的能源植物。在国外据说有人直接把它压制成燃料，用于发电，人们也可把它加工成饲料或将其作为培养蘑菇的基质。中国发展能源植物主要有两个基点，第一点是我们不能与粮食争地，第二点就是不与人争粮食。我们必须用那些贫瘠的土地，或者是生产力比较低的土地来发展我们的能源植物。

还有很多人寄希望于藻类。大海和盐湖水里有一些单细胞藻类，它们的油脂含量很高，有的油脂含量是大豆的好几十倍，甚至几百倍，但问题是怎么把油从细胞中挤出来。这个加工工艺目前还不成熟，科学家还在想办法跟工程师共同努力，把藻类细胞中的油拿出来加工。如果这个技术过关了，我们就可以在海滩边上大规模养殖藻类。藻类的繁殖也很快，也许用藻类来制取我们需要的生物柴油也是一条途径，这就是为什么现在美国在生物能源方面投入大量的资金来研究藻类。

我们人类有时对污染水资源的藻类挺恼火的，淡水湖的污染也常常是由蓝藻造成的。那蓝藻能不能为我们人类做一点事情呢？北大赵进东院士的课题组就在蓝藻里面转入了真菌中促进纤维素合成的酶，这个合成过程需要好几种酶，需要我们把相关的基因组装在一起，使这个藻类细胞生产纤维素，而且还要使合成的纤维素分泌到细胞的外面。我们可以看到，藻细胞外面附着的毛茸茸的东西就是分泌到细胞外的纤维素。赵教授说，将来我们的海洋就像长了棉花一样，用这个生产棉花我们就不用种棉花了，这个说法当然很浪漫，希望这个工作能够做得更漂亮。

植物也能丰富我们人类的生活。我们人类的三大饮料是可可、咖啡和茶，它们都来自植物，所以我们很难想象没有茶、可可和咖啡的生活是怎样的。如果没有它们，大家可能每一天都无精打采的，生活也没劲。这几种饮料的共同特点就是它们都含有咖啡因。茶叶原产于中国，无论是栽培面积还是产量，中国都是全球第一。回顾历史，英国人曾在中国东部和东南部的主要产茶区收集各种茶树苗和茶的种子，引种到印度北部的大吉岭。他们找了一批在福建种茶、制茶的农民，把这些农民带到印度。最终英国人发现印度是一个很好的生产茶叶的地方。一百多年来，大吉岭红茶被誉为世界名茶之一，其实它的前身即是我国福建武夷山的正山小种红茶。如今印度在红茶生产方面比我们还厉害，印度红茶在国际市场也很受认可。历史说明，我们过去的穷困也是由于受制于人，我们不少好的东西都被人家拿走了。

但是，植物也给我们人类带来过很多的危害，最典型的就是罂粟和烟草。鸦片在中国历史上害人不浅。在罂粟的果子上面切一刀就会流出白色的汁液，有人把它加工成鸦片，提取后得到海洛因。这些毒品在国际上有很大的市场，屡禁不止。你看金三角好了几年，后来好像又死灰复燃了。但在罂粟这个家族中，有些物种的花是很漂亮的，比如虞美人，虞美人的果实中也有鸦片，但含量很低。实际上我们国家以前也禁止过所有单位和公园种虞美人，就是怕有人用它来提取鸦片。现在放开了，春天的时候我们校园里到处都能见到色彩缤纷的虞美人。春天漫山遍野的野生罂粟花也很是漂亮，有红的，还有别的颜色的，我国北方有黄色的。当然，历史上鸦片对我们中国人的负面影响太大了。

大家都知道烟草最早是印第安人在宗教仪式中使用的，后来哥伦布到了美洲就把烟草带回去了。最早大家对烟草也不怎么欣赏，但是后来人们逐渐对烟草上瘾了。烟草在欧洲最早是用来治病的，后来大家发现它没有什么神奇的功效，但是很多人已经对它上瘾了，发展到不可收拾的局面。受烟草影响最大的是中国，中国的烟民是全世界最多的，中国因吸烟死亡的人数占全世界的一半，这个也是值得我们进一步思考的。

现在像太湖、滇池等淡水湖泊的藻类繁殖严重，导致水质富营养化严重，水质遭到破坏。还有我国西南地区的紫茎泽兰，这种植物大概是20世纪40年代从国外进入中国的，现在云南的很多地方都有这种植物，哪里有空地，它就去占领。有研究表明，这种植物的根可以分泌一些不利于其他植物生长的物质，只要它一长，别的植物就长不起来了。还有像水葫芦这样的植物。水葫芦当年是从南美引进的，属于观赏植物，现在它们已经对环境产生危害了。话说回来，我们中国的很多植物到国外也存在这种现象。我们的杜鹃花很漂亮，到了英国，杜鹃花就疯长，似乎那里的环境特别适合它生长。我们的紫藤也在美国的一些树林里面蔓延开来，中国的鲤鱼和黑鱼在美国都被列为有严重危害的入侵物种。

植物有时还会破坏我们的建筑物，比如柬埔寨吴哥的一些古庙没人管了，榕树的气生根就在墙的砖石中间生长，把墙都挤压得走形了。现在联合国已派专家研究怎么修复这些古庙，其中也有中国的专家。虽然这也可以被认为是一个景观，但是这些建筑物也许用不了多少年就都会被树毁掉，所以植物在一些情况下也会对我们的环境造成某些负面影响。

接下来，我讲讲植物与环境。地球上陆地和海洋生态系统有很多的关联效应。地球每年通过光合作用固定下来的太阳能是我们人类一年所需能耗的10倍。中国的生物多样性也是值得我们重视的，我国的高等植物有3万多种，大概占全球的1/8，美国加上欧洲不过也就3万多种。西方文明发展得比较早，客观上他们早就把生物多样性破坏了，不可能恢复到原来的样子了。

更重要的是，中国是全世界重要的农作物起源中心之一，全世界很多重要的农作物最早都起源于中国，比如说大豆。全球的640多种栽培植物中大概有400种起源于亚洲，其中300多种起源于中国和印度，但是中国也是生物多样性受威胁最严重的国家之一。我国的野生种质资源丰富。云南的昆明植物研究所有中国最大的野生植物种质资源库，这对我们人类的未来至关重要。以我们的杂交水稻为例，袁隆平的团队在海南发现了野生水稻雄性不育株，如果没有野生水稻，就没有今天的杂交水稻。我们科学院的副院长李振声是从事小麦育种的，现在在北方地区大面积推广的小麦品种，不少就是他通过将小麦跟长穗偃麦草杂交后反复回交选育出来的。自然界的这些野生植物对我们人类改良农作物至关重要。

还有我们平时吃的猕猴桃。猕猴桃这个属有54种，中国有52种，我国在武汉植物园已经建立了全世界最大的猕猴桃种质基因库。中国人过去对猕猴桃也不是那么感兴趣，可能因为野生猕猴桃的果形较小，味道酸甜，而中国人的口味偏甜。猕猴桃最早被引进到英国，后来在1904年又引进到新西兰。我记得有一年我去新西兰，在杂志上读到他们正在庆祝猕猴桃引进新西兰一百周年，猕猴桃到新西兰后最终形成了一个产业，现在全世界很多猕猴桃的品种都是新西兰研发出来的。过去猕猴桃的英文名字叫"Chinese gooseberry"，它还有一个新西兰的英文名字——"kiwi fruit"。有意思的是，在猕猴桃回到中国后，人们又根据"kiwi fruit"这个英文名字给它取了一个新的中文名字——奇异果。猕猴桃有不同的颜色，里面的果肉有红的，也有黄的，我们人类很早就可以对这些原始的野生植物加以改良，而现在猕猴桃的品种太单一了，不少猕猴桃的表面都是毛茸茸的，里面切出来大多是绿的，很多科学家正在想办法改良它。比如中国科学院植物研究所曾把野生的猕猴桃跟栽培的猕猴桃进行杂交，选出一个果皮为绿色的猕猴桃，这种猕猴桃很容易剥皮，维生素含量也很高。现在武汉植物研究所在猕猴桃新品种培育方面已经做了大量的工作，选育出的优良品种有的已被欧洲国家引进并种植。这也表明，我们人类可以利用很多野生植物为我们的未来创造更多新的品种。

植物对周围的环境也有很多的影响，包括清洁水源、调节气候、防止水土流失、吸收环境中的有机废物、农药等。植物还为人类提供了良好的生活环境，这为我们人类适应自然变化提供了物质基础和选择的机会。如果有一天温度升得很高,气候很干旱,现在的农作物都不能生长了,那么我们还有很多野生植物可以利用和选育。所以,保护环境和植物的生物多样性对我们人类都是至关重要的。

不同的地方有不同的生态,我国海南、广东、广西的红树林曾经非常壮观。改革开放以来,一些地方为了发展经济严重破坏了海边的红树林。红树林可以在海边形成一个特定的生态系统,这个生态系统中生活着很多的鱼和虾,它们为其他动物提供食物。更重要的是,红树林在南方会大大地减弱台风和其他各种自然灾害带来的伤害,减小海啸形成的巨浪对海岸的冲击。我们去广西考察的时候发现,有红树林的地方受台风影响就不是很大,但是没有红树林的地方受台风影响就非常大。我们的森林也是这样。记得有一年我去了高黎贡山国家级自然保护区,去的时候正好泥石流很厉害,我到老乡家里进行家访,就问他们建保护区究竟对他们有什么好处。他们说,春天的时候云南很多地方都会干旱,但是他们那里没有事,他们那里有的是水,别的地方都到他们那边取水。别的地方泥石流很严重,他们那里有时也会发生泥石流,但不是很严重,这说明环境保护是非常重要的。

大家应该知道,森林对于维系地球的生态系统起着非常重要的作用,特别是热带雨林。在过去的二十年中,全球森林每年可以固碳 40 亿吨,这个数量还是非常大的。这 40 亿吨相当于我们同期化学燃料释放的二氧化碳的一半,所以森林的生态功能还是很强大的。这些年来,人们对热带雨林的破坏造成了 29 亿吨的碳排放量,被砍的树木经过燃烧或在大自然分解后会释放二氧化碳,所以全球森林每年的净固碳量就被抵消掉很多。

中国在人工林建设方面做了很大的贡献。中国的人工林占世界总量的 1/4,而且人工林在成长过程中吸收二氧化碳的能力最大,但是人工林老了以后，吸收二氧化碳的能力也会减弱。森林也不是绝对不能动，人类也需要木材，但用材林的种植和砍伐应按生态学的原则科学地进行。有时候火烧也并不一定是坏事，老的林被烧掉，新的林又长出来。中国的人工林吸收二氧化碳的能力非常强，所以我校方精云教授的研究结果认为，中国的生态系统大约可以抵消化学燃料总排放量的1/3，这个是非常重要的，这为我们中国参与国际碳排放的讨论提供了非常重要的科学依据。

全世界最大的树就是美国的巨杉，也称"世界爷"。我前几年到美国去的时候，朋友带我到附近的巨杉树林，很是壮观，但是美国巨杉树林的面积现在也大大缩小了。一棵巨杉能生长几百年，甚至上千年，有记录的寿命最长的巨杉可生存三千五百年，有记录的最高的巨杉高达100多米。北美红杉也很高大，俗称"长叶世界爷"。中国也有胡杨林，我们很敬畏它的精神，总是讲它"生而千年不死、死而千年不倒、倒而千年不朽"。但是它也很悲哀，虽然说它能抗旱，但是如果我们西北地区一点水都没有，它还是得死。水是生命之源，从这个意义上讲，西北地区面临着非常严峻的形势。我们看到秋天的胡杨林一片金黄，也很悲壮。其实中国古树中寿命最长的应当是柏树了，山西就有树龄为五千多年的"轩辕黄帝柏"。

前几年，美国《科学》杂志有一个社论说要重视植物科学的研究，以迎接全球的挑战。从生态学、生物多样性的角度来看，植物是我们在这个星球得以生存的根本所在。植物为我们提供了各种食物和能量，维持人的健康；植物也为人类提供了良好的生存环境，为我们适应自然变化提供了物质条件和选择的机会。了解植物学的基本知识能够帮助我们更好地认识世界，也使植物能更好地满足人类的需求。

下面讲的内容会比较学术一点，就是植物在生命科学中的作用或意义。讲了半天，植物和别的生物有什么差异呢？从细胞结构上看，植物有细胞壁，动物没有细胞壁。没有细胞壁，就长不成一棵树，长不成一株植物。植物细胞里有叶绿体，没有叶绿体就不能进行光合作用，不能生产其生存所需的各种原材料，这跟动物不同，植物属于自养生物。此外，植物细胞中还有一个液泡，植物自身没有排泄系统，它靠液泡储存废物。

在代谢方面，植物有特有的光合作用，还有复杂的次生代谢，这跟动物不一样。胚胎阶段的动物已经具备所有器官的原型，而植物不一样，植物的一生在不断地形成新的器官。今年冬天植物的叶子掉了，明年又会长出新的叶子，重新开花结果。所以从这个角度讲，植物是一个开放的系统，不断地长出新的器官。因此，它的生存方式也跟动物有很大的差别。同时，植物形态上的变化也比动物大得多，这给人们界定植物的物种带来了困难。同样一种植物，提供的营养多或少，或生长环境不同，长出来的植物在形态上也有很大的不同，在外行看来还会以为是不同的植物，有时候连分类学家也会搞错。另外，植物和微生物、植物和昆虫，都有很多特定的关系。总的说来，相对于动物而言，植物就是一种自养生物。诚然，有少数的寄生植物不是自养的，而是靠其他植物提供营养。

另外，植物对环境的适应有极大的可塑性。我们人可以移动，天冷了就多穿一件衣服，动物的毛长得好一点就可以避寒；但植物不行，植物长在一个地方不能动，天热或天冷都是在那个地方，它只能通过高度的可塑性来适应这种环境的变化。

植物在生命科学的发展中做出了重要的贡献，比如孟德尔利用豌豆作为材料，揭示了性状遗传的规律，奠定了遗传学的基础。美国科学家麦克林托克在研究玉米粒的颜色色斑时发现玉米染色体上有些片段很特殊，会在染色体上从一个位置转移到另一个位置，她称之为"跳跃因子"。当时的一些科学家认为她疯了，他们认为在显微镜下看到染色体的这种变化是不可能的。但是后来微生物上转座因子的研究证明她是对的，她的寿命也比较长，她活到了九十岁，最终她在1983年获得了诺贝尔生理学或医学奖。

光合作用是地球上最重要的化学反应。记得我们初中时就有一个实验，把一种水藻放在瓶子里的水中，太阳一照就会释放出氧气，同时它会吸收二氧化碳，然后我们可以用这些氧气来点火。其实这就是英国化学家普里斯特利早在1771年就发现的光合放氧现象。在植物中，这些功能都是在叶绿体里面进行的，所以叶绿体是一个高度复杂且能自我调节的细胞器，它吸收光的能量，把光能转化为一个高能态，最后变成化学能，合成淀粉、脂肪等各种各样的光合产物。

在植物的光合作用中，还有一种物质是很重要的。植物的叶子中有一种蛋白质叫Rubisco（核酮糖-1，5-二磷酸羧化加氧酶），我们地球上最多的蛋白质就是这个Rubisco。在植物界的所有蛋白质中，这种蛋白质占叶子中可溶性蛋白质总量的50%以上。我们每天吃的绿叶蔬菜里面的蛋白质基本上就是这个Rubisco。它的功能是催化碳固化的卡尔文循环中最初的CO_2固定步骤。美国科学家卡尔文因利用碳14首次探明光合作用的碳固定途径，于1961年获得诺贝尔化学奖。

豆科植物和蓝藻还有一个很重要的功能是固氮。我们现在用了很多化肥，而空气中有那么多的氮气，土壤中有很多细菌实际上可以直接借助空气中的氮气来生产有机氮，所以自然界的氮循环是一个很重要的循环。我们现在要减少氮肥的使用，就要充分利用我们自然界微生物的这些本领。生科院的赵进东教授研究蓝藻，蓝藻生长在氮很多的地方时不固氮，它就像人一样，有东西吃了，自己就懒了。但是我们一旦将氮从培养的介质中去掉，蓝藻的一部分细胞就会开始固氮，会在蓝藻的丝状体上有规律地分化出可以固氮的异细胞。为什么细胞会在这个位置分化出来？为什么这种细胞可以固氮？赵老师就此发表了一系列的文章，他的这项工作做得很系统，很有开创性。

和蓝藻相比，人们研究得更多的是根瘤菌的生物固氮。根瘤菌是跟豆科植物共生的，细菌感染了植物的根，形成的根瘤就可以固氮，把氮提供给植物使用，而光合作用的很多产物会送到根部给根瘤菌使用，双方因此互利互惠。植物也会得肿瘤，引起植物肿瘤的细菌与根瘤菌是很近的"亲戚"——根癌农杆菌。还有一种细菌叫发根农杆菌，植物感染这种细菌后不会长瘤，但会长很多的根，这些根不像正常的根，而是细细的毛状根。人们会利用这个特性在发酵罐或培养瓶中专门生产毛状根，因为植物的很多次生代谢产物都在根里面形成，培养毛状根可以帮助我们合成一些根中的特殊产物。

人类是很聪明的。人们经研究后发现植物肿瘤中有一段细菌的DNA质粒片段。植物被细菌感染后，这段DNA片段就会插到植物的染色体中，驱使植物细胞来生产细菌所需要的养料，促使植物细胞生产激素，使植物的细胞不断分裂，为细菌源源不断地提供养料，从而促进细菌的生长和繁殖，这是一个非常巧妙的策略。细菌就像一个殖民者，它侵入植物的细胞，但是又不让这个细胞死，而是利用这个细胞专门生产它所需要的养料。可以转移并插入植物细胞染色体上的DNA片段叫T-DNA（转移DNA）。当科学家了解了这个过程后，就利用T-DNA的这种能力把那些引起肿瘤的片段全部敲掉，换上我们需要的基因，然后转到植物中去，这就是人们最早对植物基因工程的构思。

2005年，美国《科学》杂志在创刊一百二十五周年之际，提出了125个各学科在21世纪需要关注的重要科学问题，这些问题中有相当一部分是跟生命科学有关的。其中有6个问题是与植物直接有关的，有一些问题跟植物有间接的关系。我就讲一下跟植物直接有关的，其中一个就是植物细胞的全能性。我们今天讲克隆动物，实际上植物学家早就克隆了植物。在 20 世纪 50 年代，植物学家已经可以把胡萝卜的单个细胞培养成一个植株，问题是现在我们尚不清楚为什么一个植物细胞在植物的身体上通常并不会变成一株植株，而一旦把它切下来进行培养时它就可形成胚胎，变成一个植株。这个问题是我们今天的科学家所好奇的，这实际和动物的克隆是有关系的。使一个成熟的动植物的体细胞在一定的条件下重新分裂，又重新变成一个胚胎，表现出细胞的全能性，这是生物学的基本问题之一。

关于植物，除了细胞的全能性外，我们还要面对很多问题，包括：

● 植物从没有花的低等植物发展为有花的高等植物，并形成千变万化的花，花是如何进化的呢？

● 由纤维素和果胶质组成的细胞壁能够确保植物细胞内有足够的水分，使植物得以长成大树，那植物又是如何形成细胞壁的呢？

● 有的植物长得大，有的植物又长得很小，植物的生长怎么调控？

● 为什么不同的物种，甚至是亲缘关系很近的物种，面对同样的疾病会有不同的防御机理？

不同的植物对恶劣环境的抵抗能力并不相同，如抗旱、抗盐、抗高温、抗低温等。我们在东北的长白山可以看到，有的树在被风吹过后长出了奇怪的形状，这不是一次大风导致的，而是长期的积累导致它生长方式的改变，这是植物对环境的一种适应。植物会受到很多环境因素的影响，如温度、湿度，植物会感应到这些信号，这也与植物体内的很多基因有关。通过这些研究，科学家希望将来可以培育出更多高产、抗病虫害、能够更好地适应环境的植物。这个过程是很复杂的，而这正是今天植物学家都在研究的课题。

今后的植物科学还要开展很多的工作。目前基因组研究的发展已经非常迅速了，分子生物学和遗传学的发展为我们的研究建立了很好的平台。在这个基础上，我们可以在分子、细胞、个体、群体，甚至生态层面研究植物生命活动的规律，希望这些研究能为农业、林业、园林的生态环境保护和资源的合理利用提供理论基础，这也是我们国家几代植物学家的理想。

目前，人们已经解析了很多植物的基因组。中国科学家在水稻基因组方面做了大量的工作。水稻是中国最主要的农作物之一，中国水稻的品种也很多。考古发现，水稻起源于中国，在中国已经有约一万年的历史。栽培稻分籼稻、粳稻两个亚种，过去外国人确定籼稻、粳稻两个亚种的拉丁文学名时，把籼稻取名为"indica"，把粳稻取名为"japonica"，使人误认为籼稻起源于印度，粳稻起源于日本。全世界种水稻的国家大多数要么种籼稻，要么种粳稻，只有中国既是籼稻大国，又是粳稻大国。对水稻基因组的全基因组进行分析，对籼稻、粳稻不同亚种和不同的品种之间的区别进行分析和比较，为我们育种提供了很好的条件。在未来，我们完全可以在现代生物学的基础上把水稻育种做得更好，也可以更好地了解水稻演化的历史。比如野生稻看起来像野草，怎么让野生稻在驯化的过程中变成我们现在的水稻？现在分子生物学家通过基因的比较发现，由于野生稻的一个基因发生了变化，它由原来的匍匐生长变成直立的形状，后来人们把野生稻的这个基因分离出来，转到水稻中，那么水稻也就变成了野生稻的样子，这说明是基因起了作用，这也说明遗传学是个非常有用的工具。

下面讲讲生物技术，它已经引起了全世界的高度关注，大家认为它对农业的发展也非常重要。上面我提到了植物细胞的全能性，植物的克隆带动了生产，我们中国现在就有很多企业在从事香蕉、草莓、马铃薯、山药等作物脱病毒种苗的生产，还有一些企业通过试管苗技术加速繁殖兰花、桉树及多种珍稀濒危植物。

育种学家已经发现，两个都很优质的品种杂交，未必一定能得到一个更好的品种，好的性状遗传下去了，很差的性状可能也过去了。现在生物学家通过对基因组的了解，可以用设计育种的理念把最优秀的基因组合到一起，来培育我们所需要的品种。上面我们提到了水稻基因组的工作。人们通过分析全基因组发现，影响水稻的淀粉品质的有 25 个基因，这些基因形成了一个网络。我国的"9311"是一个优良高产的籼稻品种，日本良食味粳稻品种"日本晴"的口感非常好。中国的"9311"跟"日本晴"有 18 个基因差异，通过分子标记技术产生的杂交稻引进了 12 个"日本晴"的基因，品质大大地被改良了。可见，分子生物技术是一个非常强大的工具，可以把这 12 个基因的标记很快地杂交到后代去选育，我们很快就可以得到我们所需要的杂交后代。

现在进展更快的是转基因植物，它在过去的二十多年发展得很快，自 1996 年首次种植以来，转基因农作物的种植面积在不断增加。2011 年，全球已有 29 个国家、1670 万名农民种植转基因农作物，种植面积达 1.6 亿公顷。①转基因农作物的主要种植品种是大豆、棉花、玉米和油菜籽。转基因农作物对特定的除草剂具有耐受性，对鳞翅目和鞘翅目害虫有较好的抗性。美国的大豆大部分是转基因大豆，2011 年我国的大豆有 3/4 是从美国和巴西进口的，这些大豆基本上都是转基因大豆。

我国在 20 世纪 80 年代末启动的国家高技术研究发展计划（即 863 计划）就包含了转基因农作物的研究项目，其中有转基因抗虫棉、转基因抗虫和抗除草剂水稻等，后来逐步扩大到玉米、小麦、番木瓜、杨树等作物和林木。

---

① 2021年全球转基因农作物总种植面积达1.955亿公顷。

棉花的主要害虫是棉铃虫,棉铃虫曾使我国很多地方的棉花大幅减产,有些地方几近绝收。但抗虫棉的培育改善了棉花的生产状况,最明显的就是减少了农药的使用。中国的农作物中,棉花是使用农药最多的,棉花不断地开花,不断地被棉铃虫侵害,一个季节农民要喷好多次农药。抗虫棉的培育大大减少了农药的使用,增加了棉花的产量,也减少了棉铃虫对其他农作物的侵害。在中国,棉花和玉米往往种植于同一个地区,棉铃虫同样也会对玉米造成危害,而抗虫棉的使用也大大减少了棉铃虫对玉米的危害。当然,世界上的事情都是很复杂的,一个问题解决了,又会出现新的问题。棉铃虫的问题解决了,不那么重要的害虫就会成为主要害虫。当然我们也不是没有办法,科学家发现有些害虫特别爱吃绿豆,就在棉花地种几行绿豆,这些害虫就会跑到绿豆上,我们把农药打到绿豆上就可以了。

同样,转基因抗虫水稻提高了水稻对螟虫等鳞翅目害虫的抗性。另外,武汉大学的教师也用转基因技术把人血清白蛋白基因转到水稻中,使水稻的种子除了合成淀粉外,还合成人血清白蛋白。很多人因为吃大米缺乏维生素 A,特别是在发展中国家。现在科学家把维生素 A 的前体胡萝卜素合成的基因转到大米的种子里,生产出来的大米因富含胡萝卜素而呈金黄色,这样人吃了大米就能补充维生素 A 了。当然会有人讲,缺维生素可以吃维生素胶囊,但发展中国家比较贫穷,人们哪买得起维生素胶囊?现在菲律宾等国家已经批准正式种植这种转基因水稻。植物的花青素有很好的保健作用,我的一位英国朋友 C.Martin 教授就把这个基因转到番茄中去,番茄变成了茄子的颜色。我开玩笑问他,这种番茄会不会有茄子的味道,他说没有,还是番茄的味道,但是它的花青素含量大大增加了。杨树也有很多害虫,人们研发出的抗虫杨树同样大大减少了农药的使用,我们也可通过转基因技术培育耐盐碱、耐干旱的杨树。由此可见，人类的不断创新能够创造出很多新的东西。

当然，转基因植物也会让一些人担忧，比如：转基因植物对环境有没有影响？对生物多样性有没有影响？对人有没有影响？这些都是需要我们去考察的。实际上，转基因植物相关研究的关键不在转基因技术，关键在于我们转的是什么基因。目前各国都有严格的审查制度以确保研发工作的安全性，我们也要在规范管理的基础上进行科学的研发。

我想，今天的讲座，同学们只要有几个概念就可以了。一个是植物的确很重要，它为我们人类提供了基本的物质基础。植物是一类非常特殊的生物群体，跟人和动物不一样。对植物的生命现象的阐明也会为控制植物的生长发育、代谢和改良农作物提供科学基础。植物作为生物界的重要成员，为整个生命科学的发展做出了贡献。我也讲到了保护环境、保护生物多样性，我希望同学们能记住这些。

最后，希望我们北大学子更加珍爱我们的家园，保护燕园的一草一木。正如北大的谢冕教授所说，我们每一位北大学子就像一棵蒲公英的小小的种子，选择了燕园的一片土，从此在这里发芽、生长。我希望同学们在北大的这几年能非常开心地学习，健康成长。

2011 年 10 月 27 日

（根据讲座录音整理）

注：本文根据作者 2011 年 10 月 27 日在"才斋讲堂"第 25 讲的录音整理而成。再版过程中，作者发现了一些因口音及内容误解而造成的文字错误，这次一并修订整理。在此，作者向读者致歉！

第九讲
我所理解的医疗体制与医患关系

柯 杨

作者简介

柯杨，北京大学肿瘤医院遗传学研究室主任，博士生导师，美国医学科学院外籍院士。现任北京大学医学部校友会会长、中国女医师协会副会长、中国癌症基金会副理事长、北京癌症防治学会轮值理事长、中国老年学和老年医学学会老年教育分会主任等职务。曾任北京大学常务副校长，北京大学医学部常务副主任，并担任第十一届、第十二届全国政协委员。柯杨教授的研究方向主要为上消化道恶性肿瘤的病因及其机制、人群精准防治技术策略及健康相关大数据的转化应用研究。柯杨教授累计发表中英文科研论文百余篇，被引用1000余次，申请国内外专利10余项。柯杨教授曾被卫生部评为"全国首届百名中青年医学科技之星"，曾获国家科学技术进步奖二等奖、卫生部科学技术进步奖三等奖、北京市科学技术进步奖二等奖等奖项。

内容介绍

今天的医疗模式是千百年来随着人类文明与科技进步发展而来的。看病之难与看病之贵已成公众热点话题。在医疗体制改革方面，柯杨教授积极参与并组织专家分析和总结国内医院的发展状况，提出了独到的见解。本讲柯杨教授将从医疗体系、法律政策、医学教育等角度探讨医患关系，分析如何进一步形成既符合医疗规律又满足群众需要的有效、高效的医疗体制与运行机制。

视 频 节 选

第九讲　我所理解的医疗体制与医患关系

我是学医的，主要从事基础医学研究，后来又转向了医学教育管理，所以我谈论的角度肯定不是一个经济学家、一个社会科学家、一个政策方面的大专家的角度，但是我可以从实践者、管理者的角度给大家提供一些参考。

我今天讲的内容是医疗体制和医患关系，这是两个不一样的话题，但是又存在着非常密切的关系。我把这两个放在一起，把我的理解讲出来。我知道在座的很多都不是学医的，尤其是对医疗体制这么复杂的问题不是很了解，所以我想先讲一些常识性的，但是往往被人们遗忘、忽略或者是很少被系统归纳总结的内容。

我先讲一个常识性的问题，我认为这对我们理解后面的医疗体制会有帮助。这个常识是什么呢？就是健康的决定因素是一个非常复杂的系统问题。健康不是由单一因素决定的。一个社会、一个人、一个群体的健康实际上会受到很多因素的影响，而每一个因素也不是单一的。我从图1的外层开始说。

第一层是遗传，遗传肯定会对一个人的健康产生很大的影响，比如说他抵抗疾病的能力、对某种环境因素的敏感性等，这些都是由多基因决定的，但即使是这样，遗传本身也不能完全决定一个人的健康。我按照这个图逐层往里讲。第二层是大家比较容易理解的自然环境，包括饮用水、空气、食物等我们接触的各种各样的物质。自然环境对健康的作用是复杂

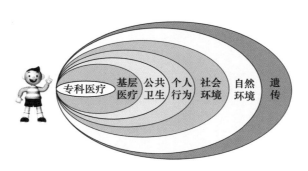

图 1　健康的决定因素

的,二者长期相互依存、相互依赖,自然环境因素和遗传因素也是相互作用的。第三层是社会环境,这可能是容易被大家忽略的。一个社会的保障体制、安全度、公平性、和谐程度等一定会对人的健康产生影响,这是社会科学研究已经证明了的。社会的层级会影响人的健康。一个社会的环境越成熟、越和谐,人的健康状态就会越好。第四层是个人行为。决定我们健康的还有个人的健康行为。现在很多人的疾病类型绝大多数是慢性复杂性疾病。研究证明,这些疾病跟个人的行为有很大的关系,比如说吸烟、饮酒、饮食习惯、生活节奏、锻炼身体、生活规律等。可以说,个人行为是影响健康的决定性因素之一,而且这是我们每个人可以自主选择和决定的。那么再看第五层和第六层,从公共卫生和基层医疗部分开始,我们就已经进入医学能够主动发挥作用的层面,它们是能够对健康产生干预的决定因素。公共卫生是指社会对疾病的防控,尤其是对一些具有传染性的、重大危害性的群体性疾病和灾难的防范、救治,以及食品安全等。社会在公共卫生上的投入和公共卫生人才的力量、水平和有效性,会对人们的健康产生重要的影响。疾病预防主要是在基层实施,但基层医疗不仅仅局限在这一方面。基层医疗还包括对重大慢性复杂性疾病的预防、监控,对人群的健康指导,对常见病的筛查、监控,对慢性复杂性疾病的诊断、治疗、追踪、康复和管理，以及对疑难重症病人、急诊病人的转诊。正常的医疗体系就应该是这样分层的体系。基层医疗是个庞大的体系，它是预防70%以上的慢病的第一道关口，它是疾病分类分层诊治的第一道关口，它是更有效地应对常见病和慢性复杂性疾病的医疗层级，它也是医患建立长期和谐关系的重要场所。构建好基层医疗并吸引高水平人才是影响人们健康的一个重要因素。再往里看，最后一层就是专科医疗。最具有代表性的专科医疗是城市里的三级医院，这种医院一般都是综合性医院，不过因为分科分得很细，所以每一个科的医生都是专科医生，像我们北京大学的各个附属医院都属于这类医院。那这部分医疗有什么特点呢？首先，它发展进步很快。这主要体现在很多高新技术的发明和使用，比如新药、新方法、新材料、新技术、新仪器设备，这将有利于疾病诊疗水平的大幅度提高。三级医院是处理疑难重症、抢救和治疗的关键医疗机构，也是高新技术研发推广、教学科研的重镇。当然，医疗成本的提高也体现在这个环节，同时这也是被抱怨最多的医疗环节。这个原因很复杂，有成本高的问题和体制的问题，有医学仍然存在局限性的问题，有病人的期望值的问题，也有医者人文精神的问题。如图所示，健康是一个非常复杂的工程，在健康的决定因素里面，专科医疗虽然非常重要，但它满足不了健康的所有需求。如果医疗不对病患类型进行分层分类，大病、小病都涌向专科医疗，既浪费资源，又达不到效果。

总结一下这部分的主要内容：第一，健康的决定因素是非常复杂的，我们要有完整的社会构建，要有健康的意识，要把所有的因素都考虑在内，才能去考虑一个人群的平均寿命。对疾病的治疗也不只是专科医院的任务，强有力的基层医疗能够对大多数常见疾病进行最有效的干预和诊治。让大量医疗回归到基层是我们保证医疗质量、降低成本和实施健康工程的非常重要的一环，而现在我们这方面的努力还不能满足实际需求。有体制方面的问题，有人才方面的问题，恢复和建立还有一个过程。第二，我们是做医学教育的，我们关注的肯定是人才，每一个环节都需要相应的人才。在中国，医学院培养的绝不仅仅是临床医生。我们长期以来都是在"大医学"的背景下开展综合的教育，我们不仅培养医生、护士，还培养公共卫生人才和其他各类医学相关人才，比如说健康指导方面的人才、在医疗体制构建过程中能够进行政策研究和卫生经济研究的人才等。只有培养各类各层人才，我们的健康水平才能得到提高。我们在人才培养方面还存在很多问题，例如，在医生的培养方面，我们长期以来都在自觉或不自觉地培养专科医生。在我国，全科医生的培养体系并不健全，可是我们今后的发展不光是需要专科医生，还需要高质量的全科医生，因此，我们也应该主动地承担培养高质量全科医生的责任。

下面，在介绍医疗体制之前，我想将我理解的医疗体制的内涵讲给大家。医疗体制包括以下几个方面：一是公共卫生体系，最主要的机构是中央的、地方的和基层的疾病预防控制中心；二是医疗保障体系，也就是医疗保险体系；三是医疗服务体系，也就是医院。这里包括基层医疗和高层级医疗。我们中国曾经成功建立了三级医疗网。除了以上三点，医疗体制还包括药品生产销售使用体系。而其中与老百姓关系最密切的是第二点和第三点。

那么针对第二、三点，我想回顾一下中国医疗体制大概走过了什么样的道路。这样大家就会比较容易理解我们现在处于什么阶段，我们的问题出在哪儿。我们可以把历史粗略地分成了新中国成立前、新中国成立后到改革开放前、改革开放后第一轮的医改和2009年的新医改四个阶段。

我们先看医疗保险体系，新中国成立前肯定是没有像样的医疗保险体系的，这个大家很容易理解。1949年新中国成立以后，中国实施的是城乡二元结构，有集体经济和全民经济。在这种情况下，城市实行的是政府全部买单的公费医疗。那公费医疗针对的是哪些人呢？它针对的是真正的计划经济体制内的人，我称之为当时的"公务员"，就是所有事业单位和企业单位的人。还有一种叫劳保医疗，它是指由城市的集体所有制单位实施的医保。这部分国家是不买单的，是由集体经济来承担的。当时农村也属于集体经济，实行的是自发的合作医疗，这曾是在世界上非常著名的互助模式。

改革开放后，国家继续承担公费医疗的费用，而国企改革使这部分公费医疗改为医保体制。由于集体经济解体，很多集体所有制机构的保障没有了，农村的集体经济解体，合作医疗也没有了。再加上原来就不存在针对居民、儿童的医疗保障，所以我国大部分人口在改革开放后的一段时期处在无医疗保险的"真空状态"。改革开放后，国家对医疗体制的改革在前，对医疗保障体制的实施在后，二者不同步，因此，曾经的"自掏腰包"加上医疗成本的大幅提高必然造成看病贵的现象。为缓解矛盾，2009年国家实施了新医改，在城市先后建立了城镇职工医疗保险和城镇居民基本医疗保险，逐渐建立了新型农村合作医疗体系。国家的目标是在2020年实现全民覆盖，实现的途径是中央政府和地方政府各出一部分资金，个人出一部分资金。这是一个很大的进步，甚至可以说是一个里程碑，因为它是由政府主导的，中国人第一次有了实现医疗保障全民覆盖的希望。虽然这几年的运行还存在一些问题，但已取得了很大的进步，国家还在不断加大投入、加大报销比例。

再来看一下我们的医疗机构。新中国成立前，中国的医院基本是以中医为主，只有少数医院属于西医医院。新中国成立后，我们建立了由基层医院、二级医院、三级医院组成的医疗网络，取得了巨大的进步。在计划经济时期，医院的建设和运转的费用全部由国家承担。医护人员是吃公粮的，工资是国家发的，医院的设备是国家提供的。当时的卫生防疫站作为公办的医疗机构与基层医疗互相配合，对防病和治病起到了很大的作用。另外，当时我们还有一些妇幼保健机构和专科疾病防治机构。农村的卫生院和农村赤脚医生在整个医疗体制中也发挥了重要的作用。其实那时候的医疗水平是很低的，医疗设备也很落后，甚至医院里药的种类都是可以数清楚的，但当时中国人的平均寿命得到了极大的提高。比如，北京市的人均寿命从新中国成立前的三十九岁，一下子提高到了六十岁以上，这得益于卫生条件的改善、免疫的接种、营养不良的改善，以及孕产妇的生产质量的提高、婴儿死亡率的降低、常见病诊疗水平的提升等。这些举措都不是依赖高新技术实现的。这也进一步说明，健康的决定因素不只是医疗。

改革开放后，处在计划经济体制内的医疗体制改革有点像国企改革，医疗机构被推向了"自我生存"的境地，包括卫生防疫站这种公益性机构在内的医疗机构全部都要"自我生存"。这使医院变成了有营利动机的机构，虽然我们从来不敢承认，也不愿意承认它走向了市场化。这时候就发生了比较明显的分化。因为改革开放打开了国门，凡是原来人才档次比较高的医疗机构的医生，比如大学的附属医院的医生，会得到更多出国的机会，他们将各种最先进的诊疗技术和方法引进国内，大大地提高了我国医院的诊疗水平，至少是城市医院的诊疗水平。药品、设备等的引入促进了我国医疗水平的提高。在让百姓受益的同时，医疗成本也显著提高了，这就产生了看病贵的现象。尤其当我们的医疗保障体制的改革没有和医院的改革同步时，老百姓很难靠自掏腰包承担高昂的诊疗费用。另外一个问题就是过度诊断和治疗，这是由主观和客观两方面原因造成的。同时，那些基层的医院由于受制于自身条件的限制，没有能力去引进高精尖技术，只能向百姓提供一般的医疗服务，甚至无法自行生存，很多医疗机构都萎缩或解体了。因为改革后国家给医院的拨款只够发离退休人员的工资，还不包括奖金，其他的费用全要医院自己挣，而且不是从医护劳动中挣，而是靠药品的加成收入、设备的使用等。在医院的生存需求下，国家制定的这种收费方式很容易造成过度诊疗现象的出现。

我们的医院在这样的状态下生存和发展到今天也受到了很多人的诟病，医患关系也受到很大的影响。如上所述，我们知道很多疾病是不需要到大医院就医的，因为基层的医疗服务就能满足需要。但基层可能没有好大夫、没有好药，大医院里的大夫又都是专科医生，感冒也要挂呼吸科的号，这其实是一种资源的浪费。病人不管大病还是小病都涌向大医院，造成医生每天面对太多的病人，几乎没有时间和病人进行良好的沟通，这就产生了很多问题。其实，这也就是第一轮医改后到第二轮医改前的那段时间中国的医疗问题比较严重的主要原因。这么一个庞大系统的改革是一个不断完善的过程，确实也需要很长的时间，需要一个过渡期。

总结2009年新医改的成就，我们应该看到，新医改建立了政府参与的全民医疗保障体系。改革使我们的公共卫生能力得到了极大的提高。新一轮改革在医疗服务方面主要体现在政府加大了投入，为基层医疗的恢复提供帮助。基层医疗在城市是指社区门诊、地段医院等，在农村则是指乡村、乡镇、县级的医疗机构。新一轮改革使基层基本实现了药品"零差价"和"收支两条线"的管理方式。这就意味着如果还没有办法给医生和护士的劳动定价的话，国家就要补贴医院生存的经费。这方面的改革力度还是很大的。总之，在医疗保险、基层医疗和公共卫生三个方面，改革效果明显。当然，落实改革的各项措施还需要时间，还需要我们不断与时俱进地调整，但改革的整体方向是正确的。

然而，以"回归公益性"为主题的公立医院（也就是三级医疗）改革实际上是举步维艰的。在我们取得进步的同时，对于公立医院怎么改革，我们一直没有一个宏观的指导意见。我认为公立医院的改革有几个最关键的问题。

首先，改革的大方向要进一步明确，要加强宣传力度。2009年新医改的成绩已经显现，比如医保的全民覆盖和强化基层医疗的各项措施（包括全科医师制度）。这些都是政府的正确举措，但我们宣传的力度很不够。当然，我们还需要提高基层人才的质量，这是一个较长的过程，民众对此并不一定理解。在人们眼中，似乎公立医院没改就不是改革，公立医院的改革似乎只有回到计划经济的那种公益性才叫改革，似乎政府大量投入才叫改革，似乎降了价才叫改革。然而，公立医院改革的大方向恰恰是给医院和医生松绑，更多地按市场规律办医。这种舆论导向和正确改革走向，以及真正做起来的难度使人们的期望值错位，使医务人员困惑，也使政府压力很大。似乎再不出台公立医院改革方案就无法给社会和百姓一个交代。因此，我觉得舆论导向非常重要。政府已经拿出那么多钱，做了正确的事，但由于医疗的复杂性和以前积累的问题，改革不可能一蹴而就，需要我们不懈努力、不断落实和调整各项举措。公立医院的改革不可能回头走政府全包的路，而是要在目前公立医院已经部分进入市场的基础上继续逐渐调整。我们应该通过舆论让百姓理解并对此有所准备。

其次，对于公立医院的改革，我觉得我们需要分轻重缓急和先后顺序。以我对目前医院状态的理解，我认为目前的医院尽管有这样或那样的问题，但其提供的医疗质量是高的，医生的积极性是高的，医院的生存是较稳定的。我认为最影响医院正常发展的是收费机制。医护人员在医疗服务中缺乏体面且合理合法的收入。在医院开始"自我生存"之后,因为医护劳动始终不能体现其价值,药品、仪器、设备、材料的回扣泛滥,屡禁不止,这种体制性的问题腐蚀性太大。与此同时,医学教育时间长、内容枯燥。学习医学成本高,医生职业成长较慢,医护劳动风险大、强度大、责任重,医生理应得到较高的回报。目前国家的公益二类事业单位的工资待遇及奖金使医护岗位对优秀人才的吸引力越来越小。在当前多元化的选择中,年轻人难免会对其他某些岗位,如高回报的金融业等产生向往,从而放弃学医,这将长期影响医护人员队伍的质与量。改革的难点是我们既要抑制趋利性的过度诊疗并降低成本,又要保护和激励医护人员的积极性,这是世界性的难题。国外将对病种的治疗用临床路径和DRGs的方式充分量化,但国外的做法也不成熟,他们也还有不少其他的解决方法。在中国,各地有些医院已按政府的要求进行试点或自行摸索,但都还没能形成成熟的方案。我们不能急,我们要在积极探索的基础上加强监管。只有建立了更合理的收费机制,才能让医院建立在健康的经济基础上。

医院面临的另一个困境是它的性质。从医院的生存方式来看,医院具有特殊的企业性质,但它属于公益二类事业单位,这就使其在工资制度、编制上没法放开,不利于医院管理的有效性和规范性。

最后,我们要明确医院的公益性补偿机制。医院目前面临的一部分问题是基层医疗不健全,病人不能充分分层,服务态度跟不上,很多资源被浪费。另一部分是上面所述的几个问题。我们需要不断探索并逐渐改善这一情况。因此,对公立医院的改革,一不能让政府全包,二不能让政府一下子撒手,改革应以稳定、务实、渐进的方式进行。有三个前提我们要充分考虑:一是确保公立医院平稳发展,二是确保医疗水平持续不断提高,三是确保医疗人才队伍持续稳定。

虽然目前还没有公立医院的整体改革方案，但公立医院这几年正在改善服务、引进新技术、提高信息化程度，这些都是公立医院采取的积极和正确的改进措施。我认为，公立医院的改革还需要不断地探索，而且我坚信，如果我们的医疗体系真正能够做到把绝大多数慢性复杂性疾病、常见病、多发病解决在基层公立医院，将会解决很多问题。分层医疗可以让公立医院对最需要投入高科技的疑难重症进行有效治疗。基层医疗的构建不光是靠硬件投入，人才的质量、对人才的吸引力和激励是更为重要的因素。这些目标的实现不可能一蹴而就，那是不现实的。

这就是我对医疗体制的介绍，希望能对大家的理解有所帮助，知道为什么我们目前的医疗体制是这样的，我们是怎么走到今天的，我们进步的地方在哪，挑战又在哪。下面我就医患关系进行一些分析。

我先把医患关系再总结一下。看病难体现在哪？千军万马，一号难求。这个大家可能也能理解，就像刚才分析医疗体制时说的那样，现在人们之间的信任度越来越低，如果医院不分层，一个人一旦得了病，尤其是不知道得的是什么病的时候，都愿意到大医院。但事实上，80%以上的疾病不需要到大医院，还有一部分疾病连药都不需要吃，或者说不用医生开药。医疗技术在过去几十年里不断地提高，因此看病的成本也越来越高。今天大家都觉得看病贵，一方面是因为曾经有一段时间我们是需要全额自费看病的，另一方面就是医疗成本提高了。引进新技术带来的高收费是很难避免的，但如果是过度诊断和治疗，那么无论是什么病、该不该采用新技术，都会造成不该发生的看病贵。

有的医生态度不好。在我们当前的医疗体制下，一个医生一天如果看80个病人，他从早上开始接待病人，往往两三点才能吃中午饭，下午还要接着干。他有多少时间去跟病人解释,去和病人交流?尤其是那些半夜三更来挂号的病人,他的期望能不高吗?另外,如果大家都涌到大医院看病,医患即使有机会交流,难度也大,效果也不好,因为大夫对病人的病史、家庭背景、生活背景一无所知。什么样的医患关系才是好的呢?就是朋友关系。因为只有彼此熟悉才能使看病的效果更好,信任也会建立起来,交流也会更充分。那我们在什么情况下才能形成这种关系?只有当我们的社会发展到基层医疗非常发达,第一道看病关卡是家庭医生的时候,我们才能形成这种关系。那时病人不用说那么多,医生就了解其家族史和病史,以及和疾病相关的性格和生活习惯。这样的医生除了看病,还能对病人防病和康复给出指导,给予病人安慰。因此,这个目标的实现一定是要回归到基层医疗。

当然,我们还要专门分析影响医患关系的因素。在这里,我将对决定医患关系的客观现实、医疗体制对医患关系的影响、影响医患关系的思想意识和主观因素进行介绍。

一、决定医患关系的客观现实

医患关系作为在医疗过程中产生的人际关系,具有其他人际关系的共同属性,同时又有以下几个明显的特征。

首先,医患关系是不能用纯粹的市场手段进行调节的供需关系。

不可否认,医患关系发展到今天,本质上就是一种供需关系。只是由于医疗是对弱者的救治,我们不能任由市场杠杆来调节价格,它需要完善的社会福利与保障体制的调控和制约。承认了医患的供需关系并不意味着承认了医疗服务的市场化,只有清楚地认识到医疗服务市场性与公益性(福利性)兼备的复合性质,我们才能更好地设计相对完善的社会保障制度、医疗保险制度。作为高度市场化的国家，美国的医疗体制改革也较为重视医疗的福利性，以实现市场性与公益性的平衡。同时，供需关系的本质决定了没有供方希望自己是不被需要的，所以医疗服务的公益性实际上对医生的行为规范和职业操守也是有一定的制约作用的。事实上，对医生来说，没有什么能比成功地救治病人更令他们愉快的了。如果患者只将自己定位于顾客与商家的消费关系，就容易产生对医生的不信任，甚至引发对医生这一职业的信任危机。

这种供需关系的一个重要特点是，由于医疗行为的公共性和不容选择的风险性，法律赋予了医方强制缔约义务。对于医生来说，除了这种强制性义务，一般的契约也是不足够的，医生还需要有强烈的职业精神和同情心，这是医生这一职业的一个鲜明的特点。在谈论医患关系时，人们常常强调对医生职业精神境界的要求，却往往忽视了这一职业所承担的强制性义务和风险。

其次，医患双方存在着严重的信息不对称，现代医学仍有很大的局限性。

对任何行业而言，都存在专业与非专业的区别。由于所学的知识、掌握的技能、占有的资源不一样，信息不对称的情况在其他行业也都存在，但是医患关系中信息不对称的程度更深，对患者的影响也更大。这是因为医学知识具有系统性和复杂性，而且医学诊治技术发展迅速，分科日益细化，专业程度很高，医生一辈子都需要不断学习。甚至很多医生在分科之后也不知道其他专业最新的进展，何况是连基本的知识都不了解的患者呢？这种由学科特点造成的患者对医学知识的不了解，使得医患间的信息不对称成为无法逾越的鸿沟。医学不是一门纯粹的自然科学，很多疾病和现象都是"多因单果"的，是由环境等多种因素共同造成的，治疗上也会因为个体差异出现"单因多果"的情况。例如，医学上有很多有效的药物和有效的治疗方法，但它们并不是对所有人都有效，每种药物和治疗方法都有无效的概率和引起严重副作用的概率。有一位医学大家说，医学是概率性的科学，可谓一语中的，这是由生命的复杂性决定的。即使获得了病人的全部信息，我们也很难确定某种治疗方法对他来说是否有效，做出正确的选择也并不容易，任何选择都有出现意外和例外的可能，医生只能按照循证医学告诉病人各种治疗方法和药物成功的概率。这是医学的一个突出的特点，它与道德无关，也与逃避责任无关。医学虽然发展得很快，无论在认识论上还是技术的发展上都处在整个科技进步的前沿，但是由于人的复杂性带来的研究上的难度，医学远没有达到可以包治百病的程度。有很多疾病的根本病因我们仍不清楚，也有很多疾病我们已经了解得很全面了，但我们仍然没有有效的治疗手段。占人类疾病最大比例的慢性复杂性疾病、非传染性疾病多数处于这种情况，对于这些疾病，医学所能做的更多的是缓解而不是治愈，这不是医生的问题，而是医学所具有的局限性。但毋庸讳言，医疗技术的进步使医疗中人与人的关系淡漠了。

今天的医患关系和科学技术的进步密不可分。人们都在说，技术越发展，医学变得越冷酷。技术进步推动了医学的发展并让患者受益，这是毋庸置疑的。尤其是改革开放以后，我国的医务工作者积极引进、应用、推广最新的医疗技术、设备、药品、材料，使我们的患者受益，但是在带来益处的同时，如果去掉主观的因素，我认为新技术的确也给医患关系带来如下的影响。

第一，新技术的应用使诊疗过程中人和人的关系逐渐转变为人和机器的关系。过去医生在诊疗中用手摸，用眼睛看，误诊率高。有了机器，诊断的精确性大大提高。新技术的使用也降低了医生在诊疗过程中的劳动强度，减少了病人的痛苦，增加了病人的依从性，但这就很容易减少过去人和人之间亲密的交流和倾诉。医生与病人的交流大大减少，一些可以通过交流直接获得的重要信息也因此丢失，影响了诊疗效果。

第二，新技术应用提高了收费标准，也提升了病人对治愈的期望值。在整个医学发展中，对于绝大多数复杂性疾病（比如肿瘤），进步最快的是诊断技术，尤其是无创的影像诊断能力较过去相比有了很大的提高。治疗的方法尽管也进步很快，但没有诊断技术发展快。尤其对于大多数慢性复杂性疾病，诊断中新技术的应用带来了高收费，但病人的问题不一定能得到解决。这是医学面临的一个非常现实的问题。遗憾的是，对于这种诊断和治疗发展的不同步，医院和医生其实都没有对病人进行过很好的解释。

第三，新技术在治疗上的应用使分工越来越细，局部精细诊疗手段的应用对医务人员专业化程度提出了更高的要求。然而人的精力是有限的，分科的细化往往人为地造成了"头疼医头，脚疼医脚"，这就容易增加不典型疾病的误诊率，也会让病人在分诊转科上耽误更多的时间。当这些问题产生时，病人就会抱怨。

第四，技术的应用容易造成过度诊疗或容易被认为是过度诊疗。如果抛开医生的主观因素，我认为这种趋势在客观上是必然的。我曾看过一个例子，一个很简单的病，医生给病人做了好几种检查，先做B超，又做CT。医生对此的解释是，现在的设备能够让人把瘤子的包膜都看清楚，这样就可以更充分地准备手术了，手术时间短，病人流血少，手术成功的可能性就会变大。在过去做不到这点的时候，医生就只能在手术台上摸索，效果相对就比较差。这个解释是合理的，但没人跟病人解释，病人会认为这是过度诊疗。有了新技术和多种选择，人们必然会有使用这些手段的倾向。这样做有时可以给病人带来实际的益处，有时则不然，尤其当考虑到病人的经济条件时，有些问题并非只能靠技术来解决。这是在研究今天的医患关系时，我们必须正视的一个客观存在的现实。当然也不可否认，个别人在经济利益的驱动下造成了过度诊疗。

以上是我认为医患关系中客观存在的现实。这是世界范围内的普遍现象，但为什么中国的医患矛盾比较突出？是哪些因素影响了医患关系呢？我想，医疗体制是一个很重要的因素。

二、医疗体制对医患关系的影响

改革开放以来，我国一直在逐步地实施医疗体制改革。随着国力的增强和先进技术、设备的引入，老百姓所享受的医疗服务在数量和质量上都有了明显的提高，但是看病难、看病贵的问题非但没有得到缓解，反而日渐凸显。原因之一是人们对健康的重视程度不断提高，另一个原因是我们尚未建成既适应当前市场经济又符合医疗规律，且能满足群众需要的体制和机制。

（一）制度在完善过程中存在一定的缺陷

医疗体制至少包括医疗保险和医疗服务两个体系。在医疗改革的过程中，两者是配套的，缺一不可，但是在我国医疗体制的转轨过程中，二者并不同步。我们在将医院从计划经济体制推向自我生存机制的同时，医保体系的建立较为滞后。当病人自掏腰包看病时，就会产生更高的期望，医患关系中矛盾的一面就更加突出。同时，在医院的收费政策上，费用主要体现在药品和设备上，这样就造成了医护劳动相对不值钱。正因为医院的收费主要体现在药品和设备上，过度诊疗更容易产生，这也是会造成医患关系问题的产生。新的医改方案第一次提出了全民覆盖的宏伟目标，这将从根本上改变医疗体制的缺陷，但这一方案还需要一个不断完善的过程，在医保的覆盖项目上也有待调整。例如，只有住院才报销的政策等，这样的政策会影响医生选择最佳的治疗方案，使患者产生误解。目前我们对医院体制的改革，如收费体制改革，还处在探索阶段。

另外，上一轮医改并未把不同档次、层级的医院进行区别对待，而是在把医院推向市场的过程中实施"一刀切"。事实证明，城市大医院可以通过这种方式生存，而基层医院、农村医疗机构和社区医院必然难以生存，必然逐渐萎缩，医疗水平也会下降。结局是患者不管大病小病都涌到大医院，使大医院的医生负担过于沉重，无暇给病人更多的人文关怀，既浪费了医疗资源，又进一步疏离了医患关系。虽然新的医改方案已从多方面启动了改进措施，但完全转变这一情况还需要一个过程，不可能一蹴而就。

（二）医疗行业优质人力资源供不应求，分布极不平衡

当前，中国进入了高等教育大众化阶段，医学教育也得到了发展，但是其发展却更多地体现在量的增加上。培养高质量医生是要符合医学教育规律的，这对教育资源要求高，时间成本也高，培养一名成熟的医生需要很长时间。目前我国医疗行业人力资源的主要问题表现在三个方面：一是人员总数增长了，但质量和整体水平不高，高学历、高职称人员的比例低；二是人力资源分布不均衡，高质量医护人员集中在发达地区、沿海地区，集中在城市，尤其是大城市；三是队伍结构不合理，如全科医生、护理人员、公共卫生人员的比例都比较低。在人才配置上，我们目前缺乏有效的导向性政策和措施，缺人的岗位对人才没有吸引力。如果没有优秀的医生从事基层医疗，就很难缓解城市大医院的压力，也就无法从根本上缓

解看病难的问题。在医疗实践中，全科医生和护理人员本可发挥不同的作用，虽然医教都在共同努力，但我国尚未建立起高质量人才培养的规范化程序，缺少有吸引力、有社会地位的岗位。因此，有限的高质量人才与人才分布的不合理将是缓解看病难的瓶颈。

（三）不健全的社会保障体系和法律法规对医患关系的影响

近年来，医院的纠纷激增，处理纠纷已成为医院的日常工作内容。这些纠纷常常会直接耗费院长的大量精力，还会扰乱医院的秩序，甚至会威胁到医务人员的安全。然而有数据表明，纠纷增多并不是因为医疗责任事故比过去多，也不是因为医生的责任心减弱。纠纷的产生和增加有其复杂因素，包括人们的维权意识加强、社会诚信度低、病人因自费比例过高而希望得到赔偿等。同时，现行的社会保障为医方提供的保险不健全，不同的处理医疗纠纷的相关法律之间也存在着一些矛盾。

目前，我国与医疗相关的法律有十几个，这些法律均是在改革开放以后，在我国的法治化进程中逐步出台的，但在这种从无序向有序转变的过程中，法律也存在着一些缺陷和歧义，需要及时补充修订。例如，有些法律规定的初衷是好的，只因不完全合理，达不到目的，反而起到了负面的作用。我认为问题主要体现在以下三个方面。

第一，医疗纠纷处理的不协调。医疗纠纷包含不同方面的内容，并不都是医疗责任事故。有数据表明，将近有10%的医疗纠纷是比较容易判断的，也是容易通过私了或纠纷调解委员会解决的，而其中大部分主要由医院购买的责任事故险赔付；另有10%的医疗纠纷难以判定医院是否有责任，这部分医疗纠纷往往因为医患意见不一致而进入司法程序。这种情况既可以依据"特殊法"——《医疗事故处理条例》解决，也可以通过

《中华人民共和国民法通则》《最高人民法院关于审理人身损害赔偿案件适用法律若干问题的解释》等"普通法"解决，符合"特殊法"中规定的"不属于医疗事故的，医疗机构不承担赔偿责任"，在"普通法"中则会以无过错责任原则或公平责任原则判赔。另外，关于医疗事故的鉴定，由于医学会鉴定程序复杂且烦琐，时限长、费用高、公信力不强，患者不愿接受；而司法程序对死亡病例的鉴定是通过法医。法医和临床医学有很大的区别，法医更关注的是结果，这不利于人们从医学科学的角度给出客观的结论。另外，我国的职业保险体系只覆盖医疗责任事故，对医疗意外尚无覆盖，这意味着医院要对医疗本身存在的几乎不可避免的各种意外提供经济赔偿，而且服务越多，责任越重，风险越大，被惩罚的概率也更高。这是对医患关系的根本伤害。另外，将近80%的医疗纠纷，或是源于患者对医疗意外难以接受，或是源于患者对治疗效果不满意。客观来说，患者是值得同情的，但由于我国尚未建立医疗意外的社会保障，他们得不到赔偿，少数人因此怪罪医院，有人甚至选择长期"闹"下去，其最终影响的是医患关系。

第二，对医生职业风险和社会地位的忽视。在《最高人民法院关于民事诉讼证据的若干规定》中规定，"因医疗行为引起的侵权诉讼，由医疗机构就医疗行为与损害结果之间不存在因果关系及不存在医疗过错承担举证责任"。首先，医学科学本身的不确定性、复杂性、多变性、局限性以及人体的差异性，常使医疗机构举证不能。这种"假定有罪"的判定方式是对医生职业的不尊重，想要用这种方式避免医疗事故的产生太过简单粗暴，这会影响医生的职业尊严。在这样的法律导向下，医生在看病时首先想的就是如何保护自己，尽量避免承担风险，这就不可能使医生做出一些有创新性的、真正从病人角度出发但存在一定风险的诊疗。同时，在诊疗过程中，医生会刻意增加一些检查，并保留各种各样的证据，这一做法又从客观上造成了过度诊疗。

第三，对医学教育和医生成长规律的忽视。最典型的问题就是目前以学生身份行医的合法性问题。最近，有媒体对一所大学附属医院的一起医疗纠纷进行了失实报道，这反映了法律法规在医疗纠纷处理上的不完善，同时更暴露了相关规定与我国现行医学教育的不协调、不配套。医学教育通常分为在校教育、毕业后教育和终身继续教育三个阶段。其中，毕业后教育针对的是获得医学专业毕业证书和医学学士学位的"准医生"，他们必须要通过系统的临床实践和培训成长为成熟的医生，这是医学教育的内在规律。我国医学教育体系正处在逐渐完善的过程中。一般来说，毕业后教育以三种形式存在：一是专科医师培训，即原来的住院医师规范化培训。接受培训的人员是五年制医学专业本科毕业的"准医生"。二是专业学位研究生的培养。我国于1997年建立了临床医学专业学位研究生培养机制，目的是将住院医师规范化培训与临床科研培训相结合，培养高层次临床医学人才。这种途径不仅促进了规范的临床医学人才培训体系的建立，同时也解决了我国以学士学位为主的临床医学生的高层次学历学位问题。三是临床长学制教育的后期阶段。我国于1988年、2001年先后设立临床医学七年制和八年制教育，其目标定位是临床医学专业学位的后期培养，类似于临床医学专业学位研究生模式。

接受了以上三种教育的医务人员组成了医院中低年资医生的队伍，他们是保障医院运行的重要力量。他们中具备研究生身份的人员，一直是在国务院学位委员会1998年颁布的《临床医学专业学位试行办法》的规定下行医，他们"能够独立处理本学科领域内常见病、多发病，能对下级医师进行业务指导"。自1999年《中华人民共和国执业医师法》施行后，这支队伍中的后两类住院医师就一直在"灰色地带"生存。尽管他们已经完成了临床医学专业本科的学习,并有在上级医师指导下完成至少一年的临床训练的经历,但由于其"医学生"的身份,他们不能参加执业医师资格考试,也无法进行注册。2008年印发的《医学教育临床实践管理暂行规定》则进一步将临床医学专业学位研究生和长学制临床医学专业学生归为"医学生",要求他们在参与临床诊疗活动时必须有临床带教教师或指导医师的监督、指导,不能独自为患者提供临床诊疗活动。目前,各大学附属医院的住院医师队伍几乎全部由这类"医学生"组成,他们的培养时间少则二至三年,长则四至五年,上级医师需要对他们进行全面、系统的无缝隙指导(场所涉及门诊、急诊、病房,指导内容包括询问病史、查体、各类操作等)。从目前医院的现有编制和执业医师的工作量来看,这样的规定是不现实的,并且其可行性和执行力度也会大打折扣。不可否认,近年来由于一些医学院校盲目扩招,教学质量有所下降,部分本科毕业生达不到住院医师的基本要求,这会使他们的临床实践质量下降,甚至会威胁到医疗安全。对于这种局部现象,迫切需要改革和加强的是医学教育,包括毕业后教育,而不是用这种"一刀切"的方式,不顾医学教育规律和中国医学教育已形成的模式和特点,这样做会因噎废食。以上这些问题需要政府各部门全力协调,逐步理顺和解决,同时也需要社会和民众的理解。

除了上述医患关系存在的客观属性以及体制等因素对医患关系的影响外,我们的确还应该正视理念的问题、认识的问题和道德层面的因素。

三、影响医患关系的思想意识和主观因素

意识形态的变化是医患关系的重要影响因素。我们需要正视的是,我们的社会正在经历历史形成的"精神断层",这是我们的价值观在重构过

程中面临的阵痛。在社会转型的特殊背景下，人们在个性禁锢、物质匮乏年代中蓄积并突然释放出来的能量，导致了诸如腐败、不公平和欺诈等问题。当问题发展到一定程度时，就会对整个社会诚信体系产生直接的影响。诚信度低的社会医患关系自然也不会好。试想，病人家属在与医生谈话时，病人录音；医生开药时，病人记录；而医生在看病时，时刻惦记着如果被告上法庭，如何保留和提供证据。这些情况都给医患双方带来不好的感受。

虽然职业精神的丧失并不是医生这个职业特有的现象，但是人们对医生的操守有更高的期望。客观地说，整个医生的队伍是好的。医务工作者对我们社会的贡献巨大，对守护百姓的健康功不可没。在面对很多突发事件时，很多医生都表现出了大无畏的英勇精神，可歌可泣，感动人心。因此，如何在日常平凡的医疗活动中始终保持自己的职业精神是值得医务人员反思的。目前医疗的常态往往是，患者已在门诊焦急等待多时，却只得到几分钟和医生交谈的时间。当然，大型公立医院门诊量过大、医生负荷过重，是造成这一现象的客观原因。尽管在目前的患者满意度调查中，患者最不满意的是费用，其次才是医疗效果，但医者品格的提升仍是十分必要的。换个角度说，如果费用和医疗效果都让患者满意，中国的广大患者实际并不会那么在意服务态度，但这并不等于我们没有服务态度方面的问题。态度恶劣的医生是少数，常见的是态度上的冷漠、生硬和医患双方严重缺乏交流。医生往往会认为自己在治疗上已为患者做了最佳选择，在技术上发挥了最好的水平，这样就算尽职了，就可以不在乎自己的服务态度。有的医生认为如果自己没有办法治疗躯体疾病，患者只是维持目前的状况，那自己就没必要解释，也没有义务处理患者的心理问题。但是，患者是人，是情感动物。当他将生命交给医生时，医生的一句解释、一句鼓励,甚至一个笑脸,对病人是多么重要。在不出差错、没有误解时,医生的冷漠一般不会产生问题;一旦出现差错或意外,尽管可能是不可避免的失误,医生的冷漠就很容易导致医患纠纷。我们可以看到,有相当一部分纠纷是交流不畅造成的误解,而纠纷最容易发生在那些不屑于和患者交流、不善于和患者交流的医护人员身上。有些医护人员说自己太忙,没有那么多时间跟病人说话,而且这种现象也不是一天两天了,以前也没有这么多纠纷啊!这正反映出了上述现象在改革开放前也存在,然而在这个既有诚信危机,人们的维权意识又大大增强的社会历史阶段,如果医护人员仍然不能适应新的变化,医患关系不可能出现根本上的好转。因此,影响医患关系的主观因素是医护人员的人文精神。

大多数患者是来求医的,是有忍耐力并能配合治疗的。从患者方面来讲,影响医患关系的因素主要是病人对医学、医疗的认识程度。也存在少数患者因为不理性而做出伤害医护人员极端性的行为,从而影响医患关系。根据对医护人员的调查,我们发现医疗服务提供方对医患关系的满意度大大低于患者。具体而言,医生受教育的艰辛过程、医疗工作的高负荷、工作的风险和责任、工作量与收入的不匹配和受尊重程度都直接影响医护人员的感受和满意度,而这些情况较少被社会了解和理解。

即便如此,我仍然认为,面对医患关系中的种种问题,主动权仍然在医方。我们要积极向政府建言献策,促进法律法规的完善;通过实践积极探索改革公立医院体制之路;加大宣传力度,让百姓更加了解医学的局限性和医护人员的工作性质;提高医院的管理能力,以病人为中心,千方百计地改善病人的就医环境,改革落后的医学教育。

同时,我们每个医护工作者均应"从我做起",主动维护和改善医患关系,用我们的行动使患者有尊严地就医,使医者有尊严地行医。

2002 年，美国内科学基金、美国医师学院基金和欧洲内科医学联盟共同发起《新世纪的医师职业精神——医师宣言》。它明确强调将患者的利益置于医生的利益之上，制定医生能力标准，医生还要就健康问题向社会提供专业意见。

实现《新世纪的医师职业精神——医师宣言》中的三项基本原则和十项职业责任，除了需要医生的信念，我认为交流也是一个医疗技术之外的最重要的手段。交流能够充分地传达信息，使病人充分地了解自己的病情；交流能够帮助医生获取机器无法获取的信息，更有利于医生做出最佳选择；交流也是互相理解和消除误解的过程，而且交流对医生还具有学习提高的作用。同时，交流也是倾诉和倾听，而倾诉和倾听就是一种无形的关爱。

相对于医学的局限，爱是无界的。美国著名医学家特鲁多有一句名言："有时是治愈，常常是帮助，总是去安慰。"这句话正揭示了医学的局限性。如今，医疗水平有了很大的提高，但许多疾病仍然是无法被治愈的。这句话也体现了千百年来医学的本质，说明了爱心在医学中的重要位置。关爱是人性善的表现，人在病痛之时尤其需要被关爱。科学技术再发达，这种需要也不会被改变。我想，这也是医生职业精神的真正体现。

2011 年 5 月 12 日

（根据讲座录音整理，有删改）

第十讲
转型经济发展与法治政府

吴志攀

作者简介

吴志攀，曾任北京大学党委常委、常务副校长、法律总顾问、法学院博士生导师，兼任北京大学亚太研究院院长；哈佛大学法学院访问学者，美国艾森豪威尔基金学者。吴志攀教授长期从事金融法律研究，承担多项国家级科研项目。已出版《金融法概论》《国际金融法》《国际经济法》《资本市场与法律》等10余部著作。

内容介绍

改革开放以来，中国取得了很大的成就，中国的快速发展也对整个世界的格局产生了深远的影响。面对社会转型期的经济发展和法治建设问题，吴志攀教授引领我们探讨政治体制改革、经济体制改革方面的宏观调控法、市场规制法、跨领域研究等一系列制度和理论问题，提出从人治的政府转向法治政府、建成完善的法治政府是中国政治体制改革的关键等。

视频节选

第十讲 转型经济发展与法治政府

我非常荣幸能到这个讲堂来跟大家交流，我想讲一下转变经济发展的方式与法律保障，具体会谈到法治政府的问题。大家来自不同专业，我这里可能会涉及商业、金融、市场营销模式、法律等方面的内容。我本身是法律专业的，在涉及各位的学科的时候，如果我讲得不对，大家可以指正。

改革开放以后，我们国家在经济上取得了令人瞩目的成绩，这点毫无疑问，从一些数字上就能看出来。1997年的亚洲金融危机、2008年的世界性金融危机，我们基本都成功地化解了。可以说，金融危机对于我们日常生活的影响，包括对学校的日常影响都不是很大；但在美国加利福尼亚州的某所非常著名的大学，金融危机使政府的财政预算减少，所以这所大学的教员的工资减少了10%，他们受到了不小的影响。在金融危机的社会背景下，我们中国降薪的情况不多，这是非常了不起的。但是，我们现在也确实到了一个关键的时刻，以前支持我们快速发展的那些要素，包括投资、土地、劳动力，可能会让我们付出一定的代价，造成比较严重的生态破坏或者是资源浪费。因此，如果我们今后二十年再继续这样走，或者今后更长的时间还要这样走，我们的发展就没有可持续性，因为土地资源供应是有限的，劳动力的成本会逐渐上涨，资源价格也会逐渐上涨。另外一点就是，我们正面临着世界经济的大变局，我们可以看到黄金、石油、美元的价格都在变化，在这样的情况下，如果我们继续过去的发展模式，大量的外汇储备可能就会被蒸发掉。同时，旧的经济发展模式还带来一定的贫富分化，社会问题也会不断增多，所以不管是经济还是其他方面，我们已到非转型不可的时刻了。

我们比较骄傲的首先是我们的经济总量，早在 2011 年第二季度我们的 GDP 就超过了日本，但是如果换一个角度看，我们就不骄傲了。我们的人均 GDP 排名很低，我们 2010 年的人均 GDP 仅排世界第 95 位，我们的 GDP 总量排名第 2 位，但人均 GDP 的排名就很靠后，排名靠前的很多都是小国家，甚至还有一些存在债券危机的国家。这个就很奇怪，这些国家的政府没有钱，可老百姓有钱。我们可以看到前 10 位有美国，非常了不起，因为它是有 3 亿多人口的国家。像德国在欧盟里面是最强的，它也就仅仅进入前 20 名。

这说明什么呢？这就说明人口比我们少得多得多、面积比我们小得多得多的一些小国靠某些行业发展经济，人均 GDP 就变得很高。卢森堡就是做金融的，澳大利亚、卡塔尔、阿联酋都是靠资源发展起来的。瑞士、德国、日本依靠设计、科技。英国和澳大利亚的教育非常好，虽然制造业很衰败，但是外国留学生非常多。据我所知，澳大利亚的教育部采取"饥饿疗法"，只承担大学 40% 的预算，60% 让学校自己去挣。怎么去挣呢？收留学生，因为留学生的学费很高。到澳大利亚留学的亚洲人很多，其中中国人最多。我在一所澳大利亚的大学访问，令我吃惊的是，那个大学有 1000 多名美国留学生，我问美国留学生为什么到这儿来留学，因为我们总认为美国的教育水平会比那儿高。但是这所大学的校长说他们的硬件不比美国差，但环境比美国好，自然环境更不用说了。澳大利亚的自然环境是非常好的，巨大的鹦鹉停在你身边，你去喂它也行，不喂它也行。你到水边，水里可能就游着黑天鹅，各种鸟也会过来，找你要面包吃，你给也行，不给也行。你要是准备给的话得小心点，鸽子和各种飞禽都会落你一身，你轰它们也行，不轰它们也行，简直是动物的天堂。你走路或开车的时候，经常会看到小心袋鼠的标志。它的自然保护做得太好了，这对美国喜欢自然的那部分人很有吸引力，而且它的学费比美国低，教育质量不比美国差（除了一些一流大学）。另外，就可能是做传媒、做出版的了，像德国、日本、英国，它们的出版业非常强。还有做奢侈品的，像法国的包、箱子、鞋、西服，还有各种的装饰品、香水、化妆品、酒。旅游、休闲和体育产业更是这样。西班牙人均 GDP 虽然排不进前 20 名，但是西班牙的体育产品太发达了。我去那边开会，当地人拉我们去一个足球商店，那个商店像我们的沃尔玛那么大的，只卖跟足球有关的产品，比如某个运动员的球衣、吉祥物，还有他们穿的鞋子和各种照片。虽然他们的经济发展得不是太好，政府也没有钱，但是这些东西很值钱。为什么一个皇家马德里或者巴塞罗那的球员转会费会这么贵？他们怎么会出得起这么多钱呢？这是因为有一个巨大的体育产业在支持着他们。买一个球衣，就是一个 T 恤衫，上面印着 10 号，就能卖到 150 欧元，150 欧元差不多就是 1500 元了，我这套西服不值那么多钱，至少还能穿出来接待人，还像个样子。我要是穿个球衣来见你们会怎么样？可球衣比我这套西服贵多了。

另外，手工业的相关产品，比如各种刀具和精密仪器，都是德国、瑞士、意大利、日本生产的。中国的纺织业很发达，但是纺织机械大都是他们做的。我们制鞋业很发达，但我们制鞋的机械也大多是人家做的。制作矿泉水瓶子的注塑机很多也是德国或者是意大利生产的，制作可乐的易拉罐所用的轧铝材的机器也大多是进口的。因此，在装备机械方面我们还要再发展。

我们再看金砖国家中的巴西，它也有很强的地方，它的航天航空业很强，巴西的支线飞机是全世界第一。过去有三个国家可以在这方面竞争，一个是巴西,一个是加拿大,一个是德国。德国的那个公司已经破产了,加拿大的支线飞机虽然非常好,但是现在做不过巴西,巴西的支线飞机更便宜。我们跟巴西在哈尔滨合资开了一个工厂做支线飞机。民用飞机分为两类,其中一类叫大飞机。大飞机有两个概念,一个是起飞的重量在100吨以上,另一个是能坐100人以上,其余的叫支线飞机。我们现在在上海做的ARJ21就是支线飞机。我们也在做大飞机,但是我们的飞机能拿到美国的适航证吗?不一定,但是巴西拿到了,巴西的支线飞机可以飞美国,可以拉着客人在美国降落,但俄罗斯的飞机不能在美国降落,美国不给它适航证,这不是因为俄罗斯的飞机技术不行,而是因为市场垄断。美国只给空客适航证,给波音适航证。我们给所有飞机适航证,等我们做出自己的飞机,这些飞机可能大部分的时间是在我国的航线飞。

另外,印度虽然信息产业很发达,但人均GDP很低。既然印度有这么好的产业,为什么它的人均GDP还这么低呢?原因就是这个行业的从业人员比较少。我前几年去印度做数字图书馆的考察,发现他们只有200万人从事信息产业的相关工作,但印度的人口是11亿。我们的人口现在超过了13亿人,我们的产业工人,也就是生产线上的工人有2个多亿,还有1.5亿是流动的,生产订单多的时候他们就从农村来了,生产订单少的时候,他们就回农村了,所以我们有3.5亿工人,我们的制造业从业人口比例比印度要高得多。印度的人均产值少,那儿的人力便宜,比如在计算机方面的人力成本就比我们便宜。2006年的时候,印度计算机专业的博士毕业的起薪是400美元。博士赚400美元能干什么呢?据说可以娶个太太,养得起两个孩子,还可以租一个两室一厅的60平方米的房子,然后还可以买一辆塔塔牌的小轿车。大家知道塔塔集团是印度最大的企业,从钢铁到车都做得非常好。它能把车的价格定到1000美元以下。《数字化生存》的作者尼葛洛庞蒂说能做 100 美元的计算机、笔记本电脑给穷人用，印度科学家说他们 47 美元就能做了，就是这么便宜。所以，它的 GDP 低也没办法，印度的什么东西都便宜。当年，我在法学院工作的时候，我们请的大学计算机系的二年级学生帮我们法学院做网站，那时候我们一个月给他 5000 元他还嫌少，人家还是用业余时间来做，上课归上课，考试归考试，什么都做完了再到法学院帮我们做了一会儿，我就非常感谢了。这要是博士来做，估计得 4000 元乘 10 吧。我们的人力成本确实很贵。

上面的数字说明了什么呢？说明我们的产业链处于低端，我们干的活儿不如西方，甚至不如亚洲的一些发达国家那么值钱，我们虽然很累，但是我们干的活不值钱。这就说明我们经济发展的效率不高，但是我们单位 GDP 消耗的原材料很多。如果这样的状况不改变，我们不可能进到人均 GDP 的前 20 位，短期内我们连进到前 50 位都困难。

那么我们怎么做才能改变这个情况呢？就是要改变产业链的结构，不能让 3 亿多人都去做低端产业链。至少我们在校的大学生和毕业生要在资本运作上去做，要做营销、传媒和广告行业，还要做一些物流的设计和配置。每个产业链大概分为六个部分，包括：创意设计、农业原材料加工制造、加工运输、广告、营销、资本运作。这六个环节就能把一个产品生产出来，那么每一个环节能分多少钱呢？理论上，每个环节能分到总利润的 1/6。按照过去我们经济学所讲的，利润是均衡的，如果不均衡的话，这个环节就会向另一个环节转化。哪个环节的工资高，那么人们就会往哪个环节转移，转的人太多了，工资又会降下来，然后再不断地均衡。因为市场是自由的，市场是不能有水坝的。现在，做创意设计的人所消耗的能源不是太多，人们坐在办公室里，会用用空调、用用电灯、用用电脑。做资本并购也是这样，不需要大量的资源和能源。但加工业就不是这样了，它需要大量的电力，需要大的锅炉、大的厂房，甚至大的车间、仓库。显然高技术、高知识、高资本的产业能赚很多钱，并且不会消耗很多的资源，它消耗的是脑力。

我们为什么长期以来不能改变处于产业链低端的状况呢？并不是说我们学校教得不好，也不是说我们学生的竞争力不行。我们多数学生到美国后功课都很好，尤其是数学。为什么呢？这就是中文跟英文的差距。你用中文从1数到10，花的时间是用英文从1数到10的一半。所以，中国小孩用中文数字做数学题就比美国小孩省时间。省时间就能多做题，人家做一遍，你做两遍了。因为我们的1到10全是单音字，英文就不是，这就是中国人数学好的原因。当然这是我的一己之见，可能有人说你不是搞理科的，你不知道，但是我发现我的小孩就是这样，他是学文科的，他到美国后数学考得很好。虽然我们学习好，我们的整个产业链却还是处于低端，为什么呢？这就是知识产业化的问题，知识产业化会涉及法律问题。法律把创意的各个环节都保护起来了，保护起来以后就不那么容易流动了。中国人想做设计，但全世界都有做设计的，会有人找我们吗？包括我们在设计奥运会、亚运会的建筑时，也会找国外大牌设计师，不管他做得好不好，做得漂亮不漂亮，我们总会找他的。

所以，知识产权被保护起来之后，它们会得到丰厚的利润，而且要想改变这种情况很难，我称之为"知识领土"。我们有物理上的领土、行政上的领土，也有知识的领土。整个世界的知识领土被重新划分了，被那些人均GDP高的国家占据了，虽然它们的行政领土很小，但是它们的人均GDP很高，它们的知识产业链站得很高。它们占据的知识领土是它们领土面积的很多倍，我们的领土面积虽然很大，但是我们的人均GDP很少，我们的人均知识领土很少，我们甚至把知识领土都拱手让给人家了。比如说《功夫熊猫》,大熊猫本来是中国特有的,但我们拍不出来,人家就拍出来了;花木兰也是中国的,但也被外国人拍了,拍出来就有人看。最近有一本书是专讲藏獒的,这个书也是中国人写的,还被拍成影视片了,韩三平做制片人,但是片子是日本人投资做的,叫《藏獒多吉》,这个片子做得确实不错。当知识领土被占据,你想把他们驱逐出去,你来重新占据,这是很难的。你只能重新再开辟新的知识领土,好在这个疆域是知识的疆域,是无限的。已有的知识领土就这么大,很多都已经被占满了,我们要再去抢人家的知识领土就会很困难。

经济转型就是开辟新的知识领土,我们必须要在劳动密集型环节有所提升。比如说,我们确实需要大量的劳动力,但我们要让一些人做创意,让一些人做营销,让一些人去做资本,让一些人做物流,让一些人去做其他环节。我们可以把不同的人分到不同的环节,把每一个环节都做大,我们整体上就会发展得很快,整体和人均的 GDP 就会提高。否则就算我们再去增加厂房,再去增加更多的衬衫厂、鞋厂、箱包厂也是不行的。

现在有一个重要的因素是法律方面的因素。过去我们保护知识产权的意识不强,我们也不去开拓新的领域。我们做仿造品所得到的利润是微薄的,也是短期的。我举几个例子,我们看看新的创意在高端产业里是怎么赚钱的。我们先看一个饮用水的例子。浙江是中国饮料产业比较发达的地区,大家知道浙江的面积跟江苏相差不大,江苏的 GDP 远超浙江,但是浙江跟江苏的人均 GDP 差不多,浙江人口比江苏少。江苏地势平坦,浙江山区较多。中国十大饮用水品牌里面,有两个跟浙江有关,一个是娃哈哈,一个是农夫山泉,虽然农夫山泉的公司不是浙江的,但是它的水源地在浙江。这两家公司真是了不起,但是它们的发展模式不是它们创造的,它们借鉴的是欧洲的饮用水模式。这两个公司有一个本质区别,农夫山泉号称是从湖里面提取的水，娃哈哈则是将经过过滤的城市地下水装进瓶子里去。所以，这两个公司的成本差得很大。

我们接着分析饮水模式。在我们小的时候，比如说三十多年前或者更早的时候，是没有人把水装到瓶子里卖的。那时卖这种瓶装水的，做这种瓶子的材料也还没出现。我们大多是在家喝茶或者去茶馆喝茶，或背个铝制的行军壶。那时候，茶壶和行军壶是我们装水的容器。因此，我们的茶有品牌，水没有品牌，那时候没有农夫山泉，也没有娃哈哈。过去的水都是不要钱的，人们喝的水就是井水、河水，就像空气一样，都是公共资源，我们只需要花费很少的钱，比如打井费、自来水费，成本可以忽略不计。茶壶和行军壶这两种容器的设计理念都源于中国的传统观念，从外面看是看不见里面装的东西的，倒出来才能看见。外国人经常跟我讨论这个问题，他们说中国的很多东西是不让人看的，比如说包子、饺子、月饼，都是包着的；但三明治一定是开着口的，巴西肉饺一定是开着口的，墨西哥肉饼也是开着口的，外国人不会把它们全包起来，比萨也是如此。我们的文化有一种神秘感，我们把东西都包起来，谁也不让看。所以，我们的水是不卖的。不让人看到水的形态，那我们就没法做水的品牌。连酒也是这样的。茅台酒的瓶子是瓷瓶，也不是透明的。为什么不让它变成透明的呢？可能不让阳光照射这个酒，酒的味道能保存得好一点。葡萄酒的瓶子也是深颜色的，这是为了防止阳光照射进去，瓶身颜色暗一点能保护里面的东西。水就不行，水必须让人看见是无色的。带颜色的水你敢喝吗？

所以，我们用的茶壶最后发展成收藏品、奢侈品了，变得非日用化或者仪式化了。但是水产品的设计就不是这样了，它一定要便于携带，一定要透明，盖子要容易开启。你可以仔细观察一下矿泉水的瓶盖，其实它就是一个环，你不用拧 360 度就能把它打开，如果你拧了 360 度还没有打开的话，那你已经烦了。宗庆后曾在电视节目上表演过，他拧了三圈，矿泉水一下就被打开了，而且它一旦被拧紧，就一定不会漏，这样便于携带。我们后来发展出一些这样的东西，但这些不是我们最先发展的，这些材料是国外最先做出来的，我们拿来用了。水瓶跟酒瓶不一样，酒喝完人们还留着酒瓶，水喝完人们就把水瓶扔垃圾桶了。当发明的新材料被市场接受，做设计的人马上就想到了，这种材料这么好，又无毒，那我们的水就能包装出来运到远处去卖了。这时候广告的作用就非常大，营销起到的作用也非常大。这些创意都很好地受到了法律的保护，这样他们就可以把法国的水卖到中国。而我们则往另一个方向发展，往高超的技艺上发展，在倒茶时我们要求表演者在极为困难的情况下把茶水倒进碗里不要洒掉。这不太需要法律的保护，这种技艺人们很难抄袭，它是仪式化的东西，仪式化的东西不需要保护，因为它难度高，也不能被大规模工业化生产。但水就不一样，比如农夫山泉的水是从千岛湖来的，从千岛湖运到北京需要 1000 多公里，相比从某个水管子里接出来的水，农夫山泉的水就非常贵了，所以这个品牌需要被保护。欧洲最先将水设计成了品牌，这些品牌被保护之后，消费者就开始接受了。这跟红酒、香水、巧克力、奶酪、服装、箱包、剪刀、皮鞋一样，有品牌、有故事，给人的感觉就非常不一样了，人们看着就顺眼了。改革开放之初，西方的瓶装水就来到了中国，因为外国人要来中国，外国人喝中国的饮用水可能水土不服。我遇到过这样的外国人，喝了几次中国的水马上就拉肚子，上医院打点滴。等他们从医院出来，他们就再也不喝中国的水了，他们一定要喝依云，从早到晚就喝依云。那时候我们觉得依云确实是非常贵，但是对他们来说这个价格可以接受，他们在国外就喝这个，在中国也喝。

"依云"在拉丁语中的意思是水。依云矿泉水的水源地保护得非常好，这里面有很多故事。据说最早有一个王室成员得了肾病，喝了依云水源地的水后病好了，大家知道了都去喝那个地方的水，后来人们就开始卖那个地方的水。依云来到中国的时候，我都不看好它，觉得它不能赚钱，但是依云真的赚到钱了，尤其是后面的一系列的产品，比如依云矿泉水喷雾系列、依云面膜系列、依云防晒系列等。想要做得这么好是很难的，我们娃哈哈的面膜系列能卖到美国去吗？这很难。我们现在也开始采用这种模式了，因为很多中国人到外国投资，比如非洲的肯尼亚，有些人不能喝当地的水，喝了会拉肚子，会得疟疾。

我去苏丹给当地的石油工人讲课，当地人告诉我，不能喝水管子里的水，要喝矿泉水。我到印度考察时也不喝当地的水，刷牙都不能用水龙头的水。所以，现在中国的品牌也都走出去了，我们把广西的水卖到越南、老挝、柬埔寨，我们把西藏的水卖到尼泊尔，我们中国人去的那些国家都有中国的水，比如说娃哈哈、农夫山泉。因为你不打开的话，瓶装水在常温下可以保存 18 个月，这样它就能运到很远的地方去了。

水的运营模式跟知识产权是非常相近的，一个东西经过包装、宣传后会变成非常重要的产品，甚至是奢侈品，那价值就完全不一样了。这种运营模式需要有严格的法律保护，受到保护后它就变成知识领土的一部分。如果某个品牌的瓶装水占据了这个市场，再想把它从市场挤出去就不容易了。为什么呢？因为它的价格很便宜，比如说娃哈哈的价格很便宜，你能比它还便宜吗？很困难，它的量很大，你做不过它。农夫山泉也可以做得很便宜，谁要敢跟它争，它就降价，只要你争不过它，它的价格就会再回来。你不可能再去争这一块市场，只能再想办法做别的去。

我再讲一个例子。我们有了网络之后，很多商店开在了网上，你买东西得付钱，当然你不可能写支票寄过去，跑去付现金也不现实，我们得在网上付，这样网上支付就很厉害了。为什么呢？很简单，因为它提供的是全天候服务，你凌晨 3 点想买东西，打开电脑就可以买。网店不需要仓库、售货员，什么都不需要，你要是愿意消费，它永远开着，不像沃尔玛，晚上 10 点钟就要关门了。凌晨 3 点去沃尔玛的，除了工作人员，很可能是小偷，不是消费者，但是凌晨 3 点去网店的都是消费者。所以，我们传统的商业银行的支付方式就受到了很大的挑战。我们过去将所有法律资源都投在传统的支付方式上，比如说《中华人民共和国票据法》，但是这些新的东西的相关法律我们还要继续跟进。比如说一个客户在浙江银行开户，另一个客户在上海银行开户，如果他们之间有交易，他们会把支票或者发票、汇票交给自己的银行，自己的银行到中间去换，换完了之后把账弄到对方的账上。这些操作可能会产生空头支票，会造成透支。我们有很多的法律都是管这个的，所以我们要在上班的时候拿到发票，必须给发票盖章，还不能有各种折叠，还要有会计现场验票，还要拿身份证，一堆事，这都很受时间和空间的限制。

但是在网上支付就没有这些操作了，两个人在不同的地方也无所谓，大家约定好了，你同意支付，钱自动就付给对方了。那么这事为什么银行没干，民间的公司却干了呢？这是非常奇怪的，因为我们网络银行出现的时间比支付宝要早，比如招商银行的网上银行就开通得很早。但是现在为什么支付宝抢占了这块地方呢？因为在我们现在的这个制度中，银行不承担支付过错中的任何赔偿，比如说你在交易中收到了假币，你不能找银行，它不管。支付宝就不存在这个问题，它有第三方担保，买卖双方通过支付宝交易，如果出现问题支付宝来赔付，这样大家就敢用了，用的人也就多了。在支付宝开户会有什么好处呢？它有一个很大的好处，就是你可以没有信用卡账户，可以没有网银账户，但是你可以在支付宝上开一个户，把存钱进来，只要输入密码，你就可以用这个账户付钱了。这时银行就发现有些储户不到自己这里存钱了，因为他们改用支付宝了。

再举个例子，动漫是本人非常喜欢的一个产业，现在杭州的动漫产业做得非常大。然而我发现我们的故事都是外边在做，知识领土都是人家的，用我们的版权是不要钱的，因为不知道作者是谁，或者这个作者已经过世了，他的后人也不来要版税。比如说《三国志》，人家找不到作者的后人，画相关的漫画就不用给钱，《白蛇传》是民间故事，就更没版权了。现在动漫原创是非常难的，但只有原创才能做出品牌来，然而如果做原创，盗版就很厉害，成本就很难收回。所以，我们大部分时间都只能做加工。现在遇到的麻烦是什么？我们的加工费越来越贵，而朝鲜的加工费便宜。朝鲜做动漫不差，它可以给法国加工。法国是欧洲动漫做得最好的，欧洲动漫40%的市场都是法国的。法国很少找我们加工，一是我们价格贵，二是我们不听话，老有独立的思考，这是法国不需要的，朝鲜是人家让怎么画就怎么画，而且画的水平不低。缅甸的动漫也做得非常好，越南也是，印度就更不用说了。所以我们一定要坚持原创，现在我们也开始有原创了，当然和一些国家相比，我们的原创还差得很多。

《千与千寻》这个电影大家看过吧？这个电影非常好。2001年这部电影的票房是304亿日元，300多人手绘了20多万张图。《千与千寻》的原创是宫崎骏，原画设计、导演都是他。这个电影的票房非常了不起，所以我们不要小看这个行业，它的价值和产值巨大。

在法国，跟动漫行业有关的从业人员有将近10万人。我们现在有282所大学有动漫专业，有1000多个培训中心做动漫培训，虽然我们做动漫的人很多，但是如果我们不好好做原创的话就会非常麻烦，因为做加工用不了这么多人，加工费也会变得很低。但是做原创需要法律保护，否则你投了很多钱，人家一拷贝，你的成本就拿不回来了，所以重视对原创的法律保护的地方才会出现原创。这才是知识密集型加劳动密集型产业，因为它需要几百个人画一年或者几年，这就不是简单的劳动密集型产业了。动漫产业有很强的手工业性，但是它的产业性非常强。做动漫不是仅仅做一个片子，它的衍生产品更不得了。美国的迪士尼乐园就是一个衍生品。日本有吉卜力，宫崎骏的动漫博物馆就叫吉卜力，他的工作室也叫吉卜力。布鲁塞尔的漫画博物馆也卖衍生产品，这些玩偶的附加值就跟足球一样。宫崎骏找久石让做的音乐很受欢迎，我们现在的好多配乐都用那个音乐，他们也拿到了不少版税。这就是高端产业链。

为什么我们这类产业很多都在浙江呢？比如说动漫产业，饮用水做得很有名的两个品牌在那儿，支付宝也在那儿。是不是浙江的法律环境好呢？也不一定啊，但有一个东西浙江有，别的地方没有。在中国各地乃至世界各地，我们都会发现"浙江村"，外地的浙江人会住在一起，然后他们在那儿做生意。因为从浙江走出去的人很多，所以其对外交往更活跃，浙江的民营企业非常多，眼界非常开阔。所以想实现商业的繁荣，至少有三点值得注意：一是做好法律保护，避免侵权情况的发生；二是加强与世界的联系，浙江就是一个很好的案例；三是重视民营企业的创新能力。

从上面的例子我们可以看到，在国际市场利润最高的经营模式都是在法律保护比较完善的地方发展起来的，都是在跟世界交往比较密切的地方发展起来的，都是在民营企业创造力很强的地方发展起来的。美国的微软是民营企业，苹果公司是民营企业，谷歌也是。我们可以借鉴欧美和日本企业的经验，但是他们的路我们不能重复，因为我们不可能在它们的领土上站得住脚。我们必须开拓新的领域，以我们自己的经验来做我们自己的事。

我们的现行法规有多少呢？全国人大和全国人大常委会颁布的法律有200多件，行政法规有将近700件，地方性法规有8000多件，自治条例有700多件，所以我们的经济建设、政治建设、文化建设、社会建设和生态建设都能较好地受到法律的保障。但是我们要知道法律界有句话叫"徒法不足以自行"，法没有长腿啊，法不可能"自行"，所以我们还需要一个过程。这个过程是个积累的过程，而且积累的时间越长，执法的效果会越好，但如果执法过度，大家就可能对执法工作产生反感。所以，我们现在最缺的不是法律，我们最缺的是执法经验。我们要用"烹小鲜"的态度去执法，这可是非常难的，一不留神就弄错了，就会出乱子。以我们的市场状态为例，我们的市场经常会重复地陷入一个怪圈，就是"一放就活，一活就乱，一乱就管，一管就死"。这个问题我们到现在也没有完全解决，"从活到死，从放到乱"这个过程会花费很大的成本，也会浪费很多资源。

举个例子，我们是进口电解铝的大国，政府就开放电解铝项目，于是全国电解铝项目纷纷上马，三年以后中国成为电解铝出口国，这样氧化铝粉就涨价了，我们从国外大量进口氧化铝粉，这就会导致国际市场氧化铝涨价，随后又会导致电解铝过剩。所以，这个怪圈时常地重复，我们总找不到调节方式来避免这种忽高忽低的情况。

为什么会这样呢？原因在于我们有一个大国效应，我们有超过13亿的人口，面积和人口规模都很大，跟卢森堡那样的国家没法比。所以假如我们要发展某个产业，各地的积极性都会被释放出来，个体的力量、各个部门的力量、各个单位的力量、各个省的力量都会释放出来，这个力量是非常大的。此外，我们的市场空间非常大。鸦片战争时期，西方国家都要到我们这里来卖东西，我们不开放市场他们就打我们，所以现在很多世界奢侈品品牌都来到了中国。我们还有一个问题是，做什么事都是同一时间一起做，比如春运，外国人也非常奇怪，春节前买火车票都得排大队。外国人好奇为什么除夕晚上中国人都得回家，他们过圣诞节也没这样，他们只会寄个圣诞卡或者打个电话，不可能都往老家走。中国人过节的观念实在太强了，大家在除夕晚上也基本都会看春晚。

那我们今后怎么才能提升产业链发展水平？我们要从根本上解决三个问题。

一是要清晰、合理地确定中央政府和地方政府的界限。这是非常重要的。我们不像美国，美国的州政府权力很大，我们的省政府没有那么大的权力。我们应该进一步明确中央政府和地方政府的权力有哪些，利益是怎么分配，这是非常非常复杂的问题。

二是要清晰、合理地确定政府与市场的关系。如果有些行业是政府监督的，政府就不能从事这个行业；如果政府要从事这个行业，这个行业就不能由政府监督。

三是要把促进公平正义作为政府的基本价值追求，因为政府是为人民服务的政府，政府应该考虑最广大人民的最根本利益，考虑弱势群体的利益。

综上所述，我们要把这些关系处理好，而且要非常非常小心地处理这些关系，像"烹小鲜"那样轻轻地做，慢慢地做，这样我们才能把这个工作做好。最后，希望我们国家的人才能开拓更多的知识领土，而不是在人家的领土上跟人家去争，我们也没法争，因为它们的知识领土已经受法律保护了。只有这样，中国产业链的发展水平才能提高，人均GDP才能提高。等中国的人均GDP提高了，GDP总量必然会提高。所以，走出怪圈的关键还是产业转型，我们要把大量的人从产业链的加工行业转移到各个行业中去。当然转型是非常困难的，转型需要教育水平和法制水平的提高，需要"走出去"和"请进来"，需要我们接受"浙江村"这样的概念。当然现在转型已经开始了，如果我们到企业中去，会更好地了解具体的情况。

2011 年 9 月 25 日

（根据讲座录音整理，有删改）